ERNST WOLF

FORO ECONÓMICO MUNDIAL

LA MANO QUE MUEVE LOS HILOS DEL MUNDO

clearsight

Ernst Wolff

«Foro Económico Mundial: La mano que mueve los hilos del mundo»

Fotografía de portada: shutterstock.com
Traducido del alemán por Roberto del Este

1ª edición 2023
ISBN 978-1-7397779-2-0

www.clearsight-media.com

Índice

Prólogo

Vivimos tiempos turbulentos e inquietantes. El mundo que nos rodea está cambiando a una velocidad sin precedentes. La *financiarización* y la *digitalización* de la economía mundial han cambiado fundamentalmente el equilibrio global de poder en nuestro planeta en los últimos 50 años.

Después de que los grandes bancos de Wall Street habían dominado las finanzas mundiales durante casi un siglo, a principios del milenio los grandes gestores de activos ocuparon su lugar. Las diez empresas líderes de esta industria, que sólo surgió en los últimos 50 años, gestionaban más de 40 billones de dólares estadounidenses a mediados de 2022, aproximadamente tanto como el producto interior bruto combinado de EE. UU., China y Japón, las tres economías más grandes del mundo.

Además, existe un proceso de concentración históricamente único: los mayores gestores de activos, BlackRock y Vanguard, se financian mutuamente como principales accionistas y también se encuentran entre los principales accionistas de seis de los siguientes ocho mayores gestores de activos. Además, BlackRock cuenta con un sistema de análisis de datos financieros único en el mundo, Aladdin[1], lo cual utilizan numerosas empresas grandes tanto como los bancos centrales más importantes. Sus dirigentes, como la Reserva Federal (Fed) y el Banco Central Europeo (BCE), han convertido a BlackRock en su asesor a cambio de utilizar el software.

El segundo proceso que nos ha llevado a la situación actual, además de la financiarización, es la *digitalización* de la economía mundial. Aunque los primeros gigantes informáticos, Microsoft y

---

1 Aladdin es el acrónimo inglés de «Asset, Liability, Debt and Derivative Investment Network», en español «Red de Inversión en Activos, Pasivos, Deuda y Derivados».

Apple, se fundaron recién hace menos de 50 años esta industria ha conquistado ya todo el planeta. Con la *economía de plataformas*[2], ha creado una rama de negocio totalmente nueva que ha corrido como la pólvora por todo el mundo y ha usurpado un poder de mercado sin precedentes.

Además, la digitalización ha proporcionado a los gigantes de las TI una ventaja competitiva que nunca había existido: Al captar los datos y los flujos financieros de otras empresas, tienen una visión tan íntima de su funcionamiento que ninguna empresa ha tenido antes que ellas. Esta información no sólo les ha proporcionado una impagable ventaja de conocimiento sobre el resto de la economía, sino que también ha cambiado el equilibrio de poder en el mundo de forma histórica. Mientras que antes era cierto que «el dinero rige el mundo», este cambio significa que hoy en día «el dinero y los datos rigen el mundo».

Dado que BlackRock y Vanguard son también accionistas importantes de Apple, Alphabet y Microsoft, y que ellos mismos se han fusionado digitalmente con algunos de ellos (Aladdin se subió a la nube Azure de Microsoft en 2021), el *complejo financiero-digital* ha creado un cártel corporativo que supera todo lo que el mundo jamás había visto en cuanto a cárteles y monopolios.

El impacto de esto se ha visto a lo largo de la crisis del coronavirus a partir de 2020. Casi 200 gobiernos, a pesar de todas las otras diferencias y controversias, promulgaron medidas casi idénticas que aportaron ganancias históricas al complejo digital-financiero. Ya se trate de confinamientos, cuarentenas, educación en casa, teletrabajo, la introducción de códigos QR o el retroceso del dinero en

---

2 La economía de plataformas incluye a todas aquellas empresas que utilizan el internet para poner en contacto a proveedores de bienes, información o servicios con sus compradores o usuarios. Ejemplos conocidos son Amazon, Meta, Uber o eBay.

efectivo: los beneficiarios de todas las restricciones han sido siempre las corporaciones digitales y los gestores de activos detrás de ellas.

Pero no sólo el poder de este cártel que domina el mundo se manifestó en la crisis del coronavirus, sino también la forma en que ejerce este poder. Ha externalizado gran parte de ello para poder quedarse desapercibido en la retaguardia y manejar los hilos sin ser molestado. Esto ha creado una red de organizaciones con las que puede ejercer presión a través de los canales más diversos, difundir información selectiva o incluso desinformación tanto como manipular y dirigir la economía y la sociedad a su favor.

Pero ¿quiénes son las organizaciones que sirven de herramientas a este cártel? Además de los conglomerados transnacionales, todos dominados por el complejo digital-financiero, se trata en primer lugar de los *bancos centrales*. No sólo dependen de los datos de Aladdin y, por tanto, de BlackRock desde la crisis financiera mundial. Los principales gestores de activos son ahora tan poderosos que pueden mover cualquier mercado del planeta en la dirección que deseen y, por tanto, tienen a los bancos centrales completamente en sus manos. Si tomaran alguna decisión que no gustara a los gestores de activos, bastaría un breve desplome de los mercados financieros, inducido deliberadamente, para que los bancos centrales volvieran a ser encarrilados.

A *los gobiernos* también se les puede someter de esta manera. Grecia sirvió como un ejemplo claro de esto en 2015. Cuando el partido Syriza, crítico con la austeridad, estaba al punto de ganar las elecciones, el BCE cortó todos los flujos financieros al país de un plumazo, con el efecto de que después de las elecciones los políticos de Syriza hicieron exactamente lo contrario de lo que habían prometido al pueblo griego en la campaña electoral.

Además de los bancos centrales y los gobiernos, el complejo financiero-digital también ha subyugado *al mundo científico,* especialmente a las principales *universidades* del mundo. Un buen ejemplo es la universidad estadounidense Johns Hopkins, que en la crisis del coronavirus elaboró las estadísticas en base a las cuales se decidieron los confinamientos y las restricciones. El instituto más importante de su facultad de medicina es la «Escuela de Salud Pública Johns Hopkins Bloomberg», fundada en 1916 con la ayuda de la Fundación Rockefeller, y que desde 2001 lleva el nombre del multimillonario informático Michael Bloomberg, que le ha donado más de 3.500 millones de dólares estadounidenses hasta 2022.

También *las organizaciones internacionales* como las Naciones Unidas y muchas de sus suborganizaciones, como la organización de ayuda a la infancia UNICEF o la Organización Mundial de la Salud OMS, no son para nada independientes, sino que dependen en gran medida de donantes privados como la industria farmacéutica internacional, por ejemplo, que a su vez está respaldada por las corporaciones digitales y los gestores de activos. Ni siquiera las *instituciones financieras mundiales* como el Banco Mundial y el Fondo Monetario Internacional (FMI) pueden eludir su poder. Esto también fue evidente en la crisis del coronavirus, cuando la concesión de préstamos a varios gobiernos se vinculó al cumplimiento de normas sanitarias que beneficiaban a la economía de plataforma.

Lo mismo pasa con los *medios de comunicación.* La estructura accionarial de las grandes empresas de medios de comunicación revela que también allí aparecen siempre los mismos nombres. Incluso donde no aparecen, el complejo digital-financiero está involucrado. Por ejemplo, la poderosa Fundación Bill y Melinda Gates, con unos activos de unos 50.000 millones de dólares estadounidenses de lejos la más fuerte del mundo financieramente, concede millones de dólares por «buen periodismo» año tras año. Por ejemplo, la revista alemana *DER SPIEGEL* recibió una donación de más de 2,5 millones de dólares estadounidenses en diciembre de 2018.[3]

El desarrollo de la fundación de Gates también refleja una tendencia que ha desempeñado un papel cada vez más importante en la estructura del poder mundial durante los últimos 20 años: la ocultación de la influencia de la élite ultra rica mediante el uso creciente de *fundaciones*.

El público en general sigue viendo las fundaciones como organizaciones a través de las cuales personas especialmente exitosas quieren devolver algo de su riqueza a la sociedad como muestra de gratitud. Sin embargo, esta visión tiene poco que ver con su función real. La ley de fundaciones moderna se creó principalmente para facilitar que las personas adineradas eludieran el pago de impuestos.

En las últimas décadas, a este objetivo se ha unido otro: la influencia directa en la política, la economía y la sociedad, pasando por alto las estructuras parlamentarias u otras estructuras sociales, casi siempre disfrazada de beneficio de uno o varios filántropos. El conglomerado *Open Society Foundations* del multimillonario estadounidense y gran inversor George Soros, la *Fundación Bill y Melinda Gates* y el *Foro Económico Mundial (FEM)* destacan especialmente en este sentido.

Aquí el FEM desempeña un papel especial, porque su ejemplo es una excelente ilustración de cómo el parlamentarismo se ha visto cada vez más erosionado y condenado a la ineficacia en las últimas décadas. Además, su historia demuestra que el curso del mundo está cada vez más determinado por fuerzas que no son elegidas por

---

3   www.gatesfoundation.org/about/committed-grants/2018/12/opp1203082

nadie y que a menudo apenas son conocidas por el público. Pero su ejemplo también ilustra de forma aterradora los inmensos peligros que conlleva el abuso del poder en tiempos en los que la tecnológica está cambiando rapidísimo.

El mundo, especialmente con el apoyo del FEM, ha llegado a un punto en el que ya no se trata sólo del cambio político, económico o social, sino del cambio del propio ser humano, de su fusión con la esfera digital, también llamada «convergencia biodigital» o «transhumanismo».

Este desarrollo no está en absoluto en sus comienzos, sino que ya está muy avanzado y está progresando a gran velocidad a espaldas del público. Si alcanzara su objetivo, sería ni más ni menos que el fin de la evolución y el amanecer de una era en la que se interferiría en el proceso de creación y se sustituiría la autodeterminación humana por el control externo en interés de una minúscula élite.

Este libro pretende ayudar a evitar que esto ocurra.

1

Una pequeña ciudad a orillas del lago Lemán

Si desde Ginebra se va hacia el norte bordeando el lago Leman, tras unos kilómetros uno llegará a Cologny, uno de los municipios más bellos de la Suiza occidental, donde viven unos 5.000 habitantes. El paisaje urbano se caracteriza sobre todo por las fachadas históricas de las elegantes casas de campo que las clases altas ginebrinas han hecho construir allí desde finales del siglo XVII.

Si gira por la Route de la Capite, paralela al paseo marítimo, tras unos cientos de metros verá a su izquierda la majestuosa Villa Diodati, considerada un lugar de peregrinación por los aficionados al género de terror. En sus habitaciones, en el frío verano de 1816, la joven Mary Shelley[4] de 18 años escribió el manuscrito de su éxito literario mundial *Frankenstein*.

Si sigue un poco más recto, llegará a un edificio situado frente a un campo de golf que no encaja en absoluto: un espacioso edificio cubista de tejado plano con enormes ventanales y plantas adosadas, cuya arquitectura contemporánea parece una provocación en comparación con los edificios antiguos de este lugar.

El cambio de estilo es simbólico, porque desde 1998 es la sede de una organización que ha experimentado un desarrollo históricamente único en los últimos 50 años y ha establecido nuevos estándares en todo el mundo. El *Foro Económico Mundial* (FEM), fundado en 1971 por el profesor alemán Klaus Schwab como «Foro

---

4   El verano de 1816 se considera el más oscuro y frío del siglo XIX debido al impacto mundial de una erupción volcánica en Indonesia.

CAPÍTULO 1

Europeo de Gestión» (FEG), en pocas décadas ha conseguido convertirse en uno de los centros políticos y económicos más importantes de los asuntos mundiales y, por tanto, en uno de los centros de poder más significativos de nuestros tiempos.

Ya se trate de empresas multinacionales, gobiernos, sindicatos u ONG, apenas existe una organización de importancia en los principales países industrializados y también en muchos países emergentes y en desarrollo cuyo personal directivo no esté vinculado de algún modo al FEM. Por las dos canteras del FEM, los «Líderes Globales del Mañana» y los «Líderes Jóvenes del Mundo», han pasado políticos y líderes empresariales destacados de todos los continentes, unas 1.000 grandes empresas con miles de millones de facturación están entre sus socios internacionales, y más de 10.000 jóvenes ambiciosos menores de 30 años se están formando actualmente en red en el marco de los «Global Shapers» y se preparan para hacer carrera en el espíritu del FEM.

El punto culminante de las actividades es la reunión anual que se celebra en Davos, en el cantón suizo de los Grisones, a la que suelen viajar unos 2.500 líderes empresariales para reunirse con presidentes, jefes de gobierno y representantes de la élite de los ultrarricos, para consultar con ellos temas de actualidad y debatir y coordinar futuras estrategias.

Hasta la actualidad la fundación está dirigida por su fundador, Klaus Schwab, que sigue teniendo las riendas firmemente en sus manos y debe ser considerado como una de las personalidades más importantes de la historia contemporánea, desde los años ochenta a más tardar. Pero ¿cómo consiguió un profesor alemán desconocido catapultarse a cotas tan inimaginables con una fundación suiza y convertirse en una de las figuras clave de los asuntos mundiales? ¿Posee Klaus Schwab habilidades extraordinarias que otros no tienen, o hubo circunstancias históricas especiales que favorecieron su ascenso, y si es así –cuáles?

Éstas son precisamente las cuestiones que este libro pretende explorar. Por un lado, arrojará luz sobre los antecedentes de Schwab y sus actividades personales y, por otro, tratará de desvelar las fuerzas motrices sociales, económicas y financieras que hicieron posible el auge históricamente único del FEM.

2

Los antecedentes de Klaus Schwab

Klaus Schwab nació en Ravensburg el 30 de marzo de 1938, hijo del alemán Eugen Wilhelm Schwab y de su segunda esposa, la suiza Erika Schwab[5], de soltera Epprecht. Eugen Schwab, ingeniero mecánico de formación, en los años anteriores había sido nombrado director comercial de la sucursal de Ravensburg de la empresa suiza de ingeniería y turbinas Escher Wyss, que había dirigido en Zurich.

Escher Wyss, uno de los mayores exportadores de productos industriales de Suiza tras la Primera Guerra Mundial, tuvo dificultades a raíz de la crisis económica mundial de los años treinta y luchaba por sobrevivir. Durante esta lucha, la fábrica de Ravensburg, dirigida por Eugen Schwab, se convirtió en un pilar importante de la empresa completa, aunque bajo auspicios cuestionables. Como contratista militar, la empresa se benefició de los preparativos de guerra de Hitler y el partido nacionalsocialista NSDAP le concedió el título de «Empresa Modelo Nacionalsocialista» por ser el mayor empleador de Ravensburg.

Durante la guerra, Escher Wyss ayudó a la Wehrmacht alemana a producir armas y armamento de guerra, fabricando piezas para los aviones de combate alemanes, entre otras cosas, y empleando a prisioneros de guerra en el proceso.[6]

Debido a sus orígenes germano-suizos, la familia Schwab disfrutó del privilegio de viajar de un lado a otro de los dos países en

---

5 La afirmación difundida en Internet de que la esposa de Schwab era una Rothschild de nacimiento es falsa.

6 www.swissbankclaims.com/Documents/2015/von%20Kauffungen_DE.pdf

cualquier momento de la guerra. Tras el final de la guerra, Eugen y Erika Schwab regresaron a Suiza con Klaus y su hermano menor Urs Reiner, pero volvieron a Ravensburg unos años más tarde, donde Eugen Schwab fue nombrado presidente de la Cámara de Comercio de Ravensburg.

Desde 1949 Klaus Schwab asistió a la escuela secundaria Spohn en Ravensburg. Tras terminar el bachillerato, estudió ingeniería mecánica en la Escuela Politécnica Federal (ETH) de Zúrich de 1958 a 1962 a petición de su padre. En 1962 terminó sus estudios con un diploma de ingeniería. A continuación, estudió administración de empresas en la Universidad de Friburgo en la Suiza francófona, y de 1963 a 1966 trabajó a tiempo parcial como ayudante del director general de la Federación Alemana de Ingeniería (VDMA) en Frankfurt. En 1965 se doctoró en la ETH de Zúrich con una tesis sobre «Der längerfristige Exportkredit als betriebswirtschaftliches Problem des Maschinenbaus» (El crédito a la exportación a largo plazo como problema empresarial en la ingeniería mecánica), y en 1967 en la Universidad de Friburgo con una tesis sobre «Öffentliche Investitionen und wirtschaftliches Wachstum» (Inversión pública y crecimiento económico).

En 1966 y 1967, Schwab cursó un año académico en la Harvard Business School, de la que se graduó con un Máster en Administración Pública (MPA). Allí conoció a varias personalidades que iban a tener una gran influencia en el curso de su vida. Según declaraciones del propio Schwab, su profesor Henry Kissinger, una de las figuras clave de la política mundial en los años setenta como Consejero de Seguridad Nacional y Secretario de Estado de EE. UU., es una de las personalidades que más influyeron en su pensamiento a lo largo de su vida.

CAPÍTULO 2

Igual de importantes pueden haber sido otros dos profesores de Harvard: Kenneth Galbraith, economista de fama mundial, autor de libros de texto y asesor de varios presidentes estadounidenses; y Herman Kahn, cibernético, futurólogo y, como estratega nuclear, uno de los arquitectos del concepto de «disuasión nuclear» desarrollado durante la Guerra Fría. Los tres iban a desempeñar un papel decisivo en el establecimiento de la fundación de Schwab en 1971.

En 1967 Schwab regresó a Zúrich y hasta 1970 trabajó como ayudante del presidente del consejo de administración de la empresa Escher Wyss, que su padre había dirigido anteriormente. Escher Wyss había vuelto a tener dificultades en los años anteriores y, tras cooperaciones infructuosas con Brown Boveri y Maschinenfabrik Oerlikon, en 1966 fue adquirida por Sulzer AG, con sede en Winterthur.

En los tres años siguientes, Schwab ayudó de forma destacada a organizar la fusión completa con la empresa Sulzer. Aquí se pusieron de manifiesto algunos de sus puntos fuertes, es decir el reconocimiento precoz de las tendencias tecnológicas y de la economía del mercado y su aplicación en la práctica empresarial. Ya cuando asumió su cargo en 1967, predijo la importancia del uso de ordenadores en la ingeniería mecánica moderna. En los tres años siguientes utilizó esta perspicacia y se aseguró de que la empresa de ingeniería mecánica, que había pasado a llamarse Sulzer AG, se ampliara hasta convertirse en una moderna corporación tecnológica.

En 1969, asumió una cátedra a tiempo parcial en el Centre d'Études Industrielles (CEI), un instituto internacional de gestión afiliado a la Universidad de Ginebra, que más tarde se convertiría en el IMD de Lausana (Suiza).

3

Tres decisiones
con grandes consecuencias

En 1970, Schwab tomó tres decisiones que no sólo cambiarían su propia vida radicalmente: Dejó su trabajo, terminó un libro y preparó una primera gran conferencia internacional.

Tras dejar su trabajo fijo, creó una oficina de tres personas en Ginebra. La primera empleada que contrató fue Hilde Stoll, con la que se casó al año siguiente y que aún hoy sigue a su lado. Ese mismo año terminó un libro titulado «Moderne Unternehmensführung im Maschinenbau» (Gestión empresarial moderna en la ingeniería mecánica), que había escrito a petición de su antigua empresa, la Federación Alemana de Ingeniería (VDMA), y que se publicó en Frankfurt en 1971.

Este libro contiene una clave importante para entender el gran éxito de Schwab. En este libro esbozó los fundamentos de su filosofía política y económica y fue uno de los primeros en utilizar el término *stakeholder capitalism* (capitalismo de las partes interesadas). Así Schwab se apartó conscientemente del concepto neoliberal de *capitalismo de accionistas*. Para el representante más popular del capitalismo de accionistas de la época, Milton Friedman, el principal objetivo de los directivos de las empresas debe ser maximizar los beneficios para aumentar la rentabilidad de los accionistas (teoría de Friedman).

Esta definición provocativamente cínica Schwab la contrarrestó con su visión de un capitalismo que también debería velar por los intereses y el bienestar de los empleados, los clientes, los proveedores, el gobierno, la sociedad en su conjunto y, más allá, la protección del medio ambiente. Al hacerlo, sin embargo, se limitó a adoptar la crítica común al capitalismo expresada sobre todo por la izquierda política, sin cuestionar las leyes del mercado, desafiar el orden político ni dar instrucciones concretas de actuación para alcanzar sus objetivos. Básicamente, la ideología del *capitalismo de las partes interesadas* no era y no es más que un compromiso incondicional con la economía de mercado y con las estructuras políticas y sociales existentes, combinado con un llamamiento (en su mayoría ineficaz) a la conciencia de empresarios y políticos.

Para estos últimos, sin embargo, la ideología de Schwab tiene cierto atractivo: por un lado, quienes la profesan indican que están familiarizados con la crítica y se esfuerzan por actuar de una manera socialmente más aceptable que la competencia neoliberal. Sin embargo, cada vez que se desvían de sus principios, pueden señalar limitaciones externas de naturaleza económica o política y redimirse así moralmente. En otras palabras, el concepto de *capitalismo de las partes interesadas* es una hoja de parra tras la que uno puede esconderse sin tener que cambiar fundamentalmente su estrategia.

La principal actividad de Schwab como independiente en 1970 fue preparar y organizar una conferencia para familiarizarles a los altos directivos europeos con los métodos de gestión estadounidenses, y esto lo hacía a gran escala. Su objetivo era reunir al año siguiente a varios centenares de directores generales con los principales profesores de las escuelas de negocios europeas y estadounidenses.

Dado que Schwab sólo tenía 32 años en aquel momento, apenas contaba con cinco años de experiencia profesional y no podía presumir de una historia de éxito extraordinaria, uno se pregunta:

¿Fueron estos los sueños febriles de un joven con demasiada auto-estima o es posible que hubo fuerzas influyentes que le apoyaron en el fondo?

Al menos una de esas fuerzas está incluso confirmada por el propio Klaus Schwab. Según sus declaraciones, hubo un industrial alemán que le prestó 50.000 francos para su proyecto.[7] El hecho de que condicionara este préstamo a Schwab a la devolución del dinero o a la incorporación a su empresa sugiere que ambos estaban muy unidos. Es muy posible que el patrocinador fuera Gott-lieb Stoll, fundador de la empresa suaba Festo y padre de Hilde, la posterior esposa de Schwab.

Pero ni siquiera 50.000 francos habrían bastado para poner en marcha los planes de Schwab. ¿Quiénes eran los otros partidarios? Una mirada al personal y a las circunstancias de las primeras conferencias debería proporcionar la respuesta a esta pregunta.

---

7 Schwab a la revista Fortune: archive.fortune.com/2010/01/27/news/international/schwab_davos.fortune/index.htm

4

Davos, 1971: La primera reunión

La primera reunión organizada por Schwab tuvo lugar del 24 de enero al 7 de febrero de 1971 con el nombre de *Simposio Europeo de Gestión*. Se presentaron 444 participantes de 31 países. A los directores generales y altos ejecutivos de las principales empresas europeas se unieron 50 profesores de las principales escuelas de negocios de Estados Unidos y Europa de aquel entonces, representantes de la Comisión de la CE y algunos precursores y estrategas más o menos destacados de esta época.

El tema de la primera semana fue «El desafío del futuro». La segunda semana trató sobre «Estrategia y estructura empresarial». La reunión estuvo presidida por George Pierce Baker, decano de la Harvard Business School de 1962 a 1969. Schwab le había conocido durante sus estudios y, obviamente, había quedado impresionado por su determinación (Schwab había elegido sus cursos de tal forma que sólo necesitó un año en lugar de dos para completar su licenciatura).

El orador principal de la reunión fue Otto von Habsburg, el hijo mayor de Carlos I, último emperador de Austria y rey de Hungría, también graduado en Harvard. Entre los oradores también se encontraban Kenneth Galbraith y el futurólogo y estratega nuclear Herman Kahn, que fundó el think tank Instituto Hudson en 1961 y trabajó como asesor del Departamento de Defensa de EE. UU. de 1966 a 1968 para promover una escalada militar de la guerra de Vietnam.

Otros destacados oradores y ponentes fueron Jacques Maisonrouge y Barbara Ward, catedrática de humanidades de la Universidad de Columbia y doctora honoris causa por la Universidad de Harvard. Ella había asesorado, entre otros, al presidente del Banco Mundial y ex secretario de Defensa estadounidense Robert McNamara (también licenciado en Harvard) y al presidente Lyndon B. Johnson. Habló de la tensa situación entre Occidente y Oriente y de la brecha global entre Norte y Sur.

Maisonrouge, presidente de International Business Machines Corporation (IBM), habló sobre el impacto de los ordenadores en la privacidad individual. Su intervención llamó especialmente la atención porque el simposio no sólo creó una base de datos con información sobre el programa y los participantes para garantizar una organización eficaz de los grupos de trabajo y los paneles, sino que también se apoyó en general en las tecnologías de la información y la comunicación más avanzadas. Por ejemplo, Schwab hizo instalar un circuito cerrado de televisión al estilo del control de misión de la agencia espacial estadounidense para retransmitir las sesiones y facilitar la interacción entre los participantes.

Además, se analizaron los efectos de las estrategias debatidas con la ayuda de modelos informáticos, entre otras cosas para predecir las consecuencias de una determinada distribución de recursos sobre las empresas y el medio ambiente. Así pues, el simposio fue probablemente uno de los pioneros en la introducción de juegos de negocios con apoyo visual, que desde entonces han desempeñado un papel cada vez más importante en la toma de decisiones políticas y económicas.

En cualquier caso, el simposio concluyó como un éxito. Klaus Schwab reaccionó de inmediato y el 8 de febrero de 1971, sólo un día después de la clausura del simposio, creó en Chur, la capital del cantón de los Grisones, bajo la supervisión de la Confederación Helvética, una fundación denominada «Foro Europeo de Gestión»

CAPÍTULO 4

(FEG). Aportó 25.000 francos suizos como capital social, que, según él, la primera asamblea le había generado como beneficio.

Teniendo en cuenta qué ponentes de primera fila de la época habían intervenido en el simposio y que más de 400 altos directivos se habían tomado dos semanas (¡!) libres de su vida profesional para asistir al evento, y que los 50.000 francos suizos que Schwab había indicado como capital inicial nunca habrían sido ni de lejos suficientes para financiar semejante evento, se puede suponer con casi toda la seguridad que había fuerzas poderosas entre bambalinas que tenían un interés de que este simposio se lleve a cabo y que le ayudaron a Schwab.

La Universidad de Harvard probablemente desempeñó el papel principal en este sentido. No era ningún secreto entonces que John Kenneth Galbraith y Henry Kissinger, ambos muy bien relacionados con la élite financiera de EE. UU., llevaban tiempo planeando reforzar su influencia en Europa. Probablemente también se sintieron presionados en particular por el bestseller de 1968 *El desafío americano,* del magnate francés de los medios de comunicación y alto político Jean-Jacques Servant-Schreiber, que había advertido urgentemente contra una absorción de Europa por parte de las grandes empresas estadounidenses.

Aunque no se ha probado, es muy probable que Kissinger, Galbraith y algunos otros, junto con el decano de Harvard, Baker, que quedó impresionado por Schwab, tuvieran la idea de utilizarle a este joven ambicioso, bien educado y, obviamente, extremadamente decidido, en su favor con el fin de profundizar y ampliar la influencia de la élite financiera estadounidense en Europa, no por cuenta propia, sino a través de un intermediario. Fue un plan que funcionó, como iba a demostrar el segundo foro.

5

1972: La segunda reunión, con un enfoque europeo

La segunda reunión del FEG tuvo lugar del 22 al 31 de enero de 1972 e inicialmente parecía encontrarse bajos malos augurios. Se recibieron 150 inscripciones menos que el año anterior, y Hermann Josef Abs, el poderoso presidente del consejo de Deutsche Bank, que iba a presidir el acto, canceló su participación a corto plazo.

Klaus Schwab demostró una vez más su perseverancia y determinación para que el Foro se convirtiera en un éxito. A pesar del notable descenso en el número de participantes se mantuvo fiel al principio de enviar únicamente invitaciones personales e intransferibles a los directores generales de las grandes empresas y de hacerles pagar por asistir. Cuando llegó la cancelación de Abs, él mismo asumió sin contemplaciones la presidencia del evento, que esta vez se celebraba bajo los auspicios de la Comisión de la Comunidad Europea (CE), predecesora de la Comisión de la UE.

La delegación de la CE estaba encabezada por el vicepresidente Raymond Barre, que iba a ser el primer ministro francés de 1976 a 1981 bajo la presidencia de Giscard d'Estaing y, además, ministro de Economía y Finanzas de 1976 a 1978. Ese mismo año, Schwab nombró a Barre miembro del consejo de la fundación, de la cual Barre formó parte durante casi los siguientes 30 años.

Este exitoso establecimiento de puentes entre las élites políticas y económicas de EE. UU. y Europa fue sin duda un hito decisivo para el desarrollo ulterior del Foro. El momento era perfecto: el 22 de enero de 1972, el primer día del Foro, Dinamarca, Irlanda y el

Reino Unido firmaron un Tratado de Adhesión a la Comunidad Europea (CE), ampliándola de seis a nueve miembros.

Pierre Werner fue el primer jefe de gobierno que asistió al segundo simposio. El primer ministro luxemburgués, que también dirigió el departamento de finanzas de su país, explicó a los participantes el «Plan Werner», elaborado por una comisión de expertos bajo su dirección. El plan preveía el establecimiento de una unión monetaria en la CE para 1980 y la introducción de una moneda única. Sin embargo, fracasó y pasarían casi 30 años antes de que finalmente se introdujera el euro.

Entre los oradores del Foro también se encontraban Charles Levinson, secretario general de la Federación Internacional de Asociaciones de Trabajadores Químicos y Generales, y Wernher von Braun, uno de los científicos espaciales más famosos del mundo, director del Centro Marshall de vuelos espaciales de la NASA y diseñador jefe del cohete multietapa Saturno V que contribuyó al primer alunizaje.

El periódico *Neue Zürcher Zeitung* (NZZ) vitoreó el simposio y lo llamó el «triunfo de una idea». Al parecer, ni a los editores ni a Schwab les importaba el hecho de que tanto la persona que iba a dirigir el simposio como el orador más conocido de ello habían tenido pasados extremadamente dudosos.

Durante el Tercer Reich, Hermann Josef Abs había formado parte del consejo de supervisión del conglomerado alemán IG Farben, y había participado en la «arianización» –es decir, la expropiación– de los bienes de los alemanes judíos, había obtenido préstamos de guerra de países neutrales como miembro del consejo del Deutsche Bank para financiar los planes de armamento nacionalsocialistas y había sido condenado en rebeldía como criminal de guerra en Yugoslavia tras el final de la guerra.

Wernher von Braun se había unido al partido nacionalsocialista NSDAP en 1937, ingresó en las SS en 1940 y fue nombrado «SS-Sturmbannführer» en 1942. Como ingeniero de cohetes, había desempeñado un papel decisivo en el desarrollo del cohete V2 (también llamado Aggregat 4) para el militar, la Wehrmacht alemana, del que se habían disparado más de 3.000 contra objetivos en Inglaterra, Bélgica y Francia al final de la guerra en 1945, costando la vida a innumerables civiles.

El hecho de que aparentemente nadie se ofendiera por estas biografías arroja una luz reveladora no sólo sobre los organizadores sino también sobre los participantes.

6

1973: Adelante de forma impertérrita

Schwab mostró espíritu de lucha tras el segundo simposio, intensificó sus esfuerzos y preparó la tercera reunión incluso con más intensidad que las dos primeras. Así, introdujo algunas innovaciones que iban mucho más allá del ámbito de la reunión. Con «Sinopsis», ofreció a los participantes un servicio de documentación que proporcionaba a los directivos europeos información sobre las políticas públicas y las estrategias gubernamentales. Con el «Club Europeo de Gestión Cooperativa», creó la primera red internacional de alto nivel.

La iniciativa más importante puede haber sido la organización de dos mesas redondas: una sobre «Europa» en la Comisión Europea en Bruselas en mayo de 1973 y otra sobre «Alemania» en la capital alemana de ese entonces, Bonn, en noviembre de 1973. Con estas reuniones, Schwab creó la base para una red permanente de empresas y gobiernos, incluyendo a la Comisión de la CE, que iba ganando cada vez más importancia.

El lema del tercer simposio fue «Modelar su futuro en Europa». El patrocinio del evento lo asumió de nuevo la Comisión de la CE, y el patrocinio honorífico recayó en el príncipe Bernhard de Holanda, que como antiguo miembro del NSDAP y de la caballería de la Schutzstaffel (SS) también tenía un pasado dudoso. Unos años más tarde tuvo que dimitir de todos sus cargos públicos por su implicación en el escándalo de sobornos de Lockheed.

El orador más popular del acto fue el industrial italiano Aurelio Peccei, uno de los fundadores de la compañía aérea Alitalia. En su discurso, Peccei resumió las tesis centrales del libro *Los límites del crecimiento* del grupo de reflexión «Club de Roma», del que había sido cofundador en 1968 y que iba a dirigir hasta su muerte en 1984.

El bestseller mundial se basa en un estudio del Instituto Tecnológico de Massachusetts (MIT) financiado por la Fundación Volkswagen e incluye un juego de simulación en el que se determinan los efectos de cinco tendencias de impacto global: Industrialización, crecimiento demográfico, malnutrición, explotación de las reservas de materias primas y destrucción del espacio vital. En su discurso, Peccei abordó la superpoblación global como el mayor problema humano y derivó de ello la exigencia de una reducción de la población mundial. Además, propuso dividir el mundo en diez regiones económico-políticas interconectadas para hacer frente a la globalización.

Sobre todo, la tesis de la necesaria reducción de la población mundial fue muy controvertida en público. Por lo tanto, no fue ninguna sorpresa que la conferencia ideara su propio código ético, como contrapeso, por así decirlo, a las críticas esperadas. Sin embargo, el «Manifiesto de Davos», adoptado unánimemente por todos los participantes al final del simposio, no contenía más que las trivialidades ligeramente revestidas de Schwab sobre *el capitalismo de las partes interesadas*. No obstante, el manejo de imagen cumplió su objetivo. A pesar de las notables reservas tanto contra las grandes empresas como contra la política, es decir, contra las mismas fuerzas que se reunieron en el Foro, la cobertura mediática del evento fue en gran medida positiva.

7

El contexto económico y político de los primeros años

El hecho de que la FEG fuera capaz de establecerse rápidamente y ganar influencia a pesar de todos los problemas iniciales no sólo se explica por las características de su fundador. Su tenacidad y determinación ciertamente fueron útiles, pero no decisivas. Lo decisivo fueron las circunstancias económicas y geopolíticas y la forma en que Schwab las utilizó para ayudar a la élite mundial a mantener e incluso ampliar su poder e influencia en circunstancias difíciles.

Los años setenta fueron una época de agitación. Las décadas de 1950 y 1960 habían estado marcadas económicamente por el auge de la posguerra, pero su final ya se vislumbraba desde la segunda mitad de los años sesenta. En ese momento, también se hicieron patentes los efectos negativos de la vinculación del dólar estadounidense al oro decidida en Bretton Woods en 1944.

Como la Reserva Federal de EE. UU. inundaba el mundo con más y más dólares estadounidenses recién creados, mientras la oferta de oro crecía mucho más lentamente, el desequilibrio entre ambos se hizo cada vez más grande. Esto les dejó perplejos a muchos inversores. Empezaron a cambiar sus dólares estadounidenses por oro en cantidades cada vez mayores, de modo que el oro empezó a escasear. Cuando el gobierno francés exigió la devolución de sus reservas de oro, almacenadas en Nueva York debido a un posible ataque de la Unión Soviética a Europa Occidental, amenazó una corrida bancaria. Por esta razón, el gobierno estadounidense del presidente Nixon tiró del freno de emergencia el 15 de agosto de 1971 y desvinculó el dólar estadounidense del oro.

La incertidumbre resultante en los mercados de divisas obligó a numerosos bancos centrales a comprar cada vez más apoyo y finalmente hizo que en 1973 se abandonara la vinculación del tipo de cambio fijo al dólar estadounidense. Esto no sólo puso fin al sistema de Bretton Woods, sino también al papel del dólar estadounidense como primera moneda oficial de reserva mundial.

También puede haber sido esta incertidumbre sobre el dólar estadounidense, previsible para los expertos años antes, lo que movió a hombres como Kissinger, Galbraith y Kahn a principios de los años setenta a ejercer una mayor influencia sobre la economía europea y a crear, apoyar y promover una organización como el FEG.

Otro hito del desarrollo geopolítico en la primera mitad de la década de 1970 fue la guerra del Yom Kipur de varios Estados árabes liderados por Egipto y Siria contra Israel. Esta guerra provocó una crisis energética mundial debido a la subida vertiginosa de los precios del petróleo. Iba a tener un efecto secundario inesperado para EE. UU., ya que dio al Secretario de Estado Henry Kissinger una idea que iba a garantizar el dominio financiero del dólar estadounidense durante décadas, incluso después de que se desvinculara del oro.

En aquel momento, Kissinger concluyó un acuerdo inicialmente secreto con Arabia Saudí que garantizaba al reino el suministro de armas y la protección frente a su archienemigo Israel. A cambio, Arabia Saudí tuvo que comprometerse a persuadir a la Organización de Países Exportadores de Petróleo (OPEP) para que, a partir de ahora, comercie con el petróleo sólo en dólares estadounidenses. Dado que el petróleo es la materia prima más comerciada del mundo, la sustitución de la vinculación al oro por la vinculación al petróleo otorgó al dólar estadounidense el estatus renovado —esta vez informal— de moneda de reserva mundial.

En septiembre de 1973, el mundo entero miró hacia Chile. Allí, tras un sangriento golpe militar contra el presidente socialista Allende apoyado por el servicio secreto estadounidense CIA, una junta militar bajo el mando del general Augusto Pinochet tomó el poder. Pinochet trajo a un equipo de economistas de la Escuela de Economía de Chicago dirigidos por Milton Friedman para reorganizar (principalmente reprivatizar) la economía. Los encargados, reconociéndose como neoliberales, inmediatamente tomaron medidas que agravaron drásticamente la desigualdad social en el país y suscitaron mucha crítica a nivel internacional.

Klaus Schwab reaccionó con un movimiento extremadamente inteligente. Invitó a Dom Hélder Câmara, arzobispo católico romano de Brasil, al simposio de 1974. Câmara, un feroz crítico de las corporaciones multinacionales, se describió a sí mismo como «portavoz de esos dos tercios de la humanidad que sufren por la distribución injusta de los recursos naturales».[8] En su discurso, pidió una mayor responsabilidad social, una distribución más justa de la riqueza y una reevaluación de «los falsos valores de una sociedad derrochadora».[9] Al invitar a Câmara, Schwab estableció una tradición que ha mantenido hasta hoy: no ignorar las protestas sociales, sino retomarlas, abordarlas e integrarlas en su propia agenda en forma de llamamientos morales.

Reconocer oportunamente los signos de los tiempos es uno de los puntos fuertes inconfundibles de Schwab. Cuando —también debido al libro *Los límites del crecimiento*— el tema del medio ambiente se

---

8 *The World Economic Forum: A Partner in Shaping History 1971-2020*, páginas 29, 30; www3.weforum.org/docs/WEF_A_Partner_in_Shaping_History.pdf.

9 *The World Economic Forum: A Partner in Shaping History 1971-2020*, p. 31

asoció cada vez más con una aguda crítica a la gran industria, invitó a Davos en 1974 al entonces mundialmente famoso oceanógrafo Jean-Jacques Cousteau.

En su conferencia, Cousteau arremetió contra la inacción de los gobiernos, acusándoles de «inmadurez política»[10] y haciendo un llamamiento a las principales naciones industrializadas para que actúen de una vez para proteger los océanos. Los responsables deberían «coordinar sus esfuerzos con el objetivo de preservar los océanos» o «crear una autoridad transnacional a la que transferir los derechos soberanos correspondientes».[11] Aunque las reivindicaciones de Cousteau fueron tan poco escuchadas como las de Câmara, su aparición cumplió su propósito, ciertamente involuntario desde su punto de vista: dio al simposio la apariencia externa de una organización que se tomaba en serio los problemas de la época, los abordaba abiertamente y los discutía de forma orientada a la búsqueda de soluciones.

---

10 *The World Economic Forum: A Partner in Shaping History 1971-2020*, p. 30
11 *The World Economic Forum: A Partner in Shaping History 1971-2020*, p. 30

8

1974-1976:

El Foro gana influencia y poder

Tras el fin del boom de la posguerra, el mundo se sumió en la recesión en 1974 y 1975. Mientras la economía gemía bajo las consecuencias, el FEG pudo incluso beneficiarse de ello y ganar una influencia y un poder considerables en los años siguientes. En 1975, el número de visitantes a Davos subió a 860.

Ese mismo año, el FEG publicó un folleto en el que exponía sus objetivos para los próximos años. Decía: «El FEG es una fundación independiente, autofinanciada y sin ánimo de lucro, centrada en las necesidades estratégicas de los principales responsables de las empresas europeas.»[12] También establecía siete objetivos, dos de los cuales debían ser pioneros. Uno era facilitar «contactos al más alto nivel»[13] y el otro «reunir a personalidades del mundo empresarial y político».[14]

Eso es exactamente lo que hizo Schwab. Amplió la organización de las mesas redondas, iniciadas en 1973, primero a siete y después a nueve. En el futuro, era posible reunirse no sólo en Bruselas y Bonn, sino también en París, Roma, La Haya, Luxemburgo, Copenhague, Dublín y Atenas.

En 1975, Schwab recibió al ministro de comercio mexicano y a su delegación, la primera representación oficial de un país no europeo. Ese mismo año, el FEG concluyó el primer acuerdo de coopera-

---

12 *The World Economic Forum: A Partner in Shaping History 1971-2020*, p. 33

13 *The World Economic Forum: A Partner in Shaping History 1971-2020*, p. 33

14 *The World Economic Forum: A Partner in Shaping History 1971-2020*, p. 33

ción con una organización de la ONU, la ONUDI (Organización de las Naciones Unidas para el Desarrollo Industrial), abriendo así la participación de los gobiernos en la agenda de Davos.

En 1976 comparecieron 26 delegaciones de alto nivel de países en desarrollo y emergentes, entre ellos Bolivia, Irán, Nigeria, Tailandia, Filipinas y Costa de Marfil. Conocieron, entre otros, a Edward Heath, que había dimitido como Primer Ministro del Reino Unido en 1974 y como líder del Partido Conservador británico al año siguiente, y a François Mitterrand, Secretario General del Partido Socialista francés, que llegó a ser el presidente de su país en 1981.

El toque social lo aportó ese mismo año la aparición del entonces popularísimo defensor de los consumidores y ecologista estadounidense Ralph Nader, que criticó duramente las políticas de las grandes empresas, con el resultado de que, como en el caso de Cousteau, éstas escucharon e incluso estuvieron parcialmente de acuerdo con las críticas, pero a continuación no hicieron nada para remediar los agravios.

En octubre de 1976, el Foro dio un salto cualitativo en su desarrollo. Schwab organizó en Montreux el primer «Simposio árabe-europeo sobre cooperación económica». Tres años después de la crisis mundial del petróleo, más de 1.500 líderes, entre ellos 400 del mundo árabe, acudieron a tres días de sesiones plenarias, seminarios y debates privados. El evento tuvo tanta demanda que Schwab dijo que tuvo que cancelar varios cientos de solicitudes para asistir.

Ese mismo año, el FEG se convirtió en la primera organización no gubernamental del mundo en asociarse con las comisiones de desarrollo económico de China. Schwab también introdujo un sistema de afiliación para «las 1.000 empresas líderes del mundo», concediendo un estatus especial a aquellas que asistieran regularmente a los eventos del FEG.

A finales de 1976 como muy tarde, estaba claro que Klaus Schwab y su FEG iban camino de convertirse en una organización transnacional influyente y cada vez más poderosa. La receta del éxito era bastante sencilla: mantener buenas relaciones con los poderosos, no cuestionar ni supremacía ni su pasado, y proporcionarles una hoja de parra para una mejor autopresentación en público permitiendo las críticas.

9

1977-1980:

El gran avance

En 1977, la Organización para la Cooperación y el Desarrollo Económico (OCDE), una asociación de países desarrollados con altos ingresos per cápita fundada en 1961, se convirtió en patrocinador y, por tanto, en miembro de pago del FEG.

La imagen social de la reunión se vio reforzada este año por la comparecencia del cardenal Franz König, arzobispo católico romano de Viena, que expresó su preocupación por la búsqueda egoísta de la riqueza material y el confort por parte de la gente y abogó por una renovación de la sociedad que no se centre en el dinero sino en los pilares gemelos de la fe y el amor.

Llamó aún más la atención la aparición del disidente soviético Vladimir Bukovsky, que había sido liberado tras doce años de prisión a cambio de un comunista chileno, habló sobre «la amenaza mundial a los derechos civiles y la responsabilidad de los líderes industriales»[15] e hizo un llamamiento a los participantes en el simposio para que se abstuvieran de cualquier apoyo al régimen soviético. La invitación de Bukovsky por Schwab fue una clara señal a los patrocinadores estadounidenses del Foro, para quienes el acercamiento económico entre Europa y la Unión Soviética, especialmente la «nueva Ostpolitik» del gobierno alemán de Willy Brandt, era una espina clavada.

En 1977, el FEG añadió a su logotipo el lema «Committed to improving the state of the world» (Comprometidos a mejorar el

---

15 *The World Economic Forum: A Partner in Shaping History 1971-2020*, p. 38

estado del mundo) y organizó la primera mesa redonda fuera de Europa en la capital estadounidense, Washington, ese mismo año. Tras el éxito del simposio árabe-europeo del año anterior, el FEG organizó el primer «Simposio para promover la cooperación entre América Latina y Europa» en octubre de 1977 bajo los auspicios del Banco Interamericano de Desarrollo, el Banco Mundial y la Comisión Económica para América Latina (CEPAL).

Klaus Schwab nombró al alto directivo alemán Hanns-Martin Schleyer presidente de la reunión de Davos en 1978. Evidentemente, no le molestó que la biografía de Schleyer también tuviera manchas muy oscuras. El poderoso presidente de la Federación de Industrias Alemanas (BDI) y de la Confederación de Asociaciones Patronales Alemanas (BDA) se había unido a las Schutzstaffel (SS) de los nazis en 1933, se había convertido en miembro del partido NSDAP en 1937 y, como miembro destacado de la «Federación Central de la Industria» en el llamado «Protectorado de Bohemia y Moravia», tenía trabajadores forzados checos para la construcción de tanques.

Sin embargo, bajo el liderazgo de Schleyer no llegó a celebrarse ningún acto, ya que fue asesinado por el grupo terrorista anarquista de izquierdas «Rote-Armee-Fraktion» (RAF) en octubre de 1977. La muerte violenta de Schleyer hizo que toda la reunión estuviera marcada por extremas medidas de seguridad, ya que se temía un atentado contra los participantes.

Además de otras nueve mesas redondas, en mayo se celebró en Montreux el segundo simposio árabe-europeo sobre cooperación empresarial, al que asistieron nuevamente más de 1.500 personas. Sin embargo, el acontecimiento más importante a los ojos de Schwab fue probablemente la sesión plenaria del comité central del Partido Comunista chino, celebrada en diciembre de 1978. En él, Deng Xiaoping inició que los dirigentes chinos se alejarían de la economía de planificación centralizada para acercarse al capitalismo.

Schwab reaccionó enseguida y le invitó inmediatamente a Deng Xiaoping al siguiente simposio de Davos. Aunque Deng no asistió, envió una primera delegación china oficial y de alto rango a la reunión de enero de 1979, presidida por el ex primer ministro británico Edward Heath.

Por invitación de la parte china, primero Schwab y poco después una delegación del Foro formada por 20 directores generales europeos visitó China en los seis meses siguientes. El ministerio chino de relaciones económicas exteriores y el FEG concluyeron un protocolo de acuerdo que preveía el establecimiento de intercambios regulares y la celebración de una reunión anual en Pekín en cooperación con la recién fundada Asociación China de Gestión Empresarial (CEMA). El Foro también se comprometió a acoger a delegaciones ministeriales chinas en Ginebra para reunirlas con representantes de empresas y compañías relevantes.

Otro acontecimiento fundamental de 1979 fue la publicación del primer «Informe sobre la competitividad de la industria europea». Según Schwab, se trataba de una «combinación de material estrictamente económico y estadístico con opiniones de directivos de empresas y expertos económicos y sociales de toda Europa. Esto se complementó con la experiencia y los conocimientos adquiridos por el personal del Foro en los últimos 10 años.»[16] Esta recopilación de valiosa información privilegiada sentó las bases del «Informe sobre la competitividad mundial», publicado anualmente primero del FEG y más tarde del FEM, considerado por muchos como su publicación más importante.

---

16 www3.weforum.org/docs/WEF_First40Years_Book_2010.pdf, p. 30

10

Entre bambalinas: La digitalización y la financiarización siguen su curso

Mientras el FEG seguía ampliando su red año tras año, a mediados de la década de 1970 se iniciaron dos procesos que implicaron un cambio significativo para la faz del mundo y que iban a tener una importancia decisiva para el desarrollo posterior de la fundación de Schwab: la financiarización y la digitalización de la economía mundial.

La financiarización fue el resultado del tremendo aumento de poder de la industria financiera durante el boom de la posguerra, del que se beneficiaron sobre todo los grandes bancos de Wall Street. Cuando el auge terminó en 1973 y la demanda de crédito de la industria manufacturera disminuyó, los bancos se dirigieron a la política y le pidieron que les abriera nuevas oportunidades de ganar dinero. Los políticos respondieron comenzando a desregular.

Poco a poco, se fueron aboliendo cada vez más normas y leyes que hasta entonces habían constreñido a los bancos. Se permitieron los fondos de cobertura; se desarrollaron nuevos productos financieros cada vez más arriesgados y se pusieron en el mercado casi sin revisar. Además, se permitieron prácticas empresariales que habían estado prohibidas hasta entonces, como la recompra de acciones y las ventas al descubierto. Apenas percibido por la opinión pública internacional, el proceso reforzó de año en año la importancia del sector financiero y, por tanto, el poder de sus representantes, tanto en la economía mundial como en el marco del FEG.

A partir de mediados de la década de 1970 se produjo otro cambio revolucionario: la digitalización del mundo como parte de la tercera revolución industrial, que comenzó con la introducción del ordenador personal y dio así el pistoletazo de salida a un sector empresarial completamente nuevo: la industria de la tecnología informática.

El 4 de abril de 1975, dos jóvenes llamados Paul Allen y Bill Gates Jr. se presentaron en una oficina de registro de Albuquerque, en el estado estadounidense de Nuevo México, y registraron una empresa con el nombre de Microsoft. Cuando IBM entró en el negocio de los ordenadores domésticos bastante tarde, en 1980, con el IBM PC, sus responsables necesitaban un sistema operativo lo antes posible, y recurrieron a la empresa de Bill Gates. En aquel momento, Gates no podía ofrecer su propio sistema, pero no quería perderse el negocio. En poco tiempo, Microsoft firmó un contrato por 186.000 dólares con IBM y dos días después compró la variante de CP/M QDOS –acrónimo de «quick and dirty operating system» («sistema operativo rápido y sucio»)– a Seattle Computer por 50.000 dólares. Entonces se entregó el sistema a IBM en una forma ligeramente modificada con el nombre de MS-DOS y en los años siguientes la empresa Microsoft experimentó un auge fenomenal.

Las cosas fueron parecidas para tres jóvenes que fundaron una empresa de garaje para fabricar ordenadores personales en Los Altos, California, el 1 de abril de 1976. Steve Wozniak, Steve Jobs y Ron Wayne la llamaron «Apple» por el entusiasmo de Jobs por las dietas de manzana. En pocos años la convirtieron en una corporación global desarrollando los ordenadores Macintosh y Lisa.

El nacimiento de los primeros gigantes de la industria de las TI también anunció una nueva fase histórica en la historia de la economía mundial. Mientras que hasta entonces se había aplicado la frase «el dinero rige el mundo», ahora comenzaba una era en la que los datos gradualmente ganaban terreno para llegar a ser tan importantes como el dinero en cuanto al ejercicio del poder.

11

La primera mitad de la década de 1980: Ladrillo sobre ladrillo

El instinto tecnológico y político de Klaus Schwab quedó demostrado por el hecho de que no sólo reconoció claramente ambos procesos, sino que los utilizó específicamente a favor del FEG desde el principio. Por un lado, en las reuniones del FEG se utilizaban siempre los últimos avances tecnológicos y, por otro, los actores más importantes de la industria financiera creaban redes.

En 1981, por ejemplo, Schwab invitó a Davos a los presidentes de los bancos centrales de Alemania, Suiza y los Países Bajos, así como a Jacques de Larosière de Champfeu, director del Fondo Monetario Internacional (FMI), y a Jelle Zijlstra, director del Banco de Pagos Internacionales (BPI), y los reunió con el entonces ministro saudí de economía y finanzas. Uno de los temas principales de la ronda de alto nivel fue el temor de muchas naciones industrializadas a perder poder económico. Como querían pedir dinero prestado a los países de la OPEP debido a su elevado consumo de petróleo, temían el aumento del poder financiero de ellos y la consiguiente disminución de su propia influencia en organizaciones financieras internacionales como el FMI.

Al término de sus conversaciones, Arabia Saudí y el FMI anunciaron en una declaración conjunta que la casa real árabe se había comprometido a conceder un préstamo de miles de millones a la mayor organización financiera internacional del mundo. La importancia de este acuerdo para la estructura financiera mundial se hizo patente cuatro meses más tarde: en mayo de 1981 se supo que se trataba de una suma de más de 8.000 millones de derechos especiales de giro[17] (DEG) (unos 10.000 millones de dólares estadounidenses) y, por tanto, de uno de los préstamos más elevados concedidos en toda la historia de la economía hasta ese momento.

Otra tendencia de principios de los 80 que siguió Schwab fue el creciente atractivo de China para los inversores occidentales, que tuvo en cuenta celebrando la primera reunión en China. La innovación más importante de 1982 puede haber sido la introducción de la «Reunión Informal de Líderes Económicos Mundiales» (acrónimo inglés IGWEL), un encuentro informal de líderes empresariales mundiales. Se trataba de una reunión celebrada a puerta cerrada, inaccesible al público, oficialmente con el propósito de «conocerse mejor» y al término de la cual no hubo comunicados ni ruedas de prensa.

De hecho, la creación del IGWEL no fue más que la puesta a disposición de una trastienda en la que se pudieran hacer arreglos al más alto nivel y sin ningún escrutinio público. Su concepto contradecía flagrantemente la apertura y la transparencia de las que siempre se ha enorgullecido el Foro.

También característico del desvanecimiento de la realidad fue el discurso del entonces presidente estadounidense Reagan a los conferenciantes, retransmitido por satélite. Reagan habló de un «punto de inflexión histórico»[18] en la política económica estadounidense, no escatimó autoelogios, anunció nuevas reformas y «la mejor colección de estímulos en 50 años»[19] «para ayudar a los esta-

---

17 Los DEG son una moneda del FMI que sólo se negocia entre éste y los gobiernos.

18 *The World Economic Forum: A Partner in Shaping History 1971-2020*, p. 60 y s.

19 Ibidem

dounidenses a reconstruir nuestra economía y restablecer su seguridad financiera»[20].

Ninguno de los presentes se preguntó cómo encajaban estas declaraciones con las instrucciones que Reagan había dado en EE. UU. seis meses antes. En agosto de 1981, seis meses después de su toma de posesión, el presidente estadounidense había puesto fin a una huelga de 11.000 controladores aéreos dándoles a elegir: la vuelta al trabajo o el despido inmediato, acompañado de una prohibición de ejercer su profesión por vida. En toda la historia de EE. UU. ninguna huelga nacional se había roto tan radicalmente.

El hecho de que estos acontecimientos se ignoraran en Davos dejó claro de quién eran los intereses que se representaban y que invitar a sindicalistas, disidentes políticos o críticos religiosos y científicos de la política no servía en absoluto para conciliar intereses, sino sólo para mejorar cosméticamente la propia imagen pública.

En 1983, EE. UU. envió la primera delegación gubernamental oficial a Davos con el Secretario de Comercio Baldrige, estableciendo así una tradición que se ha mantenido hasta nuestros días. En su discurso inaugural de ese mismo año, Klaus Schwab habló de la «reunión anual más importante de dirigentes económicos»[21]. No era ninguna exageración, porque Schwab invitó a los ministros responsables de las doce naciones comerciales más importantes y al presidente del Acuerdo General sobre Aranceles Aduaneros y Comercio mundial (acrónimo inglés GATT) a una reunión informal en Lausana ese año. Allí, en este pequeño círculo nació la idea de una nueva ronda comercial. El hecho de que, tras algunas reuniones más, esto en 1995 desembocara finalmente en la fundación de la sucesora del GATT, la Organización Mundial del Comer-

---

20 Ibidem

21 *The World Economic Forum: A Partner in Shaping History 1971-2020*, p. 65

cio (OMC) demuestra la enorme importancia que el IGWEL y el FEG habían adquirido para la política internacional y la economía mundial.

Un discurso del general Bernard W. Rogers, comandante supremo de los Aliados en Europa, reveló una vez más la duplicidad con la que se hablaba en el Foro. Comenzó su discurso diciendo que sólo tenían «una opción: negociaciones de desarme exitosas con medidas de control justas y verificables»[22], pero luego terminó diciendo que «lo único que impresiona a los rusos es una postura firme y decidida»[23], lo que equivalía a un claro compromiso de continuar la carrera armamentística.

Otro momento destacado de la reunión de 1983 fue un debate dirigido por el canciller alemán Helmut Schmidt, que había sido destituido el año anterior, entre los jefes de gobierno de Nueva Zelanda, Dinamarca, Finlandia, Noruega y Filipinas, que se centró sobre todo en cuestiones de política económica. Aún más importante fue el préstamo de mil millones de euros a Alemania del Este (la RDA) negociado ese mismo año bajo la presidencia de Helmut Kohl, sucesor de Schmidt, por el primer ministro bávaro Franz-Josef Strauß con los dirigentes de Berlín Este. Sin el dinero, la RDA habría tenido que declararse en quiebra nacional y con este préstamo su hundimiento definitivo se aplazó varios años.

En 1984, la evaluación de Schwab sobre la importancia económica de China se confirmó cuando los dirigentes del Partido Comunista anunciaron su intención de invertir 1.000 millones de dólares estadounidenses en tecnología occidental. Ese mismo año, el FEG también tanteó a la India y, en colaboración con la confe-

---

22 *The World Economic Forum: A Partner in Shaping History 1971-2020*, p. 66

23 *The World Economic Forum: A Partner in Shaping History 1971-2020*, p. 66

deración de la industria india, organizó la primera cumbre empresarial en Nueva Delhi, que tuvo lugar un año después. La cada vez más importante reunión informal de líderes económicos mundiales IGWEL también contó con una innovación: el «World Economic Brainstorming», en el que los participantes podían intercambiar ideas en grupos alternos con políticos de alto rango (incluyendo primeros ministros, ministros de economía y ministros de finanzas) y los consejos de administración de organizaciones internacionales.

En 1985, el rápido avance de la tecnología informática y el auge de la industria de las tecnologías de la información dieron lugar a las primeras reuniones específicas del sector en el marco del FEG, en las que los directores generales de las empresas de telecomunicaciones se reunieron con los ministros y funcionarios gubernamentales responsables de las mismas.

12

1985-1988:

El ascenso al Olimpo político

En 1986, la Unión Soviética participó por primera vez en una reunión en Davos bajo la presidencia de Miguel Gorbachov, que había llegado al poder el año anterior. Gorbachov debió su ascenso principalmente al hecho de que los antiguos dirigentes de su país se habían visto sometidos a presiones por a los problemas económicos cada vez más grandes. El detonante fue principalmente la caída del precio del petróleo, ya que la URSS dependía financieramente sobre todo de las exportaciones de petróleo. La situación cada vez más difícil del país hizo necesario que el Kremlin buscara inversores del extranjero. A la opinión pública internacional este nuevo rumbo se vendió eufemísticamente como «glasnost y perestroika», en alemán «Offenheit und Umgestaltung».

Ese mismo año, Schwab también atrajo mucha atención al sentar a la mesa en Davos a los jefes de gobierno de Grecia y Turquía. Los medios de comunicación celebraron la primera reunión de alto nivel entre ambos países tras la invasión turca de Chipre en 1974 como un gran éxito y un testimonio del «espíritu de Davos», pero no impidió que el conflicto entre los dos países escalara hasta el borde de la guerra abierta en los próximos años.

Una aparición de Preston Martin, vicepresidente de la Reserva Federal, proporcionó otro ejemplo del profundo abismo que existía entre los discursos del FEG y la dura realidad del mundo financiero real. En enero de 1986, Preston hizo un llamamiento a todos los países para que «tomaran las medidas adecuadas para controlar y regular los mercados».[24]

Exactamente diez meses después, bajo el mandato de Margaret Thatcher, se aprobó el «Financial Services Act», que supuso el mayor paso hacia la desregulación en la historia financiera británica. Tras la abolición de los controles de cambio y la supervisión estatal de los movimientos de capital, se puso fin al sistema bancario de separación (la división de los bancos en bancos de inversión, a los que se permite especular con el dinero de los clientes, y bancos comerciales, a los que se prohíbe hacerlo) introducido en los años treinta en favor de la seguridad de los clientes bancarios.

Además, las sociedades de construcción tradicionales perdieron su estatus especial y fueron engullidas por los bancos grandes. Numerosos bancos extranjeros (incluido el Deutsche Bank) se instalaron en Londres gracias a aquella relajación de la normativa, las transacciones se hicieron cada vez más arriesgadas, los beneficios cada vez más altos y las primas de los banqueros llevaron la disparidad social en la capital británica a nuevos niveles récord. El FEG siguió invitando a ponentes que lamentaban esta disparidad, pero no hubo nadie que investigara seriamente la causa, a saber, la explosión del sector financiero debido a la desregulación, o que siquiera la nombraría como el núcleo del problema.

En 1987, el nombre de la fundación pasó a ser «Foro Económico Mundial» (FEM) y el lema «Committed to improving the state of the world» (Comprometidos a mejorar el estado del mundo) fue declarado su lema oficial. Ese mes de enero, la primera delegación oficial de la Unión Soviética también se presentó en Davos. El vicecanciller y ministro de Asuntos Exteriores alemán, Genscher, pronunció un discurso en el que glorificó a Gorbachov y su polí-

---

24 *The World Economic Forum: A Partner in Shaping History 1971-2020*, p. 86 y s.

tica de *perestroika*. Detrás de los elogios estaba la constatación de que la desintegración de la Unión Soviética había cobrado impulso, abriendo un enorme mercado y oportunidades totalmente nuevas para el capital occidental en el Oriente.

En 1987, más de 50 jefes de gobierno, ministros y directores generales asistieron a la reunión informal de líderes empresariales mundiales IGWEL. El FEM también amplió sus cumbres industriales para incluir actos en los ámbitos de la alimentación, la automoción, la energía, la ingeniería y la construcción, la salud y las tecnologías de la información, a los que también asistieron los máximos representantes de las respectivas industrias y los políticos responsables de las mismas, como los ministros de energía. Una innovación importante fue la publicación de *World Link,* una revista adaptada a las necesidades de la élite mundial. A través de una amplia investigación, el Foro había identificado a los 33.333 «responsables de la toma de decisiones más importantes del mundo» a los que se enviaba esta revista, primero mensualmente y después bimensualmente.

En 1987 y 1988, volvió a quedar patente el valor que Schwab concedía a la innovación técnica. Para mejorar las posibilidades de interacción de los participantes, el Foro apostó desde el principio por el uso de emisiones de televisión. En 1987, se instalaron videoteléfonos en el centro de congresos para que los participantes no sólo pudieran hablar entre sí, sino también verse al mismo tiempo.

Además, Klaus Schwab ya trabajaba entonces en la creación de una «comunidad digital» en red. En colaboración con la rama europea de la empresa estadounidense Digital Equipment Corporation International, fue uno de los primeros en intentar crear una «comunidad social» mundial de alto nivel. Aunque el proyecto fracasó porque la empresa tuvo dificultades (y más tarde fue adquirida por Compaq), demuestra claramente que Schwab siempre tuvo el dedo en el pulso en cuanto a la tecnología.

El punto culminante de la reunión de 1988, a la que asistieron más de 62 jefes de gobierno, ministros y directores generales, fue la reunión de los jefes de gobierno griego y turco. Tras dos años de tensiones cada vez más intensas, Schwab consiguió que los adversarios acudieran de nuevo a Davos con la atención de los medios de comunicación y que firmaran in situ la «Declaración de Davos», en la que se comprometían a mantener unas relaciones pacíficas de forma permanente.

Sin embargo, el éxito duró poco, ya que dos años más tarde el conflicto volvió a estallar cuando Chipre, apoyada por Grecia, solicitó su ingreso en la Unión Europea, contra lo que Turquía protestó enérgicamente de inmediato.

El toque social lo puso en 1988 Carl Sagan, el famoso profesor estadounidense de astronomía y ciencia espacial. Señaló los riesgos que suponían los avances tecnológicos de la época para el medio ambiente y los sistemas vitales, se ganó aplausos por ello –y no consiguió nada. Por otra parte, el financiero estadounidense-suizo Asher Edelman, que obviamente tocó una fibra especialmente sensible en la élite empresarial reunida cuando les acusó de ser «no sólo poco éticos, sino inmorales»[25], lo que provocó un escándalo y Edelman fue abucheado fuertemente por sus comentarios.

Que las acusaciones de Edelman no eran inventadas de la nada se hizo evidente al año siguiente. A pesar de la sangrienta represión de las protestas estudiantiles en la plaza de Tiananmen de Pekín el 4 de junio, la reunión anual del «Simposio de líderes empresariales» prevista para otoño no se canceló ni se trasladó a otro país,

---

25 www.washingtonpost.com/archive/business/1988/02/03/edelman-hits-corporate-ethics-is-booed-by-executives/56784d01-48dc-4c6f-9154-dff6f96fa656/

sino que se celebró en China con el pretexto de que era necesario un foro de «debate abierto».

13

1989-1990:
La desintegración final del
Bloque del Este

En la segunda mitad de la década de 1980, se hizo cada vez más evidente que las cosas hervían no sólo en la Unión Soviética, sino también en los Estados del bloque oriental que se habían creado tras la Segunda Guerra Mundial.

En Polonia ya se había producido un primer gran levantamiento en 1980. Una oleada de huelgas había llevado a la fundación del sindicato independiente *Solidarność*, al que se afiliaron casi 10 millones de ciudadanos en pocos meses. Sin embargo, el movimiento fue reprimido violentamente por la imposición de la ley marcial de 1981 a 1983.

Cuando la drástica caída de los precios del petróleo provocó un cambio en el liderazgo de la Unión Soviética en 1985, casi todos los regímenes del bloque oriental sufrieron simultáneamente una onda expansiva. La razón: para llenar sus arcas y rescatarse de su situación difícil, el Kremlin obligó a sus «Estados hermanos» socialistas, organizados junto con él en el «Consejo de Ayuda Mútua Económica» (CAME) y vinculados contractualmente a él, a comprar su petróleo a precios muy inflados. Como resultado, un régimen tras otro comenzó a tambalearse hasta que la desintegración alcanzó su punto álgido en 1989. En septiembre, los dirigentes húngaros decidieron abrir la frontera con Austria, iniciando un éxodo masivo hacia el Occidente. Las negociaciones con la oposición condujeron a las primeras elecciones libres en marzo de 1990.

En la República Democrática Alemana (RDA), la dirección del partido SED aún se escenificó el 7 de octubre de 1989 con una fastuosa celebración del 40° aniversario de la fundación del Estado. Ante la emigración masiva y las manifestaciones cada vez más numerosas, el líder del Estado y del partido, Erich Honecker, tuvo que dimitir once días después. Entonces, el 9 de noviembre, tuvo lugar la histórica conferencia de prensa en Berlín Este, en la que Günter Schabowski, miembro del Politburó del partido SED, anunció en un aparte la libertad de circulación, desencadenando así la caída del Muro de Berlín.

En Bulgaria, el líder del partido y presidente del Consejo de Estado, Todor Zhivkoff, fue derrocado en noviembre de 1989. En Checoslovaquia, la dirección del partido fue despedida por el Comité Central en noviembre tras las manifestaciones masivas en las que participaron cientos de miles de personas. En Rumanía, hubo protestas masivas en Timisoara en diciembre, sofocadas por la policía secreta. Las protestas se extendieron entonces hasta la capital, Bucarest. El longevo dictador Ceausescu intentó huir, pero fue confrontado y, junto con su esposa, condenado a muerte por un tribunal militar en un juicio sumario por genocidio y fusilado.

Para la Unión Soviética, la desaparición de los regímenes aliados coincidió con un hundimiento de la producción económica: Las importaciones cayeron casi un 45 % entre 1985 y 1991, las exportaciones más de un 25 %, la producción de petróleo un 50 % y el producto nacional bruto un 10 %. Gorbachov reaccionó con medidas desesperadas como la venta del 90 % de las reservas de oro soviéticas, pero sus esfuerzos fueron en vano.

Junto con los gastos de la carrera armamentística con EE. UU. y la guerra de Afganistán, los enormes problemas económicos acabaron por romperle el cuello políticamente. Tras el golpe de Estado de algunos comunistas conservadores el 19 de agosto de 1991, dimitió como Secretario General del Partido Comunista. Su sucesor y hombre fuerte en el periodo posterior fue Boris Yeltsin, que contribuyó decisivamente a sofocar el golpe. El 21 de diciembre, los dirigentes de las repúblicas soviéticas firmaron en Alma-Ata el tratado de disolución de la URSS. Cuatro días después, Gorbachov, ya completamente sacado del juego, también dimitió del cargo de presidente. El 31 de diciembre de 1991 se anunció oficialmente el fin de la Unión de Repúblicas Socialistas Soviéticas, fundada en 1922 por Lenin y los bolcheviques.

Para el FEM, el final de la RDA iba a tener consecuencias primero. En enero de 1990 tuvo lugar en Davos un encuentro histórico: la primera reunión oficial entre el canciller de Alemania Occidental, Helmut Kohl, y el recién elegido presidente del Consejo de Ministros de la RDA, Hans Modrow, organizada por Klaus Schwab. La reunión había estado precedida de agitadas disputas diplomáticas, ya que desde la caída del muro la cuestión de la reunificación alemana estaba en el foco de interés internacional. Mientras que el presidente estadounidense Bush se contuvo, la primera ministra británica Thatcher y el presidente francés Mitterand al principio se pronunciaron en contra muy firmemente.

Cuando el 28 de noviembre Helmut Kohl presentó al Bundestag un plan de diez puntos para la reunificación, la Casa Blanca de Washington, a diferencia de los gobiernos de Londres y París, se declaró dispuesta a aceptar el nuevo Estado siempre que no modificara sus fronteras exteriores y se adhiriera a la OTAN.

Esto no estuvo exento de problemas, porque la RDA había sido miembro del Pacto de Varsovia, la contrafuerza dominada por los soviéticos de la alianza de la OTAN, desde 1955. Todavía a mediados de enero de 1990, Kohl, al ser preguntado en una entrevista sobre la adhesión a la OTAN, eludió una respuesta. Tras la reunión organizada por el FEM con Modrow, que seguía pidiendo una Alemania neutral, las cosas parecían diferentes. Kohl declaró la voluntad de Alemania de permanecer en la OTAN como país reunificado. El 24 de septiembre de 1990, la RDA se retiró oficialmente del Pacto de Varsovia, y el 3 de octubre se consumó formalmente la reunificación alemana, con lo que la antigua RDA pasó a formar parte de la OTAN.

Básicamente, el resultado de la reunión entre Modrow y Kohl fue que Alemania se sometió a los deseos de EE. UU., lo que se había manifestado desde la Segunda Guerra Mundial, pero esta vez con Klaus Schwab como intermediario, que obviamente ya estaba pensando en el futuro. En la misma reunión, organizó un encuentro informal entre parlamentarios y empresarios de Alemania Oriental y Occidental bajo la dirección de Otmar Franz, presidente del grupo de trabajo sobre la moneda europea en el Parlamento Europeo.

También esta vez Schwab tuvo éxito, y por partida doble: ya el 7 de febrero de 1990, el canciller Kohl anunció en el Bundestag la introducción del marco alemán en el territorio de la antigua RDA con la unión monetaria alemana, y en junio, cuatro meses antes de la reunificación oficial, el FEM organizó el primer encuentro empresarial Oeste-Este en un hotel de Berlín Este.

14

Década de 1990:
La digitalización y la financiarización
cobran velocidad

El hundimiento del bloque del Este y el desmoronamiento de la Unión Soviética suscitaron en todo el mundo la esperanza de un futuro en el que no habría más regímenes totalitarios y, por tanto, ya no existiría la razón para otra carrera armamentística. En su bestseller mundial, *El fin de la Historia,* el politólogo estadounidense Francis Fukuyama avanzó la tesis de que con la victoria del liberalismo la democracia se había impuesto como modelo de orden, y con el fin de la lucha entre los diferentes sistemas, la fuerza motriz de la historia dejaría de existir en lo sucesivo.

De hecho, sin embargo, había dos fuerzas motrices en segundo plano: a financiarización y la digitalización de la economía mundial. Éstas iban a tener un impacto duradero en el destino de la humanidad y cobraron impulso de año en año.

La digitalización fue impulsada principalmente por Apple y Microsoft. Apple introdujo el ratón y la interfaz gráfica de usuario y, con las fenomenales cifras de ventas de los ordenadores Lisa y Macintosh, sentó las bases de su ascenso hasta convertirse en una corporación mundial. Tras el sistema operativo MS-DOS para IBM, en 1985 Microsoft sacó la primera versión del sistema operativo Windows, que se convirtió rápidamente en el líder del mercado.

CAPÍTULO 14

En 1990, la digitalización recibió un impulso histórico cuando el internet se convirtió en un medio apto para las masas. Mientras que en 1990 sólo 313.000 ordenadores estaban conectados al internet, en 1995 ya había 6,5 millones y en 2000 93 millones. La industria informática y la economía de plataformas experimentaron un auge que ninguna industria había vivido antes.

En 1994, el desarrollador de software Jeff Bezos fundó la empresa de venta de libros por correo Amazon, que en pocos años se convertiría en la mayor plataforma comercial del mundo. En septiembre de 1998, Sergey Brin y Larry Page fundaron Google, que superó a Yahoo y Lycos en poco tiempo y se convirtió rápidamente en el buscador universal para millones de usuarios.

La financiarización de la economía mundial también avanzó a pasos agigantados en los años noventa. Mientras que al principio de la desregulación los bancos de inversión se hicieron cada vez más fuertes, en los años noventa fueron sobre todo los fondos de alto riesgo los que dominaron cada vez más el mercado. Sin embargo, ya acechaba otra fuerza que se convertiría en una gran potencia financiera a partir del cambio de milenio: los gestores de activos, encabezados por BlackRock y Vanguard.

Característico de los años noventa fue sobre todo el aluvión de productos financieros cada vez nuevos y más arriesgados que se lanzaron al mercado. El crecimiento exponencial de los derivados, que no son más que apuestas sobre precios, tipos o tasas de interés futuros, gradualmente convirtió el sistema financiero mundial en un casino.

Además, se produjo la titulización de la deuda, es decir, la captación, agrupación y reventa de deuda, entre otros en el sector inmobiliario, que al final resultaría ser una mina letal y conduciría a la crisis financiera mundial de 2007 / 2008. Era una época en la que los inversores por un lado podían obtener enormes beneficios en apenas nada de tiempo, pero por otro lado sufrir pérdidas extremas.

15

1991-1992:

El FEM se convierte en una cantera para la élite

Sólo alrededor del 80% de los invitados acudieron a la reunión anual de 1991 porque EE. UU. había iniciado su «Operación Tormenta del Desierto» a mediados de enero para expulsar a las tropas iraquíes de Kuwait y muchas empresas habían impuesto una prohibición de vuelos a los viajes de negocios.

La aparición más importante ante un público reducido fue probablemente la del primer ministro soviético en funciones, Valentin Pavlov, que declaró en nombre de su delegación que las reformas en su país conducirían directamente a una economía de mercado según el modelo occidental. Prometió «el desarrollo de una infraestructura para las relaciones económicas exteriores, vías legales y prácticas para el proceso de privatización, la transferencia de la propiedad del Estado a las empresas privadas, la desmonopolización de la actividad económica y el fomento de la competencia, así como la movilización del ahorro nacional y la inversión extranjera».[26]

Obviamente, los presentes estaban tan entusiasmados con las perspectivas de negocio que se les presentaban que 150 de ellos acordaron inmediatamente reunirse en Moscú en septiembre. Se atuvieron a ello, a pesar de que Pavlov, junto con algunos altos funcionarios del Partido Comunista, intentaron en vano en agosto deponer al presidente en ejercicio Gorbachov y poner el país bajo

---

26 *The World Economic Forum: A Partner in Shaping History 1971-2020*, p. 118

su propio control, y la parte soviética les pidió un aplazamiento debido a la situación inestable del país.

El intrusismo de la delegación de Davos tenía su razón de ser. Al final de la reunión de tres días en Moscú, Klaus Schwab escribió una carta de seis páginas dirigida no sólo a Gorbachov, ya políticamente resentido, sino también a Boris Yeltsin, celebrado de repente como un nuevo héroe, en la que esbozaba doce puntos esenciales de un amplio plan de transformación para la Unión Soviética. La carta termina con la siguiente frase: «Consideramos importante (…) transmitirle el compromiso de los participantes en nuestra reunión y las ideas desde el punto de vista de una comunidad exterior con el sincero objetivo de contribuir a la delicadísima tarea de usted con la transición a una economía de mercado.»[27]

Dejando a un lado el lenguaje estrambótico y las fórmulas de cortesía, la carta no contenía más que las condiciones que el capital occidental estaba imponiendo a la dirección soviética, y en una situación en la que sabía que sólo había una posibilidad de supervivencia para la otra parte: cumplir todas las exigencias sin discutir.

Otro acontecimiento de 1991 que superficialmente no tenía nada que ver con el FEM pero que iba a tener una influencia significativa en su desarrollo posterior fue la publicación del libro *La primera revolución global*[28] por el Club de Roma. En los 18 años transcurridos desde la primera aparición de su fundador en Davos, la organización había sido criticada en repetidas ocasiones por su controvertido llamamiento a la reducción de la población mundial y acusada de difundir ideas eugenésicas y neomalthusianas.[29]

---

27 *The World Economic Forum: A Partner in Shaping History 1971-2020*, p. 120 y ss.

28 www.clubofrome.org/publication/the-first-global-revolution-1991/

29 Thomas Robert Malthus (1766-1834), economista británico, consideró el crecimiento de la población mundial como el mayor problema económico y propugnó su reducción.

En el nuevo libro, no sólo retomaron la antigua reivindicación, sino que incluso dieron un paso más y argumentaron que podría llevarse a cabo incluso con el apoyo de la población. Todo lo que se necesitaba para lograrlo era ganarse a la mayoría para participar en una lucha existencial contra un enemigo común. En la página 75, la organización describe cómo inventarían horrores ecológicos para manipular al público para que acepte la imposición de un gobierno mundial dictatorial dirigido por ellos: «En busca de un enemigo común contra el que unirnos, se nos ocurrió que la contaminación atmosférica, la amenaza del calentamiento global, la escasez de agua, las hambrunas y asuntos parecidos serían muy adecuadas... Todos estos peligros están causados por la intervención humana... El verdadero enemigo es la propia humanidad.» Sustituyendo la palabra «asuntos parecidos» por «pandemias», casi parece como si el libro ya entonces hubiera anticipado con clarividencia la base de la política del coronavirus y la agenda del cambio climático.

La reunión de 1992 estuvo marcada por la visita de Nelson Mandela. Había sido liberado dos años antes por Willem de Klerk, presidente del régimen racista del apartheid sudafricano, tras 30 años de cárcel y el año anterior había sido elegido presidente del Congreso Nacional Africano (CNA), que también había sido readmitido.

El acto fue celebrado mundialmente en los medios de comunicación como una reverencia del FEM a un luchador por la libertad. De hecho, tenía un trasfondo completamente diferente. Cuando fue destituido, Mandela había anunciado su intención de nacionalizar las minas, los bancos y las industrias monopolísticas, lo que provocó un gran revuelo entre el capital occidental. Durante años, el capital había cooperado con el régimen del apartheid –a menudo a espaldas de la opinión pública– y había ganado mucho dinero en el proceso, y no estaba en absoluto dispuesto a aceptar las exigencias de Mandela sin luchar.

No fue necesario, porque ahí es donde entró Klaus Schwab: cameló a Mandela y lo reunió con funcionarios de los Partidos Comunistas de Vietnam y China, entre otros, que estaban en proceso de transformar sus economías planificadas en economías de mercado. Le suplicaron que se distanciara de sus ideas y renunciara a las nacionalizaciones.

No se sabe por qué otros medios[30] se persuadió a Mandela para que abandonara su posición. En cualquier caso, cambió su opinión en Davos, reconoció tanto el capitalismo como la globalización, estrechó simbólicamente la mano de Willem de Klerk, que también había sido invitado a Davos, al final del evento y fue celebrado efusivamente por ello.

A la sombra de la agitación que rodeaba a Mandela, el FEM lanzó este año un programa del que nadie podía saber entonces la enorme importancia que iba a adquirir algún día y el impacto que iba a tener en el desarrollo político y económico del mundo. Bajo la dirección de Nicole, la hija de Schwab, se fundaron los «Líderes Globales del Mañana». La primera cohorte, la «clase del 93», reunió a 200 personas procedentes de los ámbitos de los negocios, la política, la ciencia, el arte y los medios de comunicación que debían tener menos de 43 años y debían solicitar una plaza ellos mismos.

Fue un proyecto único en el mundo: por primera vez, la élite empezó a seleccionar a su propio personal subalterno de forma específica, a formarlo sistemáticamente, a prepararlo para sus tareas y a formar una red unos con otros. El éxito sensacional del pro-

---

30 Se sabe que cuando murió Mandela dejó a sus hijos y nietos una fortuna millonaria y numerosas participaciones en empresas.

yecto queda patente en algunos nombres de la primera cohorte[31], que parecen un «Quién es Quién» de la élite política y empresarial de años posteriores. Entre ellos figuran Angela Merkel, Nicolas Sarkozy, Tony Blair, Gordon Brown, José María Aznar, Richard Branson y Bill Gates. El portugués Juan Manuel Barroso logró convertirse en ministro de Asuntos Exteriores de su país cuando aún cursaba estudios.

Nunca antes se había hecho un intento similar de reunir de esta forma a los futuros líderes empresariales y políticos. Como han demostrado los 30 años siguientes, esto sentó las bases de una red estrechamente vinculada de políticos, líderes empresariales y profesionales de los medios de comunicación que iba a tener una influencia decisiva en el curso del mundo.

---

31 Las listas de los participantes de todos los años se encuentran en el apéndice al final del libro.

16

1993-1995:
Elegido por nadie, pero más influyente que nunca

En 1993, 800 líderes empresariales, 150 políticos de alto nivel, incluidos 25 jefes de gobierno, y 200 intelectuales de los más diversos campos se reunieron en Davos bajo el lema «Unir todas las fuerzas para el auge global».

El informe anual hacía hincapié en el carácter elitista del evento. En el futuro, la intención es «invitar a responsables políticos del más alto nivel principalmente a título individual y sin delegaciones (…) ser muy selectivos en la participación y aplicar criterios estrictos, pero dar la bienvenida a los ‹Líderes Globales del Mañana› como grupo especialmente destacado».[32] De este modo, dijo, se pretende garantizar que «el encuentro entre la política y la economía sea una verdadera interacción con un impacto concreto y positivo en la formulación de la política económica a nivel mundial».[33]

Las fórmulas de autoconfianza muestran que, además de una imagen exterior positiva, se necesitaban sobre todo acciones concretas y que la atención no se centraba en los parlamentos y en la voluntad de los votantes, sino específicamente en influir en los responsables individuales de la toma de decisiones. En otras palabras, el FEM se convirtió cada vez más en una institución que no era ele-

---

32 *The World Economic Forum: A Partner in Shaping History 1971-2020*, p. 132

33 *Ibidem*

gida por nadie, sino financiada por patrocinadores ricos de todo el mundo y que ejercía una influencia directa en la política mundial.

El objetivo no sólo se aplicaba a la política, sino también a la economía y a la coordinación entre ambos ámbitos. Así, además de las cumbres empresariales regionales de Asia Oriental y Sudáfrica, ese mismo año se celebró una reunión en EE. UU. junto con la Universidad de Harvard y el Instituto de Tecnología de Massachusetts (MIT). Su objetivo era «promover la cooperación en áreas estratégicas (…) entre los principales responsables de la industria, las organizaciones internacionales y los gobiernos, así como los expertos más eminentes en los campos respectivos.»[34]

Un acontecimiento significativo para el futuro del FEM se produjo en EE. UU. en 1994: Sorprendentemente Bill Gates se hizo cargo de la Fundación William H. Gates de su padre. A la vista de su currículum vitae, es poco probable que de repente sintiera una necesidad filantrópica. Es mucho más probable que sus abogados le habían aconsejado que hiciera algo por su maltrecha imagen pública. A principios de la década de 1990, Gates estuvo en el punto de mira de la justicia estadounidense, que le acusó de infracción de derechos de autor, robo intelectual y fraude, entre otras cosas. Muchas de las acusaciones fueron confirmadas por antiguos compañeros y condujeron a que la imagen del ingenioso empollón informático, que había empezado en el garaje de su padre y había ascendido hasta convertirse en multimillonario gracias a sus propios logros, se agrietara cada vez más y fuera urgente mejorar su imagen. En cualquier caso, la adquisición de la fundación por parte de Gates iba a tener consecuencias enormes para el FEM en los años posteriores al cambio de milenio.

---

34 *The World Economic Forum: A Partner in Shaping History 1971-2020*, p. 133

Al comienzo de la reunión de 1994, el FEM aprovechó la admisión de la empresa miembro de pago número 1000 para enviar un mensaje claro e inequívoco: se había alcanzado el límite superior, no se debía sobrepasar esta cifra. La intención era mantener la exclusividad y mejorar la calidad de los beneficios y servicios para los miembros en los próximos años. La decisión no sólo fue un compromiso inequívoco con la élite mundial, sino también el último desplante para las medianas empresas, algunas de las cuales –en su mayoría de mayor tamaño– sin duda habrían querido beneficiarse de los servicios de una adhesión.

Esta vez, el centro del interés de los medios de comunicación fue la reunión entre el ministro israelí de Asuntos Exteriores, Shimon Peres, y el jefe de la Organización para la Liberación de Palestina OLP. Como en el caso de Mandela y de Klerk, el FEM y Klaus Schwab volvieron a ser celebrados como pacificadores, pero al mismo tiempo capitalizaron el acontecimiento y organizaron poco después en Casablanca la primera Cumbre Económica de Oriente Próximo y el Norte de África en beneficio de la élite.

La perspectiva de un relanzamiento económico en condiciones pacíficas atrajo a más de 2.000 participantes, entre ellos el Secretario de Estado estadounidense Warren Christopher, dos docenas de jefes de gobierno o ministros de asuntos exteriores europeos, además de dirigentes de la Comisión de la UE, el Fondo Monetario Internacional (FMI) y el Banco Mundial.

El éxito llevó al FEM a celebrar la segunda Cumbre Económica para Oriente Medio y el Norte de África un año más tarde en Ammán, Jordania, bajo el patrocinio del rey Hussein. A la reunión, celebrada bajo los auspicios de EE. UU. y la Federación Rusa con el apoyo de Canadá, Japón y la Unión Europea, asistieron 2.000

dirigentes gubernamentales y empresariales de Oriente Próximo, el Norte de África, Europa, América y Asia.

Con motivo y para celebrar el 25° aniversario de su fundación, Klaus Schwab publicó en 1996 un libro titulado *Overcoming indifference* (superar la indiferencia). Las contribuciones de políticos, directores generales y científicos de un amplio abanico de disciplinas abordaron los «diez retos más importantes» de la época. Uno de los capítulos se titulaba: «Garantizar la sostenibilidad en un mundo superpoblado», que revelaba una vez más lo que Schwab y el FEM tenían obviamente en mente como objetivo para el futuro: reducir la población mundial a lo que consideran un nivel sostenible.

Entre las personalidades más interesantes de los «Líderes Globales del Mañana» cabe destacar la participación de Benazir Bhutto, posteriormente Primera Ministra de Pakistán, y de Feng Yushu, un alto cuadro del Partido Comunista chino. Yushu trabajó en el Ministerio de Finanzas chino de 1991 a 2000 y fue responsable, entre otras cosas, del diálogo económico entre China y EE. UU. y de las operaciones del Banco Mundial en China.

La «clase del 95» incluía al economista Jeffrey Sachs, que llamaría la atención como asesor de Naciones Unidas, el FMI y el Banco Mundial en temas de sostenibilidad, al que más tarde sería jefe de la Comisión Europea, Jean-Claude Juncker, y al político de la CDU Christian Wulff, décimo presidente de la República Federal de Alemania de 2010 a 2012.

17

1996-1998: El FEM asume gradualmente el liderazgo mundial

El año 1996 demostró lo poderosa que se había hecho el FEM entretanto y hasta dónde llegaba su influencia política. Boris Yeltsin había sido elegido primer presidente de la Federación Rusa en 1991. Sin embargo, su popularidad inicial disminuyó drásticamente en los cinco años siguientes debido a la mala situación económica. En las elecciones de 1995 a la Duma (el parlamento ruso), sufrió grandes pérdidas, mientras que los comunistas obtuvieron importantes ganancias.

Tras una fallida operación de rescate tras una toma de rehenes que dejó 150 muertos a principios de 1996[35], sus posibilidades de reelección disminuyeron aún más. Las encuestas indicaban que no obtendría más del 5% de los votos y que Gennady Zyuganov, el candidato comunista, iba a ganar las elecciones. Esto, sin embargo, fue una espina clavada en el costado de la nueva élite empresarial rusa. Los oligarcas tuvieron que temer que la propiedad estatal que habían adquirido después de 1990 les fuera arrebatada de nuevo. Para evitarlo, siete de los más poderosos de entre ellos, que representan aproximadamente la mitad de la riqueza de los oligarcas, formaron una alianza. Entre ellos se encontraban Mijail Jodorkovski, más tarde jefe de la petrolera Yukos, el magnate de los medios de comunicación Vladimir Gussinsky y el turbio accio-

---

35 En Pervomaiskoye, en Daguestán, el 16 de enero de 1996.

nista mayoritario de la mayor cadena de televisión rusa, Boris Berezovsky. Ellos y los otros cuatro se reunieron en el FEM y formaron el «Pacto de Davos».

Como Yeltsin escribió en sus memorias, le buscaron en Moscú a principios de febrero, le dejaron inequívocamente claro que sin su respaldo no tendría ninguna posibilidad de reelección y que a Anatoly Chubais, el arquitecto del programa de privatizaciones que había ayudado a los oligarcas a enriquecerse, absolutamente le debía convertir en su director de campaña. Aunque Yeltsin había destituido antes a Chubais como ministro de Finanzas por el descontento popular, aceptó sus planes y el 15 de febrero anunció su renovada candidatura a la presidencia.

Lo que siguió fue una campaña mediática sin parangón en la historia de Rusia, en la que el oponente de Yeltsin, Zyuganov, fue desmontado con todos los trucos del libro, se avivaron sistemáticamente los temores a un retorno a las condiciones soviéticas y se presentó a Yeltsin como el salvador de la democracia.

Esta manipulación masiva del público, llevada a cabo con el dinero de los oligarcas, condujo finalmente al éxito. En junio de 1996 Yeltsin fue reelegido. Esto marcó el rumbo del futuro de Rusia, pero no por la voluntad del pueblo ruso, sino por la manipulación de un grupo de oligarcas que habían forjado su alianza en el FEM de Davos.

Otro acontecimiento destacado de 1996, cuya importancia sólo quedó clara años más tarde, fue una reunión entre Michael Bloomberg, fundador del gigante informático Bloomberg, el fundador de Microsoft, Bill Gates, y Lou Dobbs, de la cadena de televisión CNN, en la que los tres debatieron sobre los efectos y las posibilidades de la tercera revolución industrial. Se desconoce el contenido de las conversaciones privadas entre Gates y Bloomberg, pero

ambos parecen haber sacado conclusiones similares de los acontecimientos y ya reconocían la utilidad de las donaciones y del sistema
de fundaciones cuatro años antes del cambio de milenio.

Mientras Bill Gates trabajaba en su fundación en su segundo año,
Bloomberg ya había hecho sus primeras donaciones a la Universidad Johns Hopkins. La «Escuela de Salud Pública Johns Hopkins Bloomberg», bautizada con el nombre de Bloomberg en 2016,
debía proporcionar datos al mundo en la crisis del coronavirus y
en 2021 podría presumir de haber recibido donaciones del bolsillo
de Bloomberg por un valor récord mundial de 3.550 millones de
dólares estadounidenses.

Después de que Schwab llevara el FEM al internet en 1996 como
www.weforum.org con su propio sitio web, el tema de la reunión
anual de 1997 fue «La construcción de la sociedad en red». En más
de 270 actos individuales, la atención se centró en los efectos que
el progreso tecnológico, junto con la globalización, tendría en las
empresas, las sociedades y los individuos, y en cómo las empresas
plataforma emergentes cambiarían el panorama general de la economía.

En mayo de 1996, José María Aznar, «Líder Global del Mañana»
de primer año, fue elegido Presidente del Gobierno de España.

En 1997, Schwab creó el estatus de «socio estratégico»[36]. Entre
los grupos que se aseguraron este título y el acceso a información
no destinada al público por una cuota anual de seis cifras se encontraban, a mediados de año, los principales auditores del mundo
Arthur Andersen, Deloitte y PricewaterhouseCoopers, así como
DHL, Volkswagen y Swiss Telekom.

En un artículo publicado en el *International Herald Tribune* en
enero de 1997 titulado «Unir fuerzas para resolver la ecuación

---

36 Véase también la lista de socios estratégicos en el anexo.

accionista-parte interesada», Schwab y su coautor también abordaron el acontecimiento más importante de la década de 1990: la sustitución definitiva del capitalismo de producción por el capitalismo financiero como resultado de 20 años de desregulación.

El artículo fue una vez más sintomático del carácter de hoja de parra de la labor de relaciones públicas del Foro. Aunque se nombran claramente los problemas, como la creciente brecha entre ricos y pobres y el creciente dictado global de los mercados financieros, los autores no dicen ni una palabra sobre los responsables de la crisis, sino que terminan con algunas recomendaciones nebulosas para tomar conciencia de los peligros que se ciernen sobre la humanidad después de todo. El mensaje subyacente era el mismo que desde hace un cuarto de siglo: Conocemos los problemas que nos esperan en el futuro y somos nosotros quienes los resolveremos para el mundo.

El aspecto de esta solución quedó patente en 1998, cuando el fondo de cobertura neoyorquino Long Term Capital Management se vio en un aprieto amenazador. Su insolvencia habría costado a los principales bancos de Wall Street un total de alrededor de 1 billón de dólares estadounidenses, poniendo a muchos de ellos en dificultades existenciales y posiblemente desencadenando el temido efecto dominó en el sistema financiero. Bajo el liderazgo de la Fed, los bancos afectados se unieron, mantuvieron vivo el fondo de cobertura y escaparon al desastre a un coste de unos 4.000 millones de dólares estadounidenses. Todos los implicados se aseguraron de que el público mundial no se enterara prácticamente de nada de lo que estaba ocurriendo, y por una buena razón: querían evitar a toda costa que los gobiernos intervinieran y redujeran la progresiva y extremadamente rentable desregulación debido a la presión de la población.

El FEM también cumplió con esta petición: su respuesta fue crear un nuevo organismo supranacional: el G20. Aunque la organización no se fundó oficialmente hasta septiembre de 1999, la primera reunión tuvo lugar en Davos en 1998 por iniciativa del FEM. La idea era reunir a los ministros de finanzas de las naciones industriales más importantes con los de los países emergentes más importantes para poder intervenir rápida y eficazmente en interés de la élite mundial en caso de crisis.

Los años siguientes demostrarían lo bien que Klaus Schwab previó la evolución posterior. Una y otra vez instó en sus discursos a que el G20 se convirtiera en el órgano global decisivo para dirigir el sistema financiero mundial. Sin embargo, hubo que esperar hasta 2009 para que los líderes políticos de una reunión del G20 en la ciudad estadounidense de Pittsburgh acordaran que el G20 sustituyera al G8 como instrumento decisivo para coordinar la política económica mundial, siguiendo su consejo.

Otro acontecimiento importante en 1998 fue la creación de la «Schwab Foundation for Social Entrepreneurship» (Fundación Schwab para el Emprendimiento Social), dirigida por su esposa Hilde Schwab, con el productor musical estadounidense Quincy Jones y el exitoso escritor brasileño Paulo Coelho entre los miembros de su consejo.

No fueron las únicas celebridades que engalanaron el FEM este año. En la Cumbre Empresarial Sudafricana del FEM, celebrada en Windhoek (Namibia), compareció nada menos que Michael Jackson, que este año completó su formación de un año como «Líder Global del Mañana» junto con el fundador de Amazon, Jeff Bezos.

El 1 de noviembre de 1998, el FEM con 73 empleados a tiempo completo y 26 a tiempo parcial se trasladó a su nueva sede, que

Hilde Schwab en particular había hecho construir en los años anteriores con un coste de 30 millones de francos suizos.

Un acontecimiento decisivo para el futuro del FEM tuvo lugar en EE. UU.: Bill Gates, cuya imagen pública apenas había mejorado a pesar de hacerse cargo de la fundación de su padre, cambió su nombre por el de «Fundación Bill y Melinda Gates» y en adelante dejó la presentación externa de la organización en gran parte en manos de su esposa. La medida resultó ser un gran éxito. En los tres años siguientes, casi todas las demandas contra Gates se resolvieron extrajudicialmente a cambio de miles de millones de dólares en pagos, de modo que a partir de entonces pudo presentarse ante las relaciones públicas como un filántropo reformado y humanitario, cuyo preocupación principal era promover la salud, en particular de los sectores más pobres de la población mundial.

18

1999-2000:
Protestas, cambio de milenio y una fundación con consecuencias

El cambio de milenio estuvo marcado sobre todo por los problemas cada vez más evidentes del sistema financiero mundial. El tema central de la reunión de Davos de 1999, que se celebró bajo el lema «Responsible Globality» (Globalidad responsable), fue la reforma del sistema financiero internacional. En consonancia con el G7, muchos oradores, incluidos jefes de Estado y de gobierno, pidieron reformas fundamentales. Con ello, sin embargo, no se referían a limitar los riesgos crecientes, sino a una mayor liberalización y desregulación de los mercados, los mismos procesos que habían conducido al caos. El gobierno estadounidense del presidente Clinton fue más lejos, aboliendo la Ley de Bancos de los EE. UU.[37] en noviembre de 1999 y abriendo así la puerta a una especulación aún más desenfrenada.

Un gran número de personas que no estaban de acuerdo con el desarrollo y cuyas protestas se extendieron como un reguero de pólvora por varios países lo vieron de forma muy diferente. La manifestación de unos 40.000 opositores a la globalización contra la conferencia ministerial de la Organización Mundial del Comer-

---

37 La Ley Glass Steagall se introdujo en EE. UU. tras el crac de 1929. Dividió a los bancos estadounidenses en bancos de inversión, a los que se permitía especular con el dinero de sus clientes, y bancos comerciales, a los que se prohibía hacerlo. Su abolición sentó una de las bases de la crisis financiera mundial de 2007 / 2008.

cio en Seattle, en el estado de Washington, cuyas imágenes dieron la vuelta al mundo como la «Battle of Seattle» (Batalla de Seattle), recibió la mayor atención.

Schwab y el FEM reaccionaron a este desarrollo, que amenazaba a la élite, no ignorándolo o incluso condenándolo, sino utilizándolo en su propio beneficio. La base de esta afirmación puede verse en una entrevista que Schwab dio a la revista de noticias estadounidense *Newsweek* al margen de la reunión de 1999. Allí dijo: «Originalmente el FEM era la interfaz global entre empresas y gobiernos. Pero hoy en día (…) la sociedad civil, representada por sus propias instituciones como las ONG (…) se ha convertido en la tercera pata de nuestra comunidad global. Así pues, el Foro se está convirtiendo en una verdadera asociación entre empresas, políticos, intelectuales y otros líderes de la sociedad civil.»[38]

El principio era tan sencillo como exitoso: los líderes de las ONG que protestaban contra la Organización Mundial del Comercio, el FMI o el G7 eran declarados representantes de la sociedad civil y, a partir del año 2000, se les invitaba regularmente a Davos, se les ofrecía un escenario, se les cortejaba y se les embaucaba… y de esta forma se conseguía poco a poco alejarlos de su propia base y utilizarlos para los intereses de la élite mundial.

En junio de 1999, la presidencia de Nelson Mandela en Sudáfrica llegó a su fin. Como el entusiasmo inicial y el apoyo popular al gobierno habían disminuido bruscamente debido a las numerosas acusaciones de corrupción (incluso contra el propio Mandela), el FEM se sintió obligado a reaccionar rápidamente. Ese mismo mes organizó una reunión de inversores internacionales con el sucesor de Mandela, Thabo Mbeki, para asegurarse de que el nuevo gobierno tampoco pondría obstáculos al dinero extranjero.

---

38 Pranay Gupte, «Las realidades del globalismo», *Newsweek,* 1 de febrero de 1999

En enero de 2000 se celebró en Davos la 30ª reunión del FEM bajo el lema «Nuevos comienzos: marcar la diferencia». Por primera vez en la historia de la organización, compareció un presidente estadounidense en ejercicio, Bill Clinton, acompañado por cinco ministros, numerosos congresistas y varios líderes empresariales. Sin referirse a las protestas mundiales contra la globalización, Clinton dejó claro que lo más importante ahora para la élite era recuperar la confianza en la política y en las instituciones sociales.

El hecho de que entretanto el FEM se hubiera convertido también en el objetivo de los manifestantes quedó demostrado no sólo por el refuerzo de la protección policial por parte del ejército suizo en Davos, sino también por los incidentes ocurridos en la Cumbre Económica Asia-Pacífico de Melbourne (Australia), donde se impidió por la fuerza que unos 200 participantes llegaran a la sede de la conferencia.

El bando tomado por la Iglesia católica en la disputa entre los opositores a la globalización y el FEM fue dejado claro por el Papa Juan Pablo II en unas palabras de saludo a los reunidos en Davos, en el que les aseguró «todas mis oraciones por el éxito de sus deliberaciones» y les dio su bendición.

El tema central del acto, al que se había invitado a los dirigentes de 15 ONG, era la «sostenibilidad medioambiental». Junto con una declaración política sobre «la prosperidad mundial a través del desarrollo sostenible de los viajes y el turismo», se publicó un índice que mide la responsabilidad ecológica en más de 100 países. Para enviar una señal de alto nivel, el FEM, cuyos visitantes viajaron casi exclusivamente en jets privados, hizo plantar árboles en México por la organización de certificación «Green Globe 21» para «compensar» las emisiones de gases de efecto invernadero causadas por la reunión anual.

Con mucho, el acontecimiento más importante de la primera reunión del nuevo milenio fue la fundación de la Alianza Mundial para la Vacunación y la Inmunización (GAVI), una fundación de derecho suizo con sede en Ginebra, que alcanzaría una importancia mundial en las dos décadas siguientes a su creación.

Los iniciadores de la fundación fueron la Organización Mundial de la Salud (OMS), el Fondo de las Naciones Unidas para la Infancia (UNICEF), el Banco Mundial y la Fundación Bill y Melinda Gates (BMGS), a los que se unieron empresas de la industria de las vacunas, así como representantes de la sociedad civil y del mundo empresarial como parte de la «asociación público-privada» promovida por el FEM. La Fundación Bill y Melinda Gates proporcionó a la alianza una financiación inicial de 750 millones de dólares, que se desembolsó a lo largo de un periodo de cinco años.

Teniendo en cuenta la cuantía de esta donación y el hecho de que dos semanas antes Bill Gates había cedido su puesto de presidente del consejo de administración de Microsoft a Steve Ballmer, presidente desde 1998, para ocuparse a partir de entonces principalmente de su fundación, uno se pregunta: ¿Por qué un hombre de negocios famoso por sus métodos groseros descubre tan de repente su corazón por los niños de los países en desarrollo y ve su objetivo en protegerlos de las enfermedades contagiosas?

Un vistazo al modelo de negocio de GAVI muestra que el proyecto no era tan altruista como se presentaba en los principales medios de comunicación. Con la ayuda del Banco Mundial, la organización debía crear en los próximos años dos mecanismos de financiación[39], que beneficiaban principalmente a la industria farmacéutica. Hasta entonces, el desarrollo de nuevas vacunas termi-

---

39 El Mecanismo Financiero Internacional para la Inmunización y el Compromiso de Mercado Avanzado (CMA)

naba a menudo en un callejón sin salida y, por tanto, en pérdidas financieras para las empresas farmacéuticas.

Una de las primeras tareas de GAVI fue asegurar a los fabricantes de vacunas contra tales pérdidas. Además, garantizaba la compra de ciertas cantidades para que los fabricantes no tuvieran que temer quedarse con sus existencias. Además, en los años siguientes, miles de millones de dinero público fluyeron hacia los bolsillos de los fabricantes de vacunas a través de donaciones de los gobiernos.

El principal beneficiario financiero de la creación de la GAVI fue, por tanto, la industria farmacéutica. Sin embargo, esto plantea otra cuestión. Aunque se sabe que la Fundación Bill y Melinda Gates también invierte en empresas farmacéuticas, el sector de la vacunación sólo representa una pequeña parte del presupuesto total de la industria. Entonces, ¿por qué Bill Gates gastó tanto dinero en este sector en particular? ¿Por qué le siguieron compromisos financieros de más de 8.000 millones de dólares de él y otros donantes durante los cinco años siguientes?

La situación se vuelve aún más opaca cuando se echa un vistazo al personal directivo de GAVI. Quienes esperen encontrar en ella a profesionales de la medicina se llevarán una gran sorpresa cuando miren más de cerca: de 2002 a 2005, GAVI estuvo dirigida por Jens Stoltenberg, ex primer ministro noruego y secretario general de la OTAN desde 2015; desde 2020, el ex primer ministro portugués y ex jefe de la Comisión Europea, Juan Manual Barroso, ha estado al frente de la organización.

Un acto en Nueva York el 19 de junio de 2017 debería arrojar luz sobre estas conexiones inusuales.[40] Ese día se fundó la organización ID2020, cuya actividad consiste en desarrollar formas digitales de identificación con el objetivo final de registrar biométricamente a

---

40 Véase también el capítulo 24

toda la humanidad. Los miembros fundadores fueron la Fundación Rockefeller, Microsoft, la consultora informática Accenture, activa sobre todo en el sector sanitario estadounidense, la empresa de diseño IDEO.org y –la alianza de vacunación GAVI.

Dado que el registro biométrico ha sido uno de los objetivos a largo plazo más importantes de la industria informática desde la década de 1990, y dado que se puede suponer que Bill Gates tiene una mejor visión del futuro del desarrollo digital que la mayoría de nosotros debido a su conocimiento privilegiado, no hace falta ser un conspiranoico para sospechar que existe una conexión entre la fundación de GAVI y su participación en el proyecto ID2020. Pero esto no significa otra cosa que aquí se estaba persiguiendo una agenda que se ha ocultado deliberadamente a la opinión pública internacional durante más de dos décadas.

19

2001-2003:

El terror y la guerra como

motores económicos

En 2001, George W. Bush se convirtió en el 43° presidente de EE. UU. y China ingresó en la Organización Mundial del Comercio. En la reunión anual de Davos se produjo un escándalo que demostró una vez más la importancia que había adquirido el FEM para la política internacional.

El Foro ofreció a Shimon Peres, representante del gobierno israelí, un escenario junto a su oponente Yassir Arafat, líder de la Organización de Liberación Palestina OLP, que Arafat aprovechó para lanzar un ataque feroz. La comparecencia, que Schwab percibió como una «decepción profunda», endureció los frentes en el supuesto «proceso de paz» y probablemente contribuyó a que las elecciones celebradas en Israel sólo dos semanas después llevaran al poder al duro Ariel Sharon.

Las esperanzas de un arreglo de las tensiones en Oriente Próximo que había suscitado el predecesor de Sharon, Ehud Barak, quedaron así enterradas. La dureza férrea que Sharon mostró inmediatamente después de su elección provocó el inicio del segundo gran levantamiento palestino en septiembre de 2001, la Intifada, que costó varios miles de vidas y duraría hasta 2005. Mientras tanto, la élite internacional debe de haberse frotado las manos de satisfacción, ya que un Oriente Próximo en crisis es uno de los pilares más importantes de su estrategia geopolítica.

El 11 de septiembre de 2001 tuvieron lugar en Nueva York los atentados contra el World Trade Center. Klaus Schwab y su esposa Hilde, que se encontraban en la ciudad en ese momento, se habían reunido la noche anterior con el Secretario General de la ONU, Kofi Annan. A la mañana siguiente, Schwab dijo que quería asistir a una reunión con editores de periódicos justo enfrente de las Torres Gemelas. «El azar quiso», recuerda Schwab, «que la reunión se pospusiera y en su lugar me dirigí al Upper East Side».[41]

Tras cinco días en los que no pudieron salir de su hotel, los Schwab viajaron de vuelta a Ginebra desde Montreal en un avión privado. Klaus Schwab regresó a Nueva York dos meses más tarde, donde anunció en un almuerzo en la bolsa, entre atronadores aplausos de los presentes, que el FEM celebraría su próxima reunión anual en Nueva York en lugar de Davos, por solidaridad con las víctimas de los atentados.

Bajo el lema «Davos en Nueva York», la Reunión Anual de 2002 se celebró el siguiente mes de enero en el Hotel Waldorf Astoria de Manhattan. Más de 2.700 participantes de 102 países se reunieron allí bajo las más estrictas precauciones de seguridad. Los medios de comunicación se deshicieron en elogios hacia el evento; el ex Director General de la ONU, Maurice Strong, lo calificó como «la reunión de mayor éxito jamás celebrada por el Foro».[42]

El ex alcalde de Nueva York Rudolph W. Giuliani, que estaba al frente de la ciudad el 11 de septiembre, fue mucho más sobrio en su valoración del acontecimiento. Para él, simplemente demostró

---

41 www.weforum.org/agenda/2016/09/why-9-11-reminds-us-we-must-respond-to-fear-with-openness/

42 *The World Economic Forum: A Partner in Shaping History 1971-2020*, p. 211 y s.

al mundo «que Nueva York ha vuelto a los negocios y es el lugar adecuado para los líderes internacionales y los determinantes».[43]

Obviamente, la dirección del FEM adoptó una postura similar y, tras las expresiones públicas de condolencia en los medios de comunicación, pasó rápidamente a la actividad habitual y lanzó el «International Business Council» (IBC) en esta reunión. Se trataba de una comunidad interactiva de un centenar de líderes empresariales de todos los sectores que en el futuro se ocuparían de cuestiones empresariales relevantes a nivel mundial y que en adelante servirían como órgano consultivo de la dirección del FEM. Uno de los puntos centrales de su trabajo debía ser la evaluación del potencial de los mercados emergentes.

El acontecimiento más significativo de la reunión de Nueva York fue probablemente la fundación de la «Global Health Initiative» (GHI), la Iniciativa Mundial sobre la Salud por parte del Secretario General de la ONU, Kofi Annan, en la que –como en el caso de GAVI– participaron algunos miembros del Foro como la OMS, el Banco Mundial y ONUSIDA, la suborganización de la ONU, fundada en 1994. Se declaró que los objetivos oficiales de la organización eran la lucha sistemática contra las enfermedades infecciosas, especialmente el VIH/SIDA, la tuberculosis y la malaria, y el fortalecimiento de los sistemas sanitarios en los países en desarrollo y emergentes de África y Asia.

De hecho, sin embargo, en los años siguientes ni un solo sistema sanitario se vio reforzado por la iniciativa. Al contrario: a través del principio de asociación público-privada, el dinero fluyó hacia los bolsillos de la industria farmacéutica, como en el caso de GAVI, reforzando así su influencia global e incluso impidiendo la expan-

---

43 widgets.weforum.org/historia/2002.html

sión de los sistemas sanitarios nacionales que tan urgentemente se habría necesitado en los países más pobres.

La fundación de la GHI demostró una vez más la enorme influencia internacional que el FEM había adquirido también en el ámbito de la salud. Sólo un año después, bajo el mandato del presidente estadounidense George W. Bush, se puso en marcha el «Plan de Emergencia del Presidente para el Alivio del Sida» (acrónimo inglés PEPFAR 1) y ocho años más tarde el PEPFAR 2, que pasó a conocerse como Obamacare. En retrospectiva, hoy puede decirse que la fundación de GAVI y GHI desempeñó un papel decisivo al vincular estrechamente la política económica y sanitaria y convertirlas en la base de medidas políticas de gran alcance.

Los presidentes de Brasil, Argentina, Chile, México y Perú acudieron a la reunión anual de 2003, que se celebró de nuevo en Davos. Llegaban directamente del III Foro Social Mundial[44] de Porto Alegre, que había batido todos los récords con casi 130.000 participantes. Como era de esperar, los cinco jefes de gobierno se quejaron de las políticas neoliberales de EE. UU., especialmente de la estrategia de endeudamiento del Banco Mundial y del FMI.

El FEM estaba bien preparado y hábilmente captó las críticas presentando el «Foro Abierto de Davos», una serie de actos públicos abiertos a todo el mundo en los que las ONG, los sindicatos, las iglesias y las organizaciones de comercio justo podían dar rienda suelta a su ira. También organizaron una mesa redonda sobre la globalización, que concluyó con un llamamiento a vincular la «pasión de Porto Alegre con la racionalidad de Davos».[45]

---

44 El Foro Social Mundial fue fundado en 2001 por críticos de la globalización y tuvo lugar cada año hasta 2018 como evento presencial.

45 *The World Economic Forum: A Partner in Shaping History 1971-2020*, p. 221

El acontecimiento demostró una vez más la habilidad con la que Schwab supo no ignorar las protestas, sino utilizarlas para quitarles hierro eligiendo deliberadamente a interlocutores moderados e instrumentalizándolos así para sí mismo.

El 20 de marzo de 2003, Estados Unidos, Gran Bretaña y una «coalición de la voluntad» iniciaron en Irak la Tercera Guerra del Golfo, que desembocaría en la conquista de la capital, Bagdad, y el derrocamiento del jefe del Estado, Sadam Husein. En un memorándum dirigido a su personal, Schwab ofreció su visión de los acontecimientos. «Respetamos a priori a todos los que actúan de acuerdo con sus valores (…) incluso a los que creen que no debemos correr riesgos cuando se trata de armas de destrucción masiva y terrorismo».

De este modo, Schwab adoptó acríticamente las acusaciones realizadas por el Secretario de Estado estadounidense Colin Powell el 5 de febrero de 2003 ante el Consejo de Seguridad de la ONU, que más tarde se revelaron como mentiras, de que Iraq poseía armas de destrucción masiva. Fue aún más lejos y utilizó la guerra y las tensiones en Oriente Próximo para un movimiento inusual: con el pretexto de que la cooperación mundial nunca había sido tan importante y que era el momento de llevar el espíritu de Davos a Oriente Próximo, convocó una reunión anual extraordinaria en Jordania en junio.

La Iniciativa del Mar Muerto marcó el rumbo de la inversión en la región, argumentando que el crecimiento ayuda a aliviar la pobreza y que la inversión extranjera directa es esencial para impulsarlo. En cooperación con el gobierno jordano y los socios del Foro del sector de las tecnologías de la información, también se puso en marcha la Iniciativa Educativa Jordana («Jordan Education Initiative»). Con gran atención de los medios se declaró que el objetivo era promover la educación como catalizador del desarrollo social y económico. En realidad, sin embargo, la asociación público-privada que se estableció ayudó a las empresas de TI a afianzarse en Jordania y más tarde en Oriente Próximo.

También en junio de 2003 se celebró en Durban (Sudáfrica) la Cumbre Empresarial Africana, en la que se lanzó una colaboración para el desarrollo de medicamentos entre la fundación «Medicines for Malaria Venture», creada en Ginebra en 1999, y el gigante farmacéutico estadounidense GlaxoSmithKline.

20

2004-2006:

La calma antes de la tormenta

En la reunión anual de 2004, el vicepresidente estadounidense Dick Cheney compareció junto con cuatro miembros del gabinete y 15 congresistas. Apenas seis semanas después de la detención de Sadam Husein, declaró explícitamente ante el FEM que estaba dispuesto a utilizar la fuerza militar «si fracasa la diplomacia».[46]

Klaus Schwab anunció el fin de los «Líderes Globales del Mañana» y la fundación de los «Jóvenes Líderes Globales» (YGL). El principio de formar una élite empresarial, política y mediática mundial se mantuvo, pero la edad de acceso cambió debido al cambio demográfico. Mientras que antes eran 43, a partir de ahora sólo se aceptan solicitantes menores de 38 años. La financiación inicial de 1 millón de dólares estadounidenses procedía del Premio Dan Davis, que la Fundación Dan Davis y la Universidad de Tel Aviv habían concedido al FEM el año anterior. Más de 8.000 candidatos de 69 países solicitaron participar en el curso inaugural, de entre los cuales un comité de nominación del FEM seleccionó a 238.

Un hito en el desarrollo del FEM lo marcó la Cumbre Empresarial Europea celebrada en Varsovia, capital de Polonia, en mayo de 2004, que coincidió con la ampliación de la UE de 15 a 25 Estados miembros.[47] Entre los 630 invitados se encontraban 20 jefes

---

46 *The World Economic Forum: A Partner in Shaping History 1971-2020*, p. 225

47 En mayo de 2004, Estonia, Letonia, Lituania, Malta, Polonia, Eslovaquia, Eslovenia, la República Checa, Hungría y la parte griega de Chipre fueron admitidos en la UE como miembros de pleno derecho.

de Estado y de gobierno. La BBC retransmitió una mesa redonda sobre el evento que llegó a más de 250 millones de telespectadores en todo el mundo.

En junio de 2004 se celebró en Maputo, capital de Mozambique, la XIV Cumbre Empresarial Africana, en la que el presidente anfitrión, Chissano, lanzó el «Proyecto Africano del Agua». Klaus Schwab lo elogió con las siguientes palabras: «El terrorismo y las armas de destrucción masiva, el calentamiento global y la posible escasez de agua son los tres grandes desafíos globales de nuestro tiempo, pero de estos tres temas, el agua es el que recibe menos atención pública. Por eso hemos lanzado la Iniciativa del Agua».[48]

El resultado fue devastador. La cooperación público-privada dio lugar a que empresas internacionales como Nestlé, Coca-Cola o Danone se apropiaran de las fuentes de agua, embotellaran el agua, la pusieran a la venta a la población local, que en su mayoría vive por debajo del umbral de la pobreza, y la privaran así de su derecho humano al suministro de agua potable con el respaldo del FEM.

En la reunión anual de 2005, el FEM volvió a acercarse al G20 y a la UE. Gran Bretaña había asumido la presidencia del G20 y también iba a asumir la presidencia del Consejo de la UE en el segundo semestre del año. Schwab aprovechó la oportunidad y al Primer Ministro británico Tony Blair, Líder Global del Mañana desde su origen, que llevaba ocho años en el cargo, le concedió el podio en la sesión inaugural y voz en la redacción del programa. La costumbre se mantuvo y en los años siguientes siempre se concedieron los mismos privilegios a los representantes de los gobiernos cuyos países ostentaban la presidencia del G20 o del Consejo de la UE.

---

48 web.worldbank.org/archive/website00818/WEB/OTHER/WORLD-88.HTM

También se intensificaron otras relaciones, por ambas partes. China, cuyas importaciones y exportaciones representan alrededor del 30% del comercio mundial tres años después de su adhesión a la OMC, envió este año a Davos a 35 funcionarios, una de las delegaciones más numerosas.

En junio, los «Jóvenes Líderes Globales» celebraron su primera cumbre en la estación de montaña suiza de Zermatt bajo el lema «El mundo en 2020». También en junio se celebró en Ciudad del Cabo la XV Cumbre Económica Africana, que se centró en los objetivos de la «Comisión para África» (CfA) fundada un año antes por Tony Blair. Aunque 16 Estados africanos se habían adherido a la comisión, en lugar de elevar el nivel de vida, sobre todo de las clases más pobres, ellos y la CfA sólo condujeron al continente a una dependencia aún mayor de las corporaciones occidentales a través de asociaciones público-privadas.

En septiembre, Schwab se anotó un triunfo espectacular. Angela Merkel, un miembro de los «Líderes Globales del Mañana» escogida por él mismo fue elegida para dirigir la cuarta economía mundial y el país más importante dentro de la UE, casi exactamente 15 años después de que hubiera sentado a la mesa en Davos a Hans Modrow y Helmut Kohl e iniciado la reunificación alemana.

En diciembre, el FEM fundó en EE. UU. su primera filial fuera de Suiza. El «World Economic Forum USA» se estableció en Nueva York como una entidad legalmente independiente. Su fundación se basó en un plan realizado en verano para implicar más estrechamente a los grupos industriales en el trabajo del FEM y reclutar a 300 empresas de todo el mundo.

Para hacerse cargo del diseño y la puesta en marcha del nuevo programa de asociación con la industria, el «World Economic Forum USA» se constituyó como sede mundial del «Centro para las Industrias Globales», y rápidamente logró el éxito deseado. Sólo tres años después, había atraído a 310 socios industriales y, como organización sin ánimo de lucro exenta de impuestos, pudo registrar unos ingresos de 32 millones de dólares estadounidenses.

La Asamblea Anual de 2006, en la que Angela Merkel pronunció el discurso de apertura como recién elegida canciller alemana, se centró sobre todo en el crecimiento global y la mayor financiarización del mundo, especialmente en la salud. En la reunión se presentó un informe en el que se advertía del impacto de la gripe aviar en la vida social y económica. En palabras drásticas, las consecuencias de la infección se compararon con las de la peste en Europa a finales del siglo XIV. Como se demostró más tarde, se trataba de un alarmismo completamente exagerado que, sin embargo, iba a resultar bastante útil a la luz de los acontecimientos posteriores.

En la reunión, el presidente nigeriano Obasanjo, el Ministro de Hacienda británico Gordon Brown y Bill Gates presentaron el «Plan Global para Detener la Tuberculosis», otra empresa público-privada para tratar a 50 millones de personas en todo el mundo en los próximos diez años y evitar 14 millones de muertes por tuberculosis. Se debían recaudar más de 56.000 millones de dólares estadounidenses para financiarlo. La Fundación Bill y Melinda Gates se comprometió a donar 100 millones de dólares estadounidenses cada año durante cinco años. Gordon Brown también hizo un llamamiento al G8 para que, en su próxima reunión de julio, haga de la tuberculosis una prioridad absoluta y aporte al menos el 60 % del dinero necesario.

Además, la GAVI y el Banco Mundial emitieron los primeros «bonos de vacunas», con los que el negocio global con la salud se convirtió por fin en el juguete de los inversores. Por supuesto, esperaban un rendimiento, y cuantas más dosis de una vacuna se produjeran y compraran, mayor sería el rendimiento. En otras palabras, surgió un mecanismo de autorrefuerzo que exigía cada vez más personas afectadas por la enfermedad. Los bonos para vacunas incluso aumentaron los problemas de los países pobres, ya que los empujaron a una dependencia de la industria farmacéutica cada vez más grande y, además, a un endeudamiento aún mayor.

En 2006, Alemania era también el decimosexto país en contribuir a la financiación de GAVI. El Ministerio Federal de Cooperación Económica y Desarrollo pagó 4 millones de euros y se comprometió a pagar la misma cantidad en 2007. Las cantidades iban a aumentar enormemente en los próximos años. Entre 2015 y 2020, Alemania ya pagó 600 millones de euros y se comprometió a seguir pagando la misma cantidad hasta 2025.

Este año, sin embargo, el FEM no sólo se ha centrado en la salud, sino también en la globalización. En junio de 2006, abrió su primera oficina en Pekín, destinada principalmente a servir de «Center for Global Growth Companies» (centro para empresas de crecimiento global).

21

2007-2008: La crisis financiera mundial lo cambia todo

El rápido aumento de la financiarización de la economía mundial conllevaba mayores riesgos con cada año que pasaba. Lo peligroso que era esto se había puesto de manifiesto por primera vez en 1998, cuando el fondo de cobertura neoyorquino Long Term Capital Management se fue a pique. Debido a algunos productos financieros altamente especulativos recién introducidos en el mercado en el contexto de la desregulación, como los swaps de incumplimiento crediticio, su colapso habría arrastrado consigo por un pelo a varios de los principales bancos de Wall Street. En gran medida desapercibidos para el público internacional, se habían salvado en una operación de emergencia dirigida por la Reserva Federal comprando el fondo de cobertura por casi 4.000 millones de dólares estadounidenses y manteniéndolo a flote. Sin embargo, quienes esperaban que las autoridades supervisoras extrajeran consecuencias y restringieran la desregulación se vieron engañados. Ocurrió lo contrario. Los riesgos siguieron aumentando hasta que la crisis comenzó de nuevo en 2006.

La crisis fue desencadenada por el mercado inmobiliario estadounidense. Allí, durante décadas se había mantenido un auge artificialmente gracias a la concesión de préstamos sin restricciones a compradores de viviendas cada vez menos solventes. Para encubrir sus cuestionables acciones, los bancos estadounidenses habían agrupado las deudas y las habían vendido a bancos extranjeros en forma de valores respaldados por hipotecas. Cuando el boom terminó y los precios de la vivienda empezaron a desplomarse en 2006, la insolvencia de muchos prestatarios se reveló por millones. Los valores se convirtieron gradualmente en activos «tóxicos» y numerosas instituciones financieras de todo el mundo se vieron en dificultades cada vez mayores.

En la reunión anual de 2007, el conocido profesor neoyorquino Nouriel Roubini, presidente de Roubini Global Economics, advirtió a la élite reunida del riesgo de un «choque sistémico». Unas semanas más tarde, William Rhodes, presidente de Citibank y asesor principal del FEM, se hizo eco de los temores de Roubini y publicó una advertencia impresionante en el periódico *Financial Times*. Además, en primavera el FEM publicó su informe sobre riesgos globales, que describía de forma impactante la gravedad de la situación.

Sin embargo, muchos supuestos expertos y también algunos insiders desestimaron las advertencias. El alza sostenida de los últimos años les hizo creer, evidentemente, que los responsables tenían los riesgos bajo control y que un choque estaba fuera de cuestión. Klaus Schwab, en cambio, no se dejó engañar y actuó a tiempo. Reestructuró los activos de la fundación, que entretanto se habían elevado, e invirtió el dinero principalmente en bonos del Estado suizo. Lo clarividente que fue esto quedó patente en los dos años siguientes, en los que el sistema financiero mundial se vio sumido en su crisis más grave hasta la fecha, mientras que el FEM, ahora millonario, pudo continuar su marcha triunfal también en el campo de las finanzas.

En 2007, los estrechos vínculos entre el FEM y los dirigentes políticos rusos volvieron a hacerse patentes. Dmitri Medvédev, presidente del Consejo de Supervisión de Gazprom y estrecho colaborador de Vladímir Putin, apareció no sólo en Davos, sino también en la mesa redonda de líderes empresariales rusos organizada por el FEM en San Petersburgo en junio, apenas un año antes de tomar el relevo de Putin como presidente en mayo de 2008. También estuvieron presentes en San Petersburgo el ministro de Finanzas Alexei Kudrin («clase del 98» de los «Líderes Globales del Mañana») y Herman Gref, que cuatro meses después se convirtió en Consejero Delegado de Sberbank, con diferencia la mayor institución financiera de Rusia, y un año más tarde ascendió al «International Business Council» del FEM y en 2011 a la Junta Directiva del FEM.

Además de la reunión de San Petersburgo, en 2007 se celebraron muchos otros eventos internacionales del FEM. Mientras el mundo se hundía en la crisis financiera, se celebraron reuniones en Jordania, Turquía, Sudáfrica, Chile, India y China, en las que la gente se aferró sin fisuras a su propia agenda.

En Jordania, el jeque Mohammed Bin Rashid Al Maktoum, soberano de Dubai, anunció la creación de una fundación que daría lugar a una estrecha colaboración con el FEM que continúa hasta hoy −a pesar de la condena del jeque por el Tribunal Superior de Londres en marzo de 2020 por amenazas, secuestro y tortura.

El tema de la reunión de Estambul fue «Conectando regiones −Creando nuevas oportunidades». En Ciudad del Cabo, la atención se centró en la «Alianza para una Revolución Verde en África», cuyo objetivo oficial era «hacer frente a los retos que obstaculizan a cientos de millones de pequeños agricultores». No se planteó el hecho de que estos impedimentos estaban generados en gran medida por el dumping de precios precisamente de las grandes empresas que el FEM aceptaba como sus socios estratégicos.

Los Jóvenes Líderes Globales también se mostraron muy activos en 2007. Entre otras cosas, más de 100 de ellos participaron en una mesa redonda con destacados políticos estadounidenses, entre ellos la Secretaria de Estado Condoleezza Rice y el Secretario del Tesoro Hank Paulson. Además, se estableció un curso bianual de desarrollo profesional de diez días en la Escuela de Gobierno Kennedy de la Universidad de Harvard sobre «Liderazgo global y política pública para el siglo XXI».

El acontecimiento más importante del año puede haber sido la reunión de los Jóvenes Líderes Globales, las corporaciones tecnológicas y el grupo de las ahora 125 «Corporaciones de Crecimiento Global» (más tarde también llamadas «Campeones Globales») fundadas el año anterior, que tuvo lugar en Dalian, China, en septiembre de 2007 y pasó a la historia del FEM como el primer «Davos de verano en Asia». El primer ministro chino, Wen Jiabao, dio la bienvenida a los 1.700 representantes de la élite empresarial y política mundial que habían viajado desde 90 países, invocó el espíritu del FEM y habló del deseo de los presentes de un «nuevo orden económico internacional».

Especialmente interesante desde la perspectiva actual es, por un lado, la participación de la OMS durante dos días en una de las reuniones y, por otro, el hecho de que el GHI organizara una serie de reuniones públicas y privadas con Health@Dalian, una iniciativa sanitaria del Estado chino en cooperación con la facultad de medicina de la Universidad de Dalian, centrada en las «enfermedades crónicas e infecciosas».

En la reunión anual de 2008, el Primer Ministro japonés Fukuda presentó la asociación «Cool Earth Partnership», que consistía en implicar a los países en desarrollo y emergentes en la lucha contra el calentamiento global, tema recurrente en aquel momento. Sin duda, su aparición fue cuidadosamente planificada, ya que en julio de 2008 se celebró en Hokkaido la cumbre del G8, en la que el cambio climático ocupaba un lugar destacado. Klaus Schwab viajó a Tokio especialmente para preparar la cumbre, con el fin de inculcar a Fukuda la agenda climática del FEM, que consistía en una cooperación cada vez más estrecha entre los gobiernos y las grandes empresas, organizada por el propio Schwab.

La reunión también demostró una vez más que la política rusa se hace, al menos en parte, no en Moscú sino en Davos. Herman Gref, a estas alturas presidente del Consejo de Supervisión del Sberbank, se reunió con los líderes de los negocios internacionales, las altas finanzas y los representantes de algunos países emergentes y creó un grupo interactivo de líderes de todo el mundo para impulsar el desarrollo ulterior de la economía de mercado rusa.

En junio de 2008 se celebró en Ciudad del Cabo la 18ª Reunión Africana del FEM, en la que se fundó el «Círculo Africano». Se trataba de una reunión privada de aquellos miembros que ya habían participado en diez o más reuniones. Mientras el FEM hablaba constantemente de querer ayudar a los países pobres a democratizarse, esto dio a los líderes políticos de alto rango en África la oportunidad de consultar, llegar a acuerdos y votar sobre cuestiones delicadas lejos del público y de los parlamentos, incluso sin la legitimidad de sus electorados.

En septiembre de 2008, en EE. UU. se produjo el acontecimiento más espectacular dentro de la crisis financiera mundial. El gobierno estadounidense permitió la quiebra del gran banco Lehman Brothers, sin que el sistema financiero mundial se derrumbara posteriormente. El argumento oficial de que las «instituciones financieras sistémicamente relevantes» eran *too big too fail* (demasiado grandes para quebrar) quedó así reducido al absurdo, pero tanto los políticos como los principales medios de comunicación lo pasaron por alto en silencio. Protestas como las del movimiento Occupy Wall Street se extendieron rápidamente, pero enseguida resultaron ser una llamarada, a la larga, siguieron siendo en gran medida ineficaces.

Ese mismo mes se celebró en Tianjin, China, la segunda reunión de los «Campeones Mundiales». Independientemente de todos los problemas del sistema financiero mundial, el lema del evento fue «La próxima ola de crecimiento». Una vez más, el primer ministro Wen Jiabao compareció para pronunciar el discurso inaugural. Sus palabras sobre el progreso tecnológico de China fueron subrayadas en los medios de comunicación por el primer paseo espacial de un chino, que tuvo lugar al mismo tiempo.

En noviembre se celebró en Dubai la primera reunión de la «Network of Global Agenda Councils» (Red de Consejos de la Agenda Global), fundada en la reunión anual de Davos. Para ello se contó inicialmente con la participación de 68 think tanks, cada uno de los cuales reunió entre 15 y 30 expertos para examinar diferentes problemas como por ejemplo el futuro del mundo laboral, los nuevos modelos de crecimiento o la migración desde diferentes perspectivas y ofrecer soluciones adecuadas al FEM. Los resultados de esta primera ronda sirvieron a muchos participantes como preparación para la siguiente reunión del G20, que tuvo lugar sólo unos días después en Washington, DC. Al término de la reunión, los 700 participantes declararon que, a la vista de los problemas actuales de la economía mundial, era urgente remodelar por completo las interdependencias mundiales. Al hacerlo, hablaron por primera vez de un «reinicio fundamental», precursor del Gran Reinicio.

El balance de la crisis financiera mundial de finales de 2008 fue realmente devastador. Sólo en EE. UU. se produjeron 8 millones de ejecuciones hipotecarias de viviendas y se destruyeron 19,2 billones de dólares en activos de los hogares. En todo el mundo, numerosos gigantes del sistema financiero fueron salvados del colapso con el dinero de los contribuyentes, abriendo enormes agujeros en los presupuestos gubernamentales.

Para evitar las quiebras estatales, se recurrió a los bancos centrales, que mantuvieron vivo el sistema mediante las dos herramientas de que disponían: Creación de dinero y bajada del tipo de interés básico. Esto, sin embargo, inició una carrera contra el tiempo, porque ambos medios no se pueden utilizar de forma permanente sin poner en marcha una inflación cada vez más acelerada y destruir así el sistema desde dentro.

22

2009-2011:

Austeridad a cualquier precio

El 1 de enero de 2009 entró en vigor un acuerdo entre el gobierno suizo y GAVI por el que se concedía inmunidad parcial y trato diplomático a los miembros de la alianza y se eximía a la organización de todo pago de impuestos. Para entonces, GAVI ya había gastado más de 3.000 millones de dólares, financiando la vacunación de más de 250 millones de niños, un negocio lucrativo para la industria farmacéutica y los accionistas que la respaldan, dada la magnitud del pedido con cuotas de compra garantizadas y pagos por adelantado.

Para la reunión anual, que se celebró tres semanas y media después bajo el lema «Modelar el mundo posterior a la crisis», se presentó en Davos un número inusualmente elevado de políticos: 40 jefes de Estado y de Gobierno y 100 ministros. No era casualidad, porque todos se enfrentaban al mismo problema: si en el pasado habían podido hacer una o dos concesiones a sus votantes, ahora esto era cosa del pasado.

Las arcas del Estado, en gran parte vacías debido a la crisis financiera mundial, obligaban a ahorrar a partir de ahora. Para evitar la quiebra de los Estados, hubo que hacer recortes sobre todo en la partida más importante, el gasto social. Tras el costosísimo rescate del sector financiero, la tarea de la política consistía ahora en rebajar el nivel de vida de la población trabajadora.

El FEM respondió a la nueva situación lanzando la «Global Redesign Initiative» (Iniciativa de Rediseño Global). Bajo los auspicios de los patrocinadores de la reunión (Suiza, Qatar y Singapur), los expertos debían averiguar de qué manera y con qué socios podría aplicarse mejor la agenda, eufemísticamente denominada política de austeridad[49]. Una de las primeras reivindicaciones de la iniciativa fue el fortalecimiento del G20, ya que oficialmente se dijo que tenía «mayor diversidad que el G8». Sin embargo, la idea subyacente tenía poco que ver con la diversidad: La élite se sintió obligada a incluir al menos a los países emergentes económicamente más fuertes en la agenda de la política de austeridad, ya que era de esperar una resistencia social considerable.

Entre los oradores principales del acto se encontraban el presidente ruso Putin y el primer ministro chino Wen Jiabao. Ambos comenzaron criticando duramente la globalización y la «búsqueda ciega de beneficios»[50], pero a continuación declararon su voluntad de trabajar con las principales naciones industrializadas de Occidente para «resolver los problemas económicos comunes».[51]

2009 fue el 30º año en que una delegación china asistió a la reunión de Davos. En retrospectiva, había sido una cooperación extremadamente fructífera desde la perspectiva de ambos socios. A estas alturas, casi todos los jefes de Estado y dirigentes del partido de China habían presentado sus respetos en el FEM. La oficina del FEM en Pekín colaboró estrechamente con la «Comisión Nacional China de Desarrollo e Investigación», con el Ministerio de Asuntos Exteriores chino y con una serie de grandes empresas chinas, algunas de las cuales se habían convertido entretanto en miembros del FEM.

---

49 Políticas de austeridad destinadas a reducir la deuda pública

50 www.youtube.com/watch?v=iy-el0jO1mo

51 www.youtube.com/watch?v=Rs9fqfvYiXw

En septiembre de 2009, se celebró en Dalian el tercer «Davos de verano» con 1.300 participantes, en el que Wen Jiabao pronunció de nuevo el discurso de apertura. Dos meses más tarde, se celebró en Dubai la segunda «Cumbre de la Agenda Global», a la que se invitó a 750 expertos de todo el mundo para que presentaran y debatieran sus ideas sobre la «Iniciativa de Transformación Global». También fueron invitados los 25 presidentes de las principales universidades del mundo, a los que el FEM ya había reunido en 2006 en el «Foro Mundial de Líderes Universitarios».

A pesar de la situación financiera generalmente difícil, la tesorería del FEM se encontraba muy bien en aquel momento. Sólo el FEM Suiza registró unos ingresos de 143 millones de francos suizos en el ejercicio 2009/2010.[52] Gran parte del dinero procedía de los «socios estratégicos», cuyo número se limitó a 100 en 2009 y no se ha incrementado desde entonces. Su contribución anual era entonces de 500.000 francos suizos, mientras que los 250 socios industriales pagaban 250.000 francos al año y los 650 miembros de la fundación 50.000 francos cada uno.

En 2010, China envió la mayor delegación de su historia al Foro Económico Mundial, con un total de 54 líderes empresariales y representantes gubernamentales. El sucesor de Wen Jiabao, Li Keqiang, ocupó su lugar en la reunión y anunció que China se desviaría de su estrategia económica, hasta entonces orientada a la exportación, para promover el mercado interior y ofrecer así a las empresas occidentales nuevas oportunidades de venta.

El tema principal del acto fue una vez más la tensa situación económica y financiera mundial y el creciente rechazo que los bancos encuentran entre la población. Varios de los 235 banqueros presentes y algunos políticos de alto nivel, como el presidente francés

---

52 www3.weforum.org/docs/Balance_WEF_2011.pdf

Nicolas Sarkozy, advirtieron de una posible «ofensiva populista» contra el sector bancario.

El FEM respondió organizando una reunión privada de los responsables de los aproximadamente 30 mayores bancos del mundo. Oficialmente, la idea era discutir cómo utilizar su influencia con los reguladores y los gobiernos. Un poco más tarde, se organizó una segunda reunión, a la que también asistieron ministros de finanzas, banqueros centrales y representantes de las autoridades reguladoras. Como era de esperar, después no hubo regulación. En su lugar, se volvió a dar a la opinión pública la impresión de que los bancos tenían interés en limitar su propio poder.

En la reunión también intervinieron dos fundaciones. La Fundación Bill y Melinda Gates se comprometió a aportar 10.000 millones de dólares en los próximos 10 años para vacunar a más de 8 millones de niños. La «Iniciativa Mundial Clinton» del presidente estadounidense Bill Clinton anunció que colaboraría con el FEM y las Naciones Unidas en la reconstrucción de Haití, que había sufrido un gran terremoto pocos días antes de la reunión.

En abril, 450 participantes de 60 países se reunieron en la capital qatarí, Doha, para la próxima «Cumbre de la Transformación Global». El FEM publicó un informe al respecto titulado «Everybody's Business: Strengthening International Cooperation in an Increasingly Interdependent World» (Asuntos de todos: Fortalecer la cooperación internacional en un mundo cada vez más interdependiente). Su esencia era la constatación de que el G8 debía ser sustituido definitivamente por el G20. El trasfondo de todo ello fue el hecho de que, en las Naciones Unidas, el G192 (todos los países allí representados) se había reunido y criticado duramente las políticas elitistas del G8.

En mayo tuvo lugar el 20º FEM-África bajo el lema «Repensar la estrategia de crecimiento de África», que se celebró en Dar es Salaam y, por tanto, por primera vez en África Oriental. En junio le siguió el FEM de Asia Oriental, que se celebró por primera vez en Vietnam, donde se habían producido feroces protestas populares contra el gobierno durante los dos meses anteriores. En respuesta, doce multinacionales, principalmente del sector agroquímico, unieron sus fuerzas con el gobierno vietnamita para formar un grupo de trabajo público-privado con el fin de promover un crecimiento agrícola sostenible. El objetivo a largo plazo era coordinar sus propias inversiones basándose en la «Iniciativa para una nueva visión de la agricultura[53]» lanzada por el FEM –con la consecuencia previsible de que los pequeños agricultores vietnamitas perderían sus medios de subsistencia.

En septiembre, el FEM celebró en Tianjin su primer acto conjunto con el Ministerio chino de Ciencia y Tecnología. Bajo el lema «Innovación y crecimiento sostenible», se debatió sobre cómo los responsables políticos y las grandes empresas pueden colaborar para garantizar que las estrategias ecológicas se apliquen de forma eficaz. En octubre se celebró en Marrakech el Foro del FEM para Oriente Próximo y el Norte de África, en el que también se debatió sobre los negocios sostenibles, exactamente dos meses antes de que se produjeran los primeros revueltas del hambre en el contexto de la Primavera Árabe.

El último gran acontecimiento de 2010 tuvo lugar en Dubai, donde el FEM anunció el lanzamiento de la «Risk Response Network» (Red de Respuesta ante Emergencias) en el marco de la Cumbre de la Agenda Global. El objetivo era reunir a líderes de diferentes disciplinas, incluidos los miembros de la red de consejos

---

53 www3.weforum.org/docs/WEF_CO_NVA_Overview.pdf

de la agenda mundial del FEM, con los principales responsables políticos para «desarrollar y aplicar soluciones viables a los grandes retos mundiales» al margen de todos los parlamentos.[54]

En 2011, 35 jefes de Estado y de Gobierno asistieron a la 41ª reunión anual bajo el lema «Normas compartidas para la nueva realidad», y todas las naciones del G20 estuvieron también representadas a nivel ministerial. Por un lado, la reunión estuvo influida por la Primavera Árabe, que se había cobrado su primera víctima política con la dimisión del gobierno tunecino. Por otra parte, la crisis del euro adoptó formas cada vez más amenazadoras.

En su discurso, el primer ministro griego Papandreu habló de la posibilidad de un malestar social a largo plazo también en Europa. Tony Blair, entonces representante del llamado Cuarteto de Oriente Medio, formado por EE. UU., la UE, Rusia y Naciones Unidas, temía una posible «enorme reacción popular», y la canciller alemana Merkel advirtió urgentemente del riesgo de otra crisis financiera.

El estado de ánimo delataba nerviosismo y un alto grado de incertidumbre y preocupación por el futuro, todo lo cual podía atribuirse a la misma causa: El sistema financiero mundial sólo se ha mantenido vivo en la crisis financiera mundial gracias a una redistribución extrema de la riqueza de abajo hacia arriba. Esto había exacerbado la desigualdad social en todo el planeta y ha provocado tensiones considerables en el seno de todas las sociedades. Además, el rescate había requerido medios y métodos que se sabía que no eran sostenibles a largo plazo. Puesto que no había valores empíricos a los que recurrir, nadie estaba en condiciones de estimar cuánto iría bien el experimento histórico y cuándo se alcanzaría el final del camino hacia un territorio absolutamente nuevo.

---

54 *The World Economic Forum: A Partner in Shaping History 1971-2020,* p. 279 y s.

La reacción de Klaus Schwab ante la crisis demostró una vez más lo bien que sabía utilizar las situaciones difíciles en beneficio de la élite. Para él, el mayor problema no era claramente el colapso del sistema financiero mundial, sino la creciente pérdida de control por parte de los poderosos. Así que era necesario reforzarlos. ¿Pero cómo?

La contribución más importante que el FEM había realizado en las dos décadas anteriores fue, sin duda, la formación y la creación de redes de la élite empresarial y política en el marco de los «Líderes Globales del Mañana» y los «Jóvenes Líderes Globales», muchos de los cuales estaban ya sentados en los resortes del poder mundial y entre los que se apreciaba una clara tendencia: su edad media descendía año tras año. El FEM había iniciado deliberadamente este proceso rebajando la edad de entrada de sus cuadros de 43 a 38 años, una concesión al cambio demográfico mundial.[55]

Para Schwab, había llegado el momento de dar un paso más: fundar un nuevo grupo, rebajar la edad de acceso a los 30 años y acercarse a las bases mediante la regionalización. Este mismo proceso de pensamiento puede haber proporcionado la base para la creación de los «Young Global Shapers» (Jóvenes Transformadores Globales), cuyo ascenso se convirtió rápidamente en la siguiente historia de éxito del FEM.

En pocos años surgió una red de los llamados «hubs locales», donde los aspirantes a líderes de los negocios y la política, incluidos muchos fundadores de start-ups, se reunieron, se organizaron y también se integraron plenamente en todas las actividades internacionales del FEM. Sólo tres años después, había 355 hubs

---

55 La mitad de la población mundial tenía menos de 25 años en 2011, y el 70% de la población africana tenía menos de 30 años.

y más de 4.000 shapers; en 2020, según el FEM, había 437 hubs con 9.646 shapers en 150 países.[56]

En septiembre de 2011 se celebró en Dalian (China) el quinto «Davos de verano», en el que el primer ministro Wen Jiabao anunció que China aumentaría sus actividades en el continente africano en el futuro. En octubre, el FEM organizó otra reunión especial bajo el lema «Crecimiento económico y creación de empleo en el mundo árabe» que, tras el colapso del gobierno de Ben Ali en Túnez, Mubarak en Egipto y Gadafi en Libia, se centró en el ajuste de sus socios estratégicos a las nuevas condiciones políticas de estos países.

---

56 www.business-leaders.net/global-shapers-alumni-der-nachwuchs-des-world-economic-forum-wef/ (en alemán)

23

2012-2014:

Enfocándose en la salud, el clima y Ucrania

La Reunión Anual de 2012 estuvo marcada por enormes turbulencias sociales, por un lado, debido a la guerra civil siria y a la Primavera Árabe, y por otro por el agravamiento de la crisis del euro. El lema del evento, al que asistieron 2.600 participantes, entre ellos 40 jefes de gobierno, fue: «El gran cambio –Configurar nuevos modelos».

Sin embargo, el espíritu de optimismo que pretendía el lema no se materializó. Dos meses antes, los gobiernos de Italia y Grecia habían nombrado primeros ministros a los tecnócratas Mario Monti y Loukas Papadimos debido a las sacudidas del sistema financiero. Su política de austeridad, que se introdujo de inmediato, se encontró con una feroz resistencia de la población y las protestas masivas estaban a la orden del día.

Un problema en particular se convirtió cada vez más en el centro del interés público: la explosión del desempleo juvenil en el sur de Europa y el norte de África provocada por las drásticas medidas de austeridad. En un informe, el FEM advertía de un «futuro distópico para gran parte de la humanidad» si no se abordaban los problemas básicos, es decir, las disparidades de ingresos tanto dentro de cada país como entre las distintas naciones.

En 2012, la influencia del FEM en la política comercial mundial se hizo evidente una vez más. A puerta cerrada, altos representantes de EE. UU. y de la UE se reunieron con representantes del «Transatlantic Business Dialogue» (TABD; Diálogo Empresarial Transatlántico), una asociación empresarial que aboga por un «acuerdo de libre comercio» entre EEUU y la UE. La reunión concluyó con la recomendación de crear un «grupo de trabajo de directores generales» que trabaje directamente con los ministros de comercio y los tecnócratas para hacer avanzar el proyecto.

Poco antes de la siguiente reunión anual, el TABD unió fuerzas con otra red empresarial para formar el «Transatlantic Business Council» (TBC; Consejo Empresarial Transatlántico), un grupo de presión de más de 70 empresas multinacionales con sede en EE. UU. o Europa. El objetivo de la nueva alianza era organizar reuniones entre representantes del gobierno estadounidense y comisarios de la UE, en Davos o en cualquier otro lugar.

Apenas unas semanas después, la alianza publicó un informe en el que recomendaba un acuerdo global de comercio e inversión entre EE. UU. y Europa. Dos días después de la publicación del informe, el presidente estadounidense, Barack Obama, el presidente del Consejo Europeo, Herman van Rompuy, y el presidente de la Comisión Europea, Juan Manuel Barroso, emitieron una declaración conjunta en la que anunciaban que sus países iniciarían los procedimientos internos necesarios para comenzar las negociaciones sobre una Asociación Transatlántica de Comercio e Inversión (ATCI).

En la Reunión Anual de 2012, la Fundación Bill y Melinda Gates anunció que apoyaría al Fondo Mundial de Lucha contra el Sida, la Tuberculosis y la Malaria con 750 millones de dólares adicionales. De forma reveladora, Bill Gates no habló de donación en el anuncio, pero calificó al Fondo Mundial como «una de las formas más eficaces en las que invertimos nuestro dinero cada año».

Otro objeto de inversión lucrativo desempeñó un papel importante en la reunión de Davos de 2013, un año después: la Alianza Better Than Cash (Mejor que el dinero). Había sido fundada el año anterior por la Fundación Bill y Melinda Gates, Citibank, la Fundación Ford, la Red Omidyar, el Fondo de las Naciones Unidas para el Desarrollo de la Capitalización (FNUDC), la Agencia de los Estados Unidos para el Desarrollo Internacional (USAID) y el proveedor de servicios financieros Visa. Su objetivo declarado es la abolición mundial del dinero en efectivo.

Durante una mesa redonda, representantes gubernamentales de países sudamericanos y asiáticos se pronunciaron a favor del proyecto y apoyaron así el programa de las empresas fundadoras. Prevé hacer retroceder primero el efectivo en los países en desarrollo y emergentes, utilizándolos como laboratorios de pruebas para los países industrializados. Esta estrategia va acompañada de una campaña ideológica bajo el lema de la «inclusión»: se invoca a los aproximadamente 2.500 millones de personas que no tienen una cuenta bancaria y se pretende querer incluirlos por el bienestar social en la comunidad de los que pueden participar en las finanzas internacionales como titulares de cuentas.

Uno de los temas principales de la conferencia anual, cuyo lema era «Dinámica resiliente», fue la falta de liderazgo que muchos gobiernos habían mostrado en años anteriores. Especialmente interesante fue la franqueza con la que se abordó el problema básico. Por ejemplo, el presidente israelí Shimon Peres dijo: «Los gobiernos se han quedado sin empleo porque la economía se ha globalizado mientras que los gobiernos siguen siendo nacionales.»[57] Peres

---

[57] www.rediff.com/money/report/world-becoming-ungovernable-shimon-peres/20130125.htm

amplió su declaración diciendo: «40 empresas globales tienen más activos que todos los gobiernos del mundo.»[58]

Lo que no mencionó fue el hecho de que la mayoría de ellos se encuentran entre los socios estratégicos del FEM y que éste representó sus intereses en tres reuniones celebradas posteriormente en 2013: la VIII Reunión de Sudamérica en Lima, capital de Perú, la Reunión de Asia Oriental en Nay Pyi Taw, capital de Myanmar, y la Reunión Anual de los «Nuevos Campeones» en Dalian, a la que asistió de nuevo el primer ministro chino Li Keqiang.

Tres acontecimientos de 2013 especialmente importantes desde la perspectiva actual tienen que ver con la alianza mundial de vacunación GAVI, la agenda climática y Ucrania. Aquí surgieron muy pronto tres áreas en las que el curso del mundo iba a dar giros decisivos, aunque en algunos casos años más tarde.

GAVI examinó qué vacunas ofrecerían una buena relación calidad-precio y tendrían el mayor impacto sobre la enfermedad durante la próxima media década como parte de su estrategia de inversión en vacunas, que se revisa cada cinco años. En una conferencia celebrada en Camboya en noviembre de 2013, la Junta Directiva de la organización declaró que habían elegido vacunas orales contra el cólera, vacunas contra la gripe estacional para mujeres embarazadas y vacunas contra la rabia y la fiebre amarilla.

También en noviembre, el FEM celebró su primer diálogo estratégico sobre el futuro de Ucrania, que reunió a responsables políticos de alto nivel de Ucrania, los países vecinos y organizaciones internacionales. El FEM lo calificó de «oportunidad sin precedentes para que cerca de 200 participantes de la comunidad empresarial internacional debatan sobre la mejor manera de aprovechar

---

58 Ibidem

el potencial económico de Ucrania»[59]. Sólo unas semanas después, Ucrania se vio sumida en una grave agitación por las exigencias de un acuerdo de asociación con la UE. Condujo al derrocamiento del presidente Víktor Yanukóvich y a su sustitución por el multimillonario prooccidental Petro Poroshenko en febrero de 2014, e inauguró un periodo histórico de influencia «sin precedentes» de las corporaciones occidentales en la economía ucraniana.

El tercer acontecimiento importante fue la publicación de un informe sobre inversión verde titulado «Maneras y medios para desbloquear la financiación privada para el crecimiento verde». Afirmó que el cambio climático es la mayor amenaza para la economía mundial y que se necesita un total de unos 700.000 millones de dólares para combatirlo. También calculó cómo el aumento de la inversión pública a 130.000 millones de dólares podría elevar la parte de la inversión privada a 570.000 millones de dólares.

Al año siguiente, además de 40 jefes de Estado y de Gobierno, numerosos representantes del sector financiero comparecieron en Davos, entre ellos los banqueros centrales Mario Draghi y Mark Carney, así como la directora del FMI, Christine Lagarde, y el presidente del Banco Mundial, Jim Yong Kim. Aunque la creciente brecha entre ricos y pobres se presentó al público como el tema principal del evento, a puerta cerrada probablemente se trató sobre todo de la cuestión de cómo contener el exceso de dinero que se viene produciendo desde 2008.

Bajo el lema «Remodelar el mundo: consecuencias para la sociedad, la política y la economía», más de 50 actos individuales giraron en torno a los temas de la salud y el cambio climático en 2014. Esta última versaba principalmente sobre el clima extremo, las crisis alimentarias y la escasez de agua. Al Gore, ex vicepresidente

---

59 *The World Economic Forum: A Partner in Shaping History 1971-2020*, p. 306

de EE. UU. y miembro del Consejo de Administración de Apple desde 2003, pidió que «por fin se actúe con decisión». El FEM siguió su consejo y anunció que promovería la colaboración públi-co-privada en materia de cambio climático junto con las iniciativas climáticas de las Naciones Unidas en vísperas de la cumbre sobre el clima que se iba a celebrar en Nueva York en septiembre.

En el ámbito de la salud, se celebró la primera cumbre con la participación de jefes de gobierno, empresarios, científicos y premios Nobel. La atención se centró en los problemas de salud mental que, según los estudios, han costado a la economía mundial más de 16 billones de dólares en los últimos 20 años.

En junio tuvo lugar en Berlín el acto «Meet the Government» (Conozca al Gobierno), en el que unos insiders del FEM pudieron debatir y cenar con la canciller Merkel en un ambiente informal. Un día antes de Navidad, se produjo un cambio de personal que sorprendió a muchos: Philipp Rösler, antiguo vicecanciller alemán y Ministro Federal de Economía y Tecnología, fue nombrado Director General y miembro de la Junta Directiva del FEM por Klaus Schwab. Ocuparía el cargo hasta su fichaje por el conglomerado chino HNA en noviembre de 2017.

24

2015-2017: Cuarta Revolución Industrial y Transhumanismo

Incluso antes de la Reunión Anual de Davos de 2015, Alemania acogió la Conferencia de Donantes GAVI en Berlín bajo el patrocinio de la Canciller Merkel. A instancias de varias ONG en los prolegómenos de la conferencia, Merkel anunció que su gobierno aportaría 100 millones de euros anuales a GAVI hasta 2020. En total, la conferencia recaudó 7.540 millones de dólares estadounidenses, con los que se vacunaría a más de 300 millones de niños en todo el mundo.

También antes de la reunión, que se celebró bajo el lema «El nuevo marco global», los Global Shapers inauguraron su 400º grupo regional en Anchorage, en el estado norteamericano de Alaska. En Davos, Klaus Schwab y representantes del gobierno suizo firmaron un acuerdo que otorgaba al FEM derechos especiales que antes sólo se concedían a organizaciones como la Cruz Roja Internacional o las Naciones Unidas. Así, a partir de ahora, el FEM estaba autorizada a «recibir, conservar, convertir, transferir y disponer libremente de cualquier tipo de activos, de todas las divisas, dinero en efectivo, oro y otros efectos, tanto en Suiza como en sus relaciones con el extranjero»[60]. Además, sus empleados estaban exentos de todas las restricciones frente a los extranjeros.

---

60 fedlex.data.admin.ch/filestore/fedlex.data.admin.ch/eli/cc/2015/73/20150123/es/
pdf-a/fedlex-data-admin-ch-eli-cc-2015-73-20150123-es-pdf-a.pdf

En la Reunión Anual, que contó con la mayor asistencia hasta la fecha, con 2.500 participantes de 140 países, el FEM anunció la creación de la «Global Strategic Foresight Community» (Comunidad Global de Prospectiva Estratégica). 32 expertos debían analizar las tendencias y los cambios que configurarían las futuras agendas mundiales, regionales y sectoriales. Además, se puso en marcha el proyecto «Known Traveller Digital Identity» (Identidad Digital del Viajero Conocido, es decir un viajero cuyos datos han sido registrados). Su objetivo es permitir el reconocimiento digital global de los viajeros en aeropuertos, estaciones de tren y hoteles a partir de la biometría, la cadena de bloques (blockchain), la criptografía y los dispositivos móviles.

Además del FEM, participan en el proyecto los gobiernos de Canadá y los Países Bajos, las compañías aéreas Air Canada y KLM, y los aeropuertos Montréal-Trudeau International, Toronto Pearson International y Amsterdam Schiphol Airport. Cuentan con el apoyo de la consultora de gestión Accenture y de las empresas tecnológicas Vision Box e Idemia.

Además de Google, Visa, Marriott, SAP y Zurich Insurance Group, entre las fuerzas asesoras figuran el Departamento de Seguridad Nacional de EE. UU., el Departamento de Comercio de EE. UU., Interpol, la Agencia Mexicana de Migración, la Agencia Nacional contra la Delincuencia del Reino Unido y la Dirección Ejecutiva de Lucha contra el Terrorismo de las Naciones Unidas.

El recién elegido presidente ucraniano, Petro Poroshenko, declaró en la Conferencia Anual que Ucrania se había vuelto «más europea que antes» tras el año más difícil de su historia. El FEM respondió lanzando una iniciativa en mayo de 2015 llamada «Nueva visión económica para Ucrania». El objetivo era reunir a dirigentes gubernamentales con empresarios internacionales y permitirles beneficiarse del desarrollo económico de un país que lucha contra la bancarrota estatal y que sólo se mantiene a flote gracias a un préstamo a cuatro años de 17.500 millones de dólares del FMI, cuyo marco le obligó a ceder gran parte de sus recursos a inversores extranjeros.

Además de Ucrania, la reunión se centró en dos temas principales: el cambio climático y las transformaciones tecnológicas en el curso de la cuarta revolución industrial. El grado en que el cambio climático se abrió paso también en la política internacional quedó patente en la tercera Conferencia Internacional sobre la Financiación para el Desarrollo, celebrada en julio en Addis Abeba, en la Cumbre sobre Desarrollo Sostenible, celebrada en septiembre en Nueva York, y en la Conferencia sobre el Cambio Climático de París, celebrada en diciembre, las tres auspiciadas por las Naciones Unidas.

El FEM respondió incluyendo a Al Gore, no sólo uno de los rostros más conocidos de la agenda climática, sino también un hombre de negocios que, con su empresa «Generation Investment Management», fundada en 2004, había demostrado cómo sacar provecho de esta agenda como un insider bien informado.

En octubre se celebró en Abu Dhabi, Emiratos Árabes Unidos, la 8ª Cumbre de la Agenda Global. La atención se centró en las consecuencias cada vez más evidentes de la cuarta revolución industrial. Más de 80 grupos de trabajo debatieron el uso de la inteligencia artificial, la biotecnología y la nanotecnología, así como los robots industriales y las impresoras 3D, y las consecuencias para el mercado laboral del futuro.

Al parecer, el tema fascinó tanto al jefe del FEM, Klaus Schwab, que dedicó los tres meses siguientes a escribir un libro titulado *La Cuarta Revolución Industrial* con la ayuda de un equipo de expertos, y planteó la próxima reunión de Davos bajo el lema «Hacer frente a la Cuarta Revolución Industrial».

El libro de Schwab se publicó a tiempo para la reunión anual de 2016 y luego se tradujo a 30 idiomas. Su mensaje básico era que la fusión de las tecnologías de los mundos físico, digital y biológico estaba creando posibilidades totalmente nuevas y tendría efectos dramáticos en los sistemas políticos, sociales y económicos. El mercado laboral mundial, en particular, se enfrentaba a una enorme prueba de resistencia debido a la pérdida de cientos de millones de empleos.

Sin embargo, el libro y las declaraciones posteriores de Schwab sobre el tema también revelaron una imagen aterradora de la humanidad y peligros sin precedentes. A pesar de sus advertencias sobre los riesgos del desarrollo, Schwab declaró abiertamente su apoyo al transhumanismo en numerosas entrevistas[61] y describió la fusión de los cuerpos humanos con la esfera digital (también llamada convergencia biodigital) como un progreso evolutivo.

Dado que este proceso, cuestionable en sí mismo, está en manos de una ínfima minoría de expertos altamente cualificados cuyos financieros pertenecen casi exclusivamente al FEM o a su esfera de influencia, abre posibilidades totalmente nuevas y sin precedentes para manipular y someter a las masas a los dictados del complejo digital-financiero.

Pronto se hizo evidente cuán grande era la tentación de utilizar realmente estas técnicas. En septiembre, el FEM anunció el lanzamiento de una nueva red. Los «Consejos Mundiales del Futuro» debían sustituir a los «Consejos de la Agenda Global» y centrar su trabajo en la cuarta revolución industrial. En 25 consejos diferentes, 35 líderes reconocidos de los gobiernos, el mundo académico,

---

61 Por ejemplo aquí: www.youtube.com/watch?v=IJcey1PPiIM&t=18s

las empresas y la sociedad civil, nombrados cada uno por dos años, analizarían y desarrollarían ideas sobre cómo afrontar los retos de la nueva era tecnológica.

Un mes más tarde, se tomó la decisión de crear un centro para la cuarta revolución industrial en San Francisco como punto de partida de una red internacional. Su inauguración en abril de 2017 desencadenó un auténtico alud: en 2018 se abrieron centros en Japón y la India, seguidos de los Emiratos Árabes Unidos en 2019. Para 2022 se habían abierto otros centros en Arabia Saudí, Azerbaiyán, Brasil, China, Colombia, Noruega, Israel, Kazajstán, Ruanda, Serbia, Sudáfrica y Turquía.

Un hito especialmente importante desde la perspectiva actual fue la decisión tomada en la reunión anual de 2016 de establecer una iniciativa de desarrollo de vacunas. Para ello, se formaron varios equipos de expertos a los que se encomendó la tarea de identificar las lagunas en el desarrollo de vacunas basándose en los documentos de la OMS y preparar la formación de redes de socios para poder actuar con rapidez y de forma coordinada en caso de nuevas epidemias.

En la Reunión Anual de 2017, que se celebró bajo el lema «Liderazgo receptivo y responsable», se tomaron entonces medidas: Los gobiernos de Alemania, Noruega, India, el Wellcome Trust del Reino Unido, la Fundación Bill y Melinda Gates y el FEM fundaron el 19 de enero de 2017 en Davos la organización internacional sin ánimo de lucro CEPI (Coalition for Epidemic Preparedness Innovations) e invitaron a las empresas privadas a unirse a ella.

Más de 80 organizaciones y más de 200 particulares manifestaron su interés. Se estableció una secretaría provisional con oficinas en Noruega, Reino Unido e India. Un plan de negocio inicial preveía un presupuesto de 1.000 millones de dólares estadounidenses para los cinco primeros años.

Bill Gates dirigió una simulación en Davos que condujo a la creación del «Epidemics Readiness Accelerators» (Acelerador de Preparación para Epidemias). Se trata de una plataforma público-privada que aborda la preparación en ámbitos como los viajes y el turismo, las cadenas de suministro y la logística, la legislación y la reglamentación, las comunicaciones y la innovación de datos.

Otros dos acontecimientos históricos tuvieron lugar en Francia en abril y en Nueva York en junio. En abril, Emanuel Macron fue elegido Presidente de la República de Francia, justo un año después de ser seleccionado por el FEM como uno de sus Jóvenes Líderes Globales. En junio, la Alianza GAVI para la Inmunización lanzó ID2020 en colaboración con Microsoft, la Fundación Rockefeller, CARE, Accenture[62] e IDEO.org, una empresa de diseño sin ánimo de lucro. Su objetivo declarado es crear formas digitales de identificación en todo el mundo basadas en la biometría y la tecnología blockchain. Entre sus socios de cooperación se encuentran el gobierno estadounidense, la Comisión de la UE y la Agencia de la ONU para los Refugiados (ACNUR).

La Reunión Anual de 2017 estuvo dominada por la toma de posesión de Donald Trump y las consecuencias del Brexit votado por la mayoría de los británicos en junio de 2016, ambas consideradas como una amenaza para la globalización alabada por el FEM. El Presidente de China, Xi Jinping, pronunció el aclamado discurso de apertura, negando cualquier responsabilidad de la glo-

---

62 Accenture es el proveedor informático de HealthCare.gov desde 2014. Este sitio web sirve como eje central de los seguros de salud bajo la Ley de Protección al Paciente y Cuidado Asequible (acrónimo inglés PPACA), comúnmente conocida como «Obamacare».

balización económica en los problemas del mundo. La primera ministra británica, Theresa May, le respaldó al declarar que Gran Bretaña mantendría la política de globalización a pesar de abandonar la UE.

Todas las demás actividades del FEM estuvieron marcadas por el tema fundamental de la cuarta revolución industrial. En marzo se inauguró en San Francisco el centro planeado el año anterior, en presencia del alcalde, el gobernador de California y los presidentes de cinco de las principales universidades de investigación del mundo. En abril se celebró en Buenos Aires la reunión del FEM para América del Sur, y en mayo la reunión para África en Durban, Sudáfrica. Allí se decidió proporcionar acceso a internet a millones de sudafricanos de las zonas rurales.

La reunión asiática de mayo tuvo por tema «Juventud, tecnología y crecimiento» y en la reunión de Oriente Medio y Norte de África, celebrada en el Mar Muerto a finales de mes, el brazo del sector privado del Grupo del Banco Mundial reunió a 100 empresas emergentes del mundo árabe para dar forma a la cuarta revolución industrial. El mayor acontecimiento de nuevo, con 2.000 participantes de 80 países, fue la 11ª Reunión Anual de «Nuevos Campeones» en Dalian, China, inaugurada por el Primer Ministro Li Keqiang y cuyo tema fue «Lograr un crecimiento integrador en la Cuarta Revolución Industrial».

Probablemente la decisión más importante para el futuro del FEM se tomó en octubre, cuando se lanzó la «Plataforma Global para la Cooperación Geoestratégica». Se trata de una plataforma de información que recopila y analiza contenidos sobre una amplia gama de temas globales, basándose en las contribuciones de expertos e instituciones de todo el FEM. Entre ellos se encuentran, entre otros, el Atlantic Council, el International Crisis Group, la RAND

Corporation o el Stockholm International Peace Research Institute, pero también think tanks de China, Japón, Corea o Rusia.

El producto de este trabajo son los llamados «mapas de transformación» elaborados con ayuda de la inteligencia artificial, que representan visualmente los procesos de planificación y ejecución estratégicas. Se pusieron a disposición del público en noviembre de 2017 y ya han sido utilizadas por un cuarto de millón de usuarios en 2020.

25

2018-2019:

El sistema financiero está acabado, ¿y ahora qué?

En su 48ª reunión anual en Davos, el FEM estableció un nuevo récord. Bajo el lema «Crear un futuro común en un mundo dividido», se reunieron 3.000 participantes, entre ellos 70 jefes de Estado y de gobierno y 38 dirigentes de organizaciones internacionales.

Lo desgarrado que estaba el mundo quedó patente con la aparición de Donald Trump, que se convirtió en el segundo presidente estadounidense en ejercicio después de Bill Clinton en hablar en Davos, apenas unos días después de que su administración había impuesto los primeros aranceles punitivos contra China, desatando una guerra económica. Apenas sorprendió a nadie que en el informe anual del FEM titulado «Encuesta sobre la percepción del riesgo mundial», el 93 % de los casi 1.000 expertos encuestados esperaran que se intensificaran los enfrentamientos políticos o económicos entre las grandes potencias.

El tema dominante de 2018 fue una vez más la cuarta revolución industrial. Klaus Schwab presentó su libro *Shaping the Fourth Industrial Revolution* (Dando forma a la Cuarta Revolución Industrial), escrito con el profesor australiano Nicholas Davis, cuyo mensaje era claro: las innovaciones tecnológicas ya no se cuestionaban, sino que se aceptaban como un desarrollo inevitable. En opinión de Schwab, sólo era cuestión de comprenderlas, reconocer sus aplicaciones potenciales y ponerlas al servicio de la élite mundial. La introducción de un «liderazgo del sistema» era necesaria, afirmó en el Foro.

Como primer paso práctico en esta dirección, el proyecto de la Identificad Digital del Viajero Conocido se presentó en detalle en un informe de 43 páginas[63]. Se recomienda a los viajeros que quieran evitar la lenta facturación en los aeropuertos que se descarguen voluntariamente la aplicación TruID para crear un perfil biométrico cifrado de sí mismos en su smartphone o tableta y poder demostrar en los controles fronterizos o de seguridad que suponen una amenaza «baja» para la seguridad del país de acogida. Todo su historial de viajes se almacenará en el proceso blockchain, como en el caso de los bitcoins.

En febrero de 2018, el FEM lanzó un proyecto piloto en la provincia canadiense de Ontario junto con una coalición de 70 representantes de la salud pública y el Boston Consulting Group para reducir el impacto negativo de la diabetes tipo 2. El objetivo del proyecto era reducir la tasa de complicaciones de la diabetes de tipo 2 al nivel medio de los 38 países miembros de la OCDE (Organización para la Cooperación y el Desarrollo Económico) en un plazo de tres años, ahorrando así hasta 1.900 millones de dólares estadounidenses en costes.

En marzo, el FEM, junto con el gran banco estadounidense Citigroup, Zurich Insurance Group, Hewlett Packard y el proveedor de servicios financieros Kabbage, anunció la formación de un consorcio para reforzar la ciberseguridad de las empresas de tecnología financiera. En junio se organizó en Sudáfrica una mesa redonda

---

63 www3.weforum.org/docs/WEF_The_Known_Traveller_Digital_Identity_
    Concept.pdf

en la que el FEM reunió a líderes empresariales de todo el mundo con el recién elegido presidente Cyril Ramaphosa.

El 18 de julio, el FEM publicó en su página web una referencia, apenas advertida por el gran público, a una simulación celebrada con su apoyo el 15 de mayo en la Universidad Johns Hopkins. Basándose en los datos de la epidemia de SRAS de 2003 y la oleada de gripe H1N1 de 2009, se simuló allí una pandemia desencadenada por bioterroristas con el objetivo de reducir la población bajo el título «Clade X»[64] con 150 millones de muertos en todo el mundo, colapsos económicos y trastornos sociales.

La simulación simulacro, en el que participaron representantes empresariales y gubernamentales principalmente de los ámbitos de la seguridad nacional y la sanidad, era ya la tercera de este tipo. Fue precedida por «Dark Winter» en 2001, que simulaba un ataque bioterrorista con viruela contra EEUU, y «Atlantic Storm» en 2005, que simulaba un ataque global de este tipo.

En septiembre se celebró en Hanoi, Vietnam, la 27ª Reunión Asiática del FEM. Al acto, titulado «El espíritu empresarial y la Cuarta Revolución Industrial», asistieron ocho jefes de Estado y de Gobierno. Ese mismo mes, los Nuevos Campeones se enfrentaron en Tianjin por duodécima vez. El tema del evento, en el que el primer ministro Li Keqiang fue de nuevo el orador principal, fue «Dar forma a sociedades innovadoras en la Cuarta Revolución Industrial».

También en septiembre se celebró en Nueva York la segunda Cumbre Anual sobre Desarrollo Sostenible, que Klaus Schwab inauguró con un discurso que concluyó con la memorable frase «The thinking has been done, now is the time to implement» (La

---

64 www.weforum.org/agenda/2018/07/infectious-disease-pandemic-clade-x-johns-hopkins/

reflexión ya está hecha, ahora es el momento de ponerla en práctica)[65]. El final del año estuvo marcado por la reunión anual de los Consejos Mundiales del Futuro en Dubai, que tuvo lugar en noviembre de 2018.

Antes de la próxima reunión de Davos, en enero de 2019, se produjo un profundo cambio en el sector financiero. En diciembre de 2018, los precios en la Bolsa de Nueva York cayeron más que en ningún otro diciembre desde la Gran Depresión. La rápida tendencia bajista envió ondas de choque a través del sistema financiero global, y de repente el mundo pareció al borde de la próxima gran crisis financiera. Luego, entre Navidad y Año Nuevo, se produjo un cambio drástico: Los precios iniciaron una rápida carrera para ponerse al día, dando al Dow Jones un enero bursátil como no se había visto en décadas.

El trasfondo fue cambio de rumbo de la Fed, que desde 2015 había intentado poner fin gradualmente a su política monetaria expansiva aplicada desde la crisis financiera mundial de 2007/08 y para ello había subido el tipo de interés oficial a intervalos cada vez más cortos en 2015, 2016, 2017 y 2018. Sin embargo, como el mundo estaba asentado sobre una montaña de deuda de unos 250 billones de dólares estadounidenses y cada subida de los tipos de interés hacía más difícil hacer frente a su servicio, los mercados reaccionaron de forma alérgica. Sin embargo, como la Fed reaccionó con prontitud y prometió dejar de subir los tipos de interés y volver a una política monetaria laxa, después se produjo el rally.

Para los insiders, el mensaje que emanaba de estos acontecimientos era claro: el sistema financiero mundial estaba en un camino sin vuelta atrás y acabaría sin duda en hiperinflación. La consecuencia que se extrajo de ello no tardó en hacerse evidente: se hicieron pla-

---

65 *The World Economic Forum: A Partner in Shaping History 1971-2020*, p. 355

nes para abolir por completo el dinero en metálico e introducir en el fondo un nuevo sistema de dinero digital de banco central basado en la teoría monetaria moderna.[66] Sin embargo, dado que los pre-rrequisitos técnicos de este nuevo sistema aún no estaban comple-tamente desarrollados y su introducción aún llevaría algún tiempo, se estaba en una fase de transición que, como se haría evidente en los próximos meses y años, podría utilizarse para saquear el sistema existente de la forma más intensa posible hasta su colapso final.

Los dramáticos acontecimientos del sistema financiero mundial se pasaron por alto en gran medida en la Reunión Anual de 2019, al menos en lo que respecta al público. En su lugar, bajo el lema «Globalización 4.0: Creación de una arquitectura global en la era de la cuarta revolución industrial», el FEM se centró en dos temas en particular: el cambio climático y el papel de la juventud.

Por un lado, seis de los «Global Shapers», que ya cuentan con 7.000 miembros en todo el mundo, fueron nombrados copresi-dentes de la reunión, junto a Jim Yong Kim, presidente del Banco Mundial, y Satya Nadella, consejero delegado de Microsoft. Por otro lado, sólo a Greta Thunberg, de 16 años, que había ganado fama mundial el año anterior con su «huelga escolar por el clima», comercializada con enorme esfuerzo, se le ofreció un escenario en el que pudiera volver a pronunciar su famosa frase «Quiero que cunda el pánico».

Al Gore y el director de cine británico de 92 años Richard Atten-borough también aparecieron y pintaron un panorama sombrío del futuro. Mientras Attenborough hablaba del «fin del Jardín del

---

66 Este nuevo sistema prevé retirar el crédito a los bancos comerciales y ponerlo exclu-sivamente en manos de los bancos centrales. En última instancia, cada ciudadano sólo tendrá una cuenta en el banco central, en forma de monedero en un dispositivo móvil.

Edén», Gore declaraba que el calentamiento global diario equivalía a la energía calorífica de 500.000 bombas atómicas de clase Hiroshima y calificaba la situación actual de «verdadera emergencia global total».

El hecho de que los oradores de la reunión se superaran unos a otros con escenarios futuros cada vez más amenazadores y que al final Kristalina Georgiewa, directora general del Banco Mundial y designada jefa del FMI, no hablara de los problemas del sistema financiero sino del cambio climático y de la necesidad de eliminar progresivamente el CO_2, tenía que hacer dudar a cualquier observador crítico. Dado que nadie abordó los problemas realmente candentes del sistema financiero, la reunión anual de 2019 sólo podría clasificarse como un gran evento de distracción.

De hecho, esta impresión siguió reforzándose a lo largo del año. El 22 de agosto, Larry Fink, fundador y consejero delegado del gigante de la gestión de activos BlackRock, posiblemente la figura más importante del sistema financiero mundial fue nombrado miembro del órgano rector del FEM. Apenas un mes después, el 17 de septiembre, se produjeron graves turbulencias en el mercado de repos estadounidense, donde los grandes bancos se refinancian de la noche a la mañana. La Fed, cuyo asesor más importante es la empresa de Fink, BlackRock, intervino inmediatamente y salvó una vez más el sistema proporcionando cientos de miles de millones de dólares estadounidenses a los tambaleantes fondos de cobertura y a los grandes bancos en los próximos meses.

Al mismo tiempo, el FEM acogió la tercera «Cumbre de Desarrollo Sostenible», en la que ocho países latinoamericanos se comprometieron a un pacto regional para aumentar la cuota de energías renovables hasta el 70 % del total de la energía en 2030.

El mes siguiente se celebró una reunión coorganizada por el FEM, cuya importancia sólo puede entenderse a la luz de los acontecimientos de 2020. El 18 de octubre, el Centro Johns Hopkins para la Seguridad Sanitaria, junto con la Fundación Bill y Melinda Gates y el FEM, organizó en Nueva York el *Evento 201,* basado en el caso ficticio de una pandemia mundial desencadenada por un nuevo coronavirus llamado nCov-19. El punto de partida de la simulación fueron las granjas porcinas de Brasil. A través de los viajes aéreos, el virus se propagó a Europa, EE. UU. y China, donde se produjeron grandes brotes en 300 ciudades. El número de casos infectados se duplicó semanalmente en los primeros meses y sólo empezó a descender después de 18 meses. Sólo se disponía de una vacuna al cabo de un año. La pandemia termina con 65 millones de muertos.

Entre los participantes en la mesa redonda se encontraban los directores de las agencias de control de enfermedades de EE. UU. y China, el vicepresidente de la mayor empresa farmacéutica del mundo, Johnson & Johnson, el ex vicepresidente de la CIA y el director general de la mayor agencia de relaciones públicas del mundo, Edelman. La reunión se dividió en cinco secciones que abarcaron las contramedidas médicas, el comercio y los viajes, las finanzas, las comunicaciones y, por último, la conclusión del evento. Esta conclusión, titulada «A Call to Action»[67] (Llamamiento a la acción), afirma, entre otras cosas: «Los gobiernos deben trabajar con las empresas de medios de comunicación tradicionales y sociales para explorar y desarrollar enfoques flexibles para combatir la desinformación. Para ello es necesario desarrollar la capacidad de inundar los medios de comunicación con información rápida, pre-

---

67 www.centerforhealthsecurity.org/our-work/exercises/event201/recommendations.
html

cisa y coherente. (…) Por su parte, las empresas de medios de comunicación deberían comprometerse a garantizar que se da prioridad a los mensajes oficiales y que se suprimen los mensajes falsos, incluso mediante el uso de la tecnología.»

Diez semanas después, China comunicó a la OMS los primeros casos de COVID-19.

26

2020:

COVID-19 y el Gran Reinicio

Mientras que el FEM llevaba años advirtiendo repetidamente de la inminencia de pandemias, avivando el miedo a las mismas y creando numerosas organizaciones para combatirlas, el tema no desempeñó prácticamente ningún papel en la reunión anual de enero de 2020. Aunque ya habían aparecido los primeros casos de COVID-19 en China, Japón y Tailandia y el Director General de la OMS convocó un comité de emergencia durante la Conferencia de Davos para evaluar la situación, estos acontecimientos no recibieron prácticamente ninguna atención. En su lugar, la atención de los 3.000 participantes, entre los que se encontraban de nuevo Donald Trump, Greta Thunberg y esta vez también la canciller alemana Merkel (que había cancelado con poca antelación el año anterior debido a la crisis de los refugiados), volvió a centrarse en el cambio climático. Bajo el lema «Partes interesadas en un mundo cohesionado y sostenible», se trataron temas como el impacto global de los incendios forestales de Australia, la garantía de un futuro sostenible para el Amazonas, la salvación del Ártico y la conclusión de un nuevo Acuerdo Verde. Lo más mediático del acto fue la contribución de Greta Thunberg sobre «Cómo evitar el apocalipsis climático».

Una semana antes de que el Director General de la OMS, Tedros, diera la alerta máxima al declarar una emergencia sanitaria internacional el 30 de enero de 2020, y a menos de siete semanas de la declaración de una pandemia mundial, el Foro, que es una de las organizaciones mejor conectadas y mejor informadas del mundo, sólo acogió un acto sobre «la creación de sistemas sanitarios resistentes».

Incluso los problemas gravísimos del sistema financiero mundial, que desde la crisis del mercado de repos estadounidense sólo se había mantenido a flote gracias a las enormes inyecciones de dinero de la Reserva Federal, apenas se tocaron y las perspectivas económicas mundiales sólo se consideraron repetidamente desde el punto de vista del cambio climático o de los efectos de la cuarta revolución industrial.

Los acontecimientos que siguieron a la conferencia se desarrollaron de forma aún más dramática. En febrero, el número de casos del coronavirus en China se disparó. El virus se propagó por todo el mundo a la velocidad del rayo hasta que la OMS declaró una emergencia sanitaria mundial el 11 de marzo. En la cobertura mediática y por parte de los políticos, casi no se mencionaron dos hechos importantes. Por un lado, la declaración del estado de emergencia sólo fue posible porque la OMS había debilitado la definición de pandemia en abril de 2009 y suprimido el pasaje en el que se presupone un «número considerable de muertes». En segundo lugar, la OMS, que fue fundada en 1948 y financiada por los países participantes en los primeros años, se hizo cada vez más dependiente de los donantes privados, especialmente de la industria farmacéutica y de la Fundación Bill y Melinda Gates, a partir de la década de 1990.

A pesar de estos hechos, se han impuesto restricciones y confinamiento en todo el mundo siguiendo el modelo chino, en numerosos países por parte de graduados de las canteras del FEM. En Alemania, la canciller Merkel (Líder Global del Mañana) y su ministro de Sanidad, Jens Spahn (Joven Líder Global), decretaron el primer bloqueo el 16 de marzo, que duraría un total de siete semanas.

Mientras que las consecuencias económicas sólo se hicieron evidentes con un desfase temporal, las consecuencias financieras fueron visibles de inmediato. A finales de marzo/principios de abril, los mercados financieros de todo el mundo se desplomaron, pero se recuperaron con inusitada rapidez y luego protagonizaron un gigantesco rally. El contexto de todo ello fue la mayor avalancha de dinero y la mayor redistribución desde abajo hacia arriba que el mundo jamás había visto. Mientras que la clase media fue compensada con pagos más bien modestos, las grandes empresas recibieron de los Estados ayudas por valor de miles de millones.

La economía de plataforma fue la que más se benefició. Corporaciones como Apple, Alphabet y Amazon obtuvieron enormes beneficios gracias a las restricciones y ampliaron su poder de mercado hasta un punto casi inimaginable. Si echa un vistazo a la lista de los 100 socios estratégicos del FEM, apenas hay una empresa en ella que no sea una de las ganadoras de 2020.

Además, tanto la industria farmacéutica como los accionistas que la respaldan se beneficiaron del auge provocado por la creación de la plataforma COVAX (COVID-19 Global Vaccine Access; Fondo de Acceso Global para Vacunas Covid-19). COVAX fue lanzado en abril de 2020 por la OMS, GAVI y CEPI. A finales de año, casi todos los países del mundo se habían unido a ella. El objetivo oficial de la organización era distribuir 2.000 millones de dosis de vacunas en todo el mundo para finales de 2021.

Para su producción se recaudaron 8.800 millones de dólares estadounidenses en una conferencia de donantes de GAVI celebrada en Londres en junio de 2020. Alemania se comprometió a pagar 600 millones de euros hasta 2025, la UE prometió 300 millones de euros, Francia 500 millones de euros y Suiza 30 millones de francos. El mayor donante fue el país anfitrión, Gran Bretaña, con una promesa de 1.650 millones de libras. La Fundación Bill y Melinda Gates aportó 1.400 millones de euros.

El mecanismo financiero que subyace a este proceso, que la mayoría de la gente no comprende, es el siguiente: Los gobiernos emiten bonos del Estado, que los bancos centrales les compran con dinero recién impreso. Este dinero pasa entonces de los gobiernos a través de la GAVI y de los países receptores a los bolsillos de los fabricantes de vacunas, que están respaldados por las corporaciones informáticas y los gestores de activos.

Toda la acción se presentó a la opinión pública mundial como una ayuda a los países más pobres del mundo y especialmente a sus niños amenazados por las enfermedades infecciosas. Sin embargo, este argumento ya fue refutado por el hecho de que países como EE. UU., Gran Bretaña, pero también la UE y otros concluyeron acuerdos bilaterales paralelos a la acción y compraron el mercado en seco en poco tiempo en beneficio de la industria farmacéutica.[68]

El 9 de julio de 2020 tuvo lugar una extraordinaria presentación del libro en el FEM. Cuatro meses después de que se declarara la pandemia mundial, Klaus Schwab presentó su obra *COVID-19: The Great Reset* (El Gran Reinicio), escrita con su coautor Thierry Malleret, en la que describe la crisis sanitaria mundial como una «ventana de oportunidad» para «reflexionar sobre nuestro mundo, para reconceptualizarlo y rediseñarlo en nuestras mentes», y en la que resume la situación global en la siguiente frase: «Muchos de

---

68 Véase también: www.aerzteblatt.de/nachrichten/120819/Covax-Uebersicht-Arme-Laender-erhalten-nur-Bruchteil-der-weltweit-verfuegbaren-Impfdosen (en alemán)

nosotros nos preguntamos cuándo las cosas volverán a la normalidad. La respuesta corta es: nunca».

Junto con su libro, Schwab presentó la «Great Reset Initiative» con la que el FEM, en colaboración con sus socios, quiere abordar la construcción del mundo posterior a la crisis del coronavirus. Cabe destacar que, en el contexto de esta iniciativa, la crisis del coronavirus sólo se considera un fenómeno temporal y que no se trata de prepararse para otras posibles pandemias, sino principalmente de otras dos cuestiones: el cambio climático y la transformación de la sociedad mundial que exige la cuarta revolución industrial.

La conexión entre la agenda climática y la crisis sanitaria fue resumida por el colaborador del FEM Mike Hayes, de la empresa de contabilidad KPMG: «Hemos visto cómo la llegada repentina del COVID-19 ha destrozado la economía, pero el cambio climático tiene el potencial de provocar un colapso financiero a una escala que podría empequeñecer todo lo visto hasta ahora. Algunas estimaciones cifran en 40 billones de dólares el valor de los activos que podrían quedarse en el camino».[69]

El FEM ya había mostrado cómo pretendía utilizar el cambio climático en su beneficio dos meses antes, cuando lanzó la «Coalición First Movers» (coalición de los precursores). Se trata de una iniciativa mundial que aprovecha el poder adquisitivo de las empresas para descarbonizar siete sectores industriales difíciles de abordar y responsables del 30 % de las emisiones mundiales en 2020: Aluminio, aviación, productos químicos, hormigón, transporte marítimo, acero y camiones. El hecho de que esto es un negocio lucrativo iba a manifestarse al año siguiente: Según PricewaterhouseCoopers (PwC), entre octubre de 2020 y septiembre de

---

69 www.thinkhousehq.com/insights/the-great-reset

2021 se invirtieron más de 85.700 millones de dólares en tecnología climática.

También en el ámbito de la digitalización, el FEM impulsó varios proyectos a la sombra de la crisis del coronavirus que todo lo rodeaba, especialmente en cuanto al control y la vigilancia de los ciudadanos mediante la recopilación de sus datos. Un primer paso importante puede haber sido el acuerdo alcanzado en la primavera de 2020 entre los socios estratégicos Apple y Google para programar la función de seguimiento de contactos por Bluetooth en sus respectivos sistemas operativos de forma mutuamente compatible. El objetivo era hacer que todos los contactos físicos de cada usuario de un teléfono inteligente Android o Apple pudieran registrarse y analizarse desde Estados Unidos.

En la misma línea, el 16 de septiembre, Ursula von der Leyen, miembro de la junta directiva del FEM, pidió en su discurso sobre el estado de la Unión ante el pleno del Parlamento Europeo la introducción de la «identidad digital europea segura» que «los ciudadanos de toda Europa puedan utilizar para hacer de todo, desde pagar impuestos hasta alquilar bicicletas».[70]

La unión del FEM con el «Commons Project», fundado el año anterior por la Fundación Rockefeller de Nueva York y cuyo objetivo oficial es «desarrollar herramientas para recopilar registros médicos y otros datos personales», demostró que no sólo exigían, sino que también actuaban. La fundación, que ahora tiene su sede en Ginebra, ha nombrado un consejo de 62 representantes de alto rango de empresas y organizaciones de 24 países, entre los que se encuentran representantes de Microsoft, BlackRock, JPMorgan y varias suborganizaciones de la ONU.

---

70 ec.europa.eu/commission/presscorner/detail/en/SPEECH_20_1655

En agosto de 2020, el FEM presentó CommonPass bajo el lema «Viajar por el mundo en la era COVID». En octubre, ambas organizaciones anunciaron el lanzamiento de una prueba de campo de la aplicación CommonPass, que permite a los viajeros aéreos mostrar su estado de salud y vacunación en sus smartphones al embarcar o entrar en el país. La prueba iba a comenzar con voluntarios en las rutas entre Londres, Nueva York, Hong Kong y Singapur en vuelos operados por Cathay Pacific y United Airlines, y posteriormente se ampliaría a las conexiones aéreas de todos los continentes. El proyecto iba a ser supervisado por el Servicio de Inmigración y Naturalización de Estados Unidos y el Centro de Control de Enfermedades (CDC), la autoridad sanitaria estadounidense que saltó a la fama mundial a raíz de la crisis del coronavirus.

Se observó que la información sobre este proyecto, así como sobre otros proyectos como KTDI o ID2020, era cada vez más escasa para el público y que resultaba cada vez más difícil obtener detalles sobre su progreso. Los problemas para obtener información coincidieron con una oleada mundial de censura que había comenzado con la crisis del coronavirus bajo el lema de «combatir la desinformación médica» y continuó después con la lucha mucho más amplia contra las «noticias falsas».

El FEM está obviamente en el centro de estos esfuerzos, que continúan hasta hoy, para silenciar a los críticos del Gran Reinicio. Por un lado, las empresas informáticas que llevan a cabo la censura se encuentran entre sus socios estratégicos; por otro, las contribuciones críticas al FEM apenas pueden encontrarse ya en internet; muchos de estos sitios web han sido retirados de la red o manipulados posteriormente.

La razón de ello es probablemente la explosión del grado de notoriedad de la fundación. A más tardar desde la publicación de

COVID-19: The Great Reset, el FEM y su fundador Schwab se han convertido en el centro de la atención pública en todo el mundo. El privilegio disfrutado durante décadas de poder trabajar en gran medida sin ser molestado en un segundo plano ha llegado a su fin. En lugar de ello, con la publicación de *COVID-19: The Great Reset,* se desencadenó una ola de críticas que aumentó rápidamente, lo que hizo que la imagen del FEM, en la que había trabajado durante décadas, sufriera un daño considerable ante la opinión pública.

27

2021-2022: «Destrucción creativa», hasta la guerra

Los críticos del FEM se dieron cuenta rápidamente de que –históricamente hablando– no estaban solos. En su investigación, algunos de ellos se toparon con el politólogo y asesor gubernamental estadounidense Samuel Huntington, que había acuñado el término «hombre de Davos» en un artículo de 2004 titulado «Almas muertas: la desnacionalización de la élite estadounidense»[71]. Los representantes de esta especie tenían, para Huntington, «poca necesidad de lealtad nacional, consideran las fronteras nacionales como obstáculos que felizmente están desapareciendo y ven a los gobiernos nacionales como reliquias del pasado cuya única función útil es facilitar las operaciones globales de la élite.»

El hecho de que la caracterización, en gran medida acertada, de Huntington obtuviera una gran aprobación internacional no podía complacer a los interesados, por supuesto. Por lo tanto, a muchos de los 1.500 participantes de la reunión anual de 2021 probablemente no les disgustó que se celebrara virtualmente debido a las normas del coronavirus y que las siguientes reuniones presenciales de agosto en Singapur y la siguiente de enero de 2022 se cancelaran por completo debido a las medidas del coronavirus.

---

71 nationalinterest.org/article/dead-souls-the-denationalisation-of-the-american-
elite-620

En la reunión virtual de enero de 2021, que se celebró bajo el lema «Gran Reinicio», intervinieron la presidenta de la Comisión Europea, Ursula von der Leyen, y el nuevo enviado estadounidense para el clima, John Kerry, junto a la canciller alemana, Angela Merkel, y el presidente francés, Emmanuel Macron. Uno de los temas centrales de la reunión fue la economía de Asia, que actualmente representa más del 50% de la producción económica mundial. Además del presidente chino, Xi Jinping, y del primer ministro indio, Narendra Modi, también se dirigió a los participantes el nuevo primer ministro japonés, Yoshihide Suga.

Otro tema central fue de nuevo el cambio climático. En alusión a la crisis del coronavirus, el príncipe Carlos de Gran Bretaña afirmó que sabemos que el cambio climático podría ser la próxima catástrofe mundial con consecuencias aún más dramáticas para la humanidad y que, por tanto, no podemos perder más tiempo. El Secretario General de la ONU, Guterres, calificó el Gran Reinicio de «reconocimiento bienvenido de que esta tragedia humana [es decir, la confluencia de las crisis de salud y climática] debe ser una llamada de atención»[72].

Klaus Schwab señaló una vez más que era crucial para el FEM ganarse a la generación de menores de 30 años para su propia agenda. Por este motivo, los grupos locales de los «Global Shapers», que ahora cuentan con más de 10.000 miembros, se conectaron con el evento en 400 lugares de todo el mundo; además, tras la reunión se celebraron toda una serie de actos en línea bajo el lema «Los diálogos del Gran Reinicio».

En abril de 2021, el ex Primer Ministro laborista británico Gordon Brown (un pionero de los Líderes Globales del Mañana) fue

---

72 www.weforum.org/videos/davos-2021-special-address-by-antonio-guterres-secretary-general-of-the-united-nations-english

nombrado por la OMS promotor de un programa de 60.000 millones de dólares para vacunar contra la peste bovina en los países pobres. Cinco meses después, la OMS concedió a Brown el título de «Embajador de la OMS para la financiación de la salud mundial».

La Cumbre sobre Desarrollo Sostenible celebrada en Ginebra en septiembre no sólo trató sobre la reactivación de las economías tras la crisis del coronavirus y el refuerzo de la acción climática, sino también sobre la configuración de los futuros sistemas alimentarios, teniendo en cuenta las oportunidades que brinda el desarrollo de la biología sintética en el contexto de la cuarta revolución industrial.

En octubre de 2021, como resultado de la colaboración entre el FEM y Accenture, así como otros socios de la industria y el gobierno, se publicó un libro blanco sobre el proyecto KTDI[73], que en realidad debería haber entrado en su fase piloto a principios de 2021. El título «Acelerar la transición a los documentos digitales de viaje» dejaba entrever que se habían producido retrasos en la aplicación de las medidas previstas, pero al mismo tiempo dejaba claro que el objetivo del registro biométrico de viajeros se cumpliría pase lo que pase.

El cambio de año 2021/2022 estuvo dominado por la escalada de conflictos en torno a Ucrania, que culminó en una guerra abierta el 24 de febrero con la invasión rusa de las ciudades ucranianas orientales de Donetsk y Luhansk, que Moscú había declarado repúblicas independientes dos días antes. Sin que ninguna de las partes mostrara voluntad de encontrar una solución diplomática al conflicto y

---

73 www3.weforum.org/docs/WEF_Accelerating_the_Transition_to_Digital_
Credentials_for_Travel_KTDI_Playbook_2021.pdf

con el peligro de que la guerra se extendiera y pudiera convertirse en una conflagración, muchas miradas se volvieron hacia Davos.

Probablemente no había otra personalidad que, debido a su red de contactos y a su influencia mundial, hubiera estado en tan buena posición para sentar a los adversarios en la misma mesa que Klaus Schwab. Años antes ya había hablado de la necesidad de «tender puentes» en el conflicto[74] y de hacer todo lo posible para resolver las disputas pacíficamente. Pero Schwab, que había acuñado el término «destrucción creativa» en su libro *COVID-19: The Great Reset,* no intervino y el FEM se puso del lado del régimen de Kiev, conocido y notorio por su corrupción[75] [76], poco después de que estallara la guerra.

Aunque el lema de la cita anual de 2022 era «Trabajar juntos, restablecer la confianza», Schwab dejó sin invitación a la delegación rusa, incluido su viejo compañero Vladimir Putin, a quien aún había saludado calurosamente en la reunión virtual de 2021, en favor de una delegación ucraniana de 12 miembros y además dio a Volodymyr Selenskyj la oportunidad de pronunciar el discurso de apertura desde su residencia oficial. Sin embargo, el presidente ucraniano pronunció este discurso ante una audiencia significativamente reducida. Aunque Christine Lagarde, Ursula von der Leyen, el jefe de la OTAN, Stoltenberg, el canciller alemán, Scholz, y su ministro de Economía, Habeck, acudieron a Davos, ni Xi Jinping ni Joe Biden hicieron acto de presencia y EE. UU. no envió este año ni un solo representante gubernamental.

El resto del programa anual del FEM también fue escaso. En julio se celebró en China la reunión anual de los «Nuevos Campeo-

---

74 www.youtube.com/watch?v=1cTwe7XNjMk

75 www.tagesschau.de/ausland/ukraine-korruption-101.html (en alemán)

76 www.transparency.org/en/cpi/2021

nes» que, además del cambio climático, se centró en el metaverso y en la prevención de una crisis alimentaria mundial. En septiembre se celebró en Nueva York la reunión sobre desarrollo sostenible, que se centró, entre otras cosas, en la lucha contra la desinformación y en hacer frente a una crisis mundial de recursos que también afecta al sector alimentario debido a la escasez de energía.

En mayo, Schwab ya había anunciado un «nuevo proyecto muy grande» en una entrevista con el *Neue Zürcher Zeitung* (NZZ), que el FEM estaba planeando junto con Microsoft, Accenture y varias organizaciones internacionales. El objetivo es llevar Davos al metaverso y construir allí una «Aldea de Colaboración Global».

Una revisión de las actividades de relaciones públicas del FEM entre 2020 y 2022 muestra que las actividades se habían reducido considerablemente tras la publicación de *COVID-19: The Great Reset* (El Gran Reinicio) y la feroz oleada de críticas que desencadenó el libro. Si observamos la lista de los nuevos candidatos que se incorporarán a las filas de los «Jóvenes Líderes Globales» entre 2020 y 2022, llama la atención que China aporte el mayor contingente después de EE. UU. y que un número de candidatos superior a la media proceda del sector financiero. No es una coincidencia, ya que el FEM desea que ambos desempeñen un papel decisivo en un futuro próximo como parte del Gran Reinicio.

28

La visión de futuro del FEM: Regímenes autoritarios y monedas digitales de bancos centrales

El hecho de que China haya desempeñado un papel decisivo para el FEM durante décadas no se debe, como muchos creen, a que el país haya establecido nuevos estándares debido a su extraordinario crecimiento económico. Más bien se debe a que China, a pesar de la transición de una economía planificada a una economía de mercado, ha conservado las estructuras centralistas de la época maoísta y que, por tanto, el gobierno chino puede actuar con mucha más autoridad que sus homólogos que actúan en condiciones parlamentarias.

Esto fue particularmente evidente en el contexto de la crisis del coronavirus, durante la cual el régimen de Pekín actuó con mano de hierro e impuso los confinamientos más largos y severos del mundo. Pero también es evidente en cuanto a otro proyecto que se prepara actualmente en segundo plano en todo el mundo y que cuenta con el apoyo del FEM: la introducción de monedas digitales de los bancos centrales, la pieza central del Gran Reinicio.

Todos los principales actores del sistema financiero mundial tienen claro que la crisis económica provocada por los bloqueos y la posterior avalancha de dinero de los bancos centrales han acabado por quebrar el sistema financiero mundial. Como esto ya era previsible desde el intento fallido de cambiar las tornas a finales de

2018 (véase el capítulo 25), la gente empezó a pensar en un nuevo sistema en ese momento.

El problema de los tipos de interés negativos, que serían necesarios para mantener el sistema, estaba en el centro de las consideraciones. De ahí surgió la idea de abolir la banca clásica, quitando los préstamos de las manos de los bancos comerciales y poniéndolos exclusivamente en manos de los bancos centrales. Concretamente, el proyecto tiene este aspecto: Cada ciudadano y cada empresa sólo deberían tener una cuenta abierta en el banco central. Esto permitiría al Estado determinar de forma centralizada la oferta monetaria, dirigir y controlar los flujos de dinero y fijar los tipos de interés en función de las necesidades.

El papel del FEM en el desarrollo y la adopción de las monedas digitales de los bancos centrales se puso de manifiesto en enero de 2020, cuando lanzó el «Global Consortium for Digital Currency» (Consorcio Global para la Moneda Digital). Se trata de «la primera iniciativa que reúne a nivel mundial a empresas líderes, instituciones financieras, funcionarios gubernamentales, expertos técnicos, académicos, organizaciones internacionales, organizaciones no gubernamentales y miembros de las comunidades del Foro».

La página web de la que se ha extraído este texto también contiene información que debería haber golpeado como una bomba si los principales medios de comunicación hubieran sido serios en su información. Dice: «Esta iniciativa se basa en el trabajo realizado por el Foro el año pasado al convocar a una comunidad mundial de bancos centrales para ayudar a dar forma a un marco político para la adopción de monedas digitales.»[77]

---

[77] www.weforum.org/press/2020/01/governing-the-coin-world-economic-forum-announces-global-consortium-for-digital-currency-governance/

Se menciona aquí de pasada que el FEM, al reunir a los bancos centrales, ha asumido de facto el liderazgo mundial en el desarrollo de uno de los proyectos más importantes para el futuro de la humanidad. Pero eso no es todo. El gran problema, después de todo, no es sólo la concepción, sino sobre todo la introducción del nuevo sistema monetario. Los ciudadanos se darían cuenta muy pronto de que el Estado no sólo podría rastrear cada una de sus transacciones, sino también imponerles tipos impositivos individuales o incluso sanciones, además de tipos de interés individuales, vincular el dinero a una fecha de caducidad o a un sistema de crédito social al estilo chino, o cortarles por completo todos los flujos financieros.

A diferencia de la China autoritaria, donde más de 260 millones de ciudadanos y empresas ya habían aceptado una cuenta bancaria central digital en forma de monedero en el verano de 2022, un proyecto de este tipo probablemente sólo podría aplicarse en condiciones parlamentarias frente a una resistencia social considerable. No es de extrañar, pues, que también aquí se busquen frenéticamente soluciones de fondo, y mientras tanto se ha encontrado aparentemente una supuesta solución: la renta básica universal. Prevé que cada ciudadano –independientemente de su situación económica– reciba una asignación económica del Estado fijada por ley e igual para todos, sin tener que aportar nada a cambio. Numerosas asociaciones sociales, comunidades religiosas y fuerzas políticas de izquierda reclaman desde hace tiempo una renta de este tipo como ayuda y apoyo a las capas de población con bajos ingresos.

Sin embargo, el hecho de que el complejo digital-financiero se una a estas fuerzas no tiene nada que ver con las intenciones sociales. De hecho, su problema, cada vez más claro, es que la progresiva reducción de puestos de trabajo en el contexto de la cuarta revolución industrial está provocando una disminución cada vez mayor de la demanda en nuestra economía impulsada por el consumo. Aquí es precisamente donde, a sus ojos, entra en juego la renta básica universal emitida sobre la base de dinero digital del banco central: permitiría al Estado alimentar la demanda y también controlarla artificialmente –por ejemplo, atando el dinero a una fecha de caducidad.

De hecho, el proyecto está condenado al fracaso en última instancia porque desencadenaría una oleada de subidas de precios que el gobierno sólo podría detener mediante controles de precios, lo que a su vez provocaría una reducción de la oferta y, por tanto, un caos económico y financiero permanente.

Hay una sencilla razón para aferrarse a ella: es la única forma de mantener el dominio del complejo digital-financiero tras el colapso del actual sistema monetario, aunque sólo sea durante un tiempo limitado y en condiciones extremadamente autoritarias. Por ello, el FEM también está haciendo todo lo posible para presentar la renta básica universal a la opinión pública no como un acto coercitivo, sino como una especie de acto humanitario.

En su página web ya escribió el 17 de abril de 2020: «La Renta Básica Universal es la respuesta a las desigualdades descubiertas por COVID-19».[78] Curiosamente, en el transcurso del mismo artículo, el FEM admite que conoce los problemas: «Los detractores –y son muchos– señalarán que no funcionará porque ningún país puede permitirse distribuir dinero a todos los ciudadanos de forma regular. Argumentarán que tendremos déficits insostenibles que no podrán financiarse.» Ese es exactamente el caso. Pero el FEM argumenta además lo siguiente: «Se trata de una preocupación legítima. Pero la alternativa –no abordar seriamente el impacto del

---

78 www.weforum.org/agenda/2020/04/covid-19-universal-basic-income-social-inequality/

COVID-19– conducirá a un aumento aún mayor de la desigualdad y exacerbará las tensiones sociales, costando aún más a los gobiernos y exponiendo a los países a un mayor riesgo de conflicto social.»

Aquí, básicamente se admite abiertamente que el proyecto está condenado al fracaso, pero que uno se aferra a él contra toda razón, por razones que son intercambiables: Podría ser el COVID-19, pero también podría ser el cambio climático, una crisis energética o la guerra. Esto es más que revelador, porque deja claro por qué el mundo ha sido conducido de una crisis a otra desde 2020 a más tardar con la ayuda del FEM y de las fuerzas políticas que ha engendrado: *Estas crisis son necesarias para impulsar la introducción de la renta básica universal.*

29

Del CEM al FEM:
Del lobbismo al transhumanismo

A los grandes medios de comunicación les gusta presentar el FEM como una organización que reúne a los ricos y poderosos del mundo una vez al año en el retiro de las montañas suizas para que puedan estar tranquilos e intercambiar ideas entre ellos. Sin embargo, la historia de la fundación demuestra que tal retrato no se acerca a hacer justicia a su poder e influencia en el curso económico y político del mundo.

Klaus Schwab se ofreció a la élite en 1971 con el FEM como mediador entre las empresas, los gobiernos y las asociaciones internacionales, y consiguió convertirse en un vínculo cada vez más importante entre ellos gracias a una política de redes e información bien orientada. Sus numerosos contactos y la información privilegiada que obtuvo gracias a ellos le han permitido poco a poco ir más allá del papel de enlace e intermediario y desempeñar un papel cada vez más activo en la configuración del mundo.

El FEM ha abierto sistemáticamente amplias zonas de Oriente Próximo, África, Sudamérica y Asia al capital occidental a través de sus reuniones internacionales periódicas. Ha sido fundamental para conectar a China con el mundo tras la transición a una economía de mercado. Desempeñó un papel decisivo en la organización de la reunificación alemana y en la formación de la nueva dirección política en Rusia tras la disolución de la URSS de economía planificada. Desempeñó un papel destacado en la transformación de Sudáfrica tras la abolición del apartheid. También ha ejercido una influencia directa en los asuntos políticos y económicos mundiales a través de las reuniones organizadas en todo el mundo para preparar grandes conferencias, como el G7, el G8 y el G20, o acuerdos internacionales como la OMC.

Desde 1992, el FEM también forma y pone en contacto a la élite empresarial y política del mundo. Los «Líderes Globales del Mañana» y los «Jóvenes Líderes Globales», en palabras de Klaus Schwab, han «penetrado en los gabinetes del mundo»[79] y hoy se sientan en las palancas de poder más importantes. Al mismo tiempo, figuras clave de las finanzas internacionales como el jefe de BlackRock, Larry Fink, la jefa del BCE, Christine Lagarde, o la jefa del FMI, Kristalina Georgieva, forman parte del consejo del FEM.

A través de su estrecha colaboración con los principales grupos de la industria digital y la Fundación Bill y Melinda Gates, el FEM ha impulsado el desarrollo de innovaciones tecnológicas y financieras en todo el mundo. Muchas iniciativas clave como la Alianza GAVI para las Vacunas, ID2020, COVAX, KTDI o la Alianza Better Than Cash han surgido en el marco del FEM o con su participación directa o indirecta. El FEM ha desempeñado un papel decisivo en la configuración del curso del mundo al menos desde finales de la década de 1980 y, por tanto, ha contribuido de forma significativa al proceso más importante de este tiempo junto con la digitalización y la financiarización: la concentración de cada vez más riqueza y poder en cada vez menos manos.

Nunca en la historia de la humanidad tan pocas personas han tenido tanto dinero y tanto poder como en nuestra época. Esto se lo deben a una política económica y financiera orientada exclusivamente hacia los intereses de las empresas más grandes y pode-

---

79 www.youtube.com/watch?v=SjxJ1wPnkk4

rosas del mundo. No es casualidad que, a estas alturas, unos 120 representantes de esta especie se encuentren entre los socios estratégicos del FEM y que su pertenencia a la organización ya les supusiera una contribución anual de unos 700.000 dólares estadounidenses en 2015.

Los perdedores del desarrollo son la clase media y la población trabajadora. Mientras a la clase media se le va quitando poco a poco el terreno bajo los pies con la economía de plataforma promovida por el FEM, la población trabajadora sufre las consecuencias de una política fiscal que exige austeridad a la mayoría mientras permite a una ínfima minoría enriquecerse de una manera sin precedentes.

Si se mide al FEM por su propio lema, «Mejorar el estado del mundo», sólo se puede llegar a la conclusión de que ha fracasado estrepitosamente. El mundo actual no sólo es más desigual que a principios de los años setenta, sino que es más inseguro y, sobre todo, más peligroso. Esto también es en gran parte responsabilidad del FEM, porque su defensa del desarrollo de la inteligencia artificial en el contexto de la cuarta revolución industrial ha contribuido a abrir la puerta a un mundo que permite a los humanos intervenir en la evolución y actuar como dioses.

En lugar de reconocer aquí una línea roja para la humanidad, Klaus Schwab profesa abiertamente el transhumanismo con gran entusiasmo.[80] Supone que las esferas biológica y digital se fusionarán en un futuro previsible, transformando a la humanidad a un nivel superior de existencia.

Dado que este desarrollo está completamente en manos del complejo digital-financiero en el marco del Gran Reinicio, para el que

---

80 Un ejemplo al final de la entrevista: www.youtube.com/
    watch?v=1Wz5Zwo5Is8&t=45s

Schwab, después de todo, ha escrito el guion, las consecuencias son aterradoras: a saber, la convergencia biodigital no sólo tendrá lugar en interés de la élite, sino que puede –debido a los avances de la nanobiotecnología– imponerse también en contra de la voluntad de la mayoría de la gente y conducir así a una forma moderna de esclavitud de la que no hay salida para las masas debido a su falta de comprensión de los contextos y trasfondos.

La cuestión más importante de nuestro tiempo es, por tanto: ¿es evitable un futuro tan sombrío o estamos indefensos debido al poder que el FEM ha usurpado durante el último medio siglo?

Para responder a esta pregunta, primero habría que plantearse otra: ¿Cómo llegó el FEM a ser tan poderoso en primer lugar? La respuesta es: Porque la mayoría de la gente no prestó ninguna atención especial a su auge. Esto puede deberse a dos razones: O bien porque no sabían que se trata de la mayor y más poderosa organización de presión de la élite mundial, o bien porque se creyeron su propia autopresentación de fundación preocupada por el futuro de la humanidad y que actúa por motivos éticos.

Pero eso se acabará como muy tarde en 2020. Klaus Schwab se ha hecho un flaco favor a sí mismo y al FEM con su libro *COVID-19: The Great Reset*. Ha sacado a la luz pública a la organización de una forma sin precedentes, ha abierto los ojos de muchas personas en todo el mundo y ha provocado una enorme oleada de críticas. La férrea actitud de muchos «Jóvenes Líderes Mundiales» en la crisis del coronavirus, el rechazo a los esfuerzos de paz en Ucrania y el apoyo al corrupto régimen de Selenskyj han hecho el resto.

La reducción de sus actividades públicas y la supresión o manipulación de numerosas páginas web demuestran que el FEM está a la defensiva. Pero como está ligado, para bien o para mal, al sistema existente, a Schwab y a su organización no les queda otro camino que seguir impulsando el Great Reinicio. Esta presión, sin embargo, llevará inevitablemente a ambos a un conflicto cada vez mayor con la mayoría del pueblo. Esto, a su vez, crea el caldo de cultivo para una campaña educativa que pueda quitarle al FEM su baza más importante: la ignorancia de las masas.

La oportunidad está ahí, sólo es cuestión de aprovecharla.

Capítulo de bonificación A

Socios estratégicos

ABB (Asea Brown Boveri)

Grupo tecnológico de energía y automatización con sede en Zúrich.
Formado en 1988 a partir de la fusión de la ASEA sueca y la BBC suiza. Emplea a unas 105.000 personas en 105 países.
Director general: Björn Rosengren.
Volumen de negocios 2021: aprox. 29.000 millones de dólares estadounidenses.

Accenture

Consultoría de gestión con sede en Dublín. Formada en 2001 a partir de Andersen Consulting, una consultora de gestión fundada en 1989. Uno de los mayores proveedores de servicios del mundo en las áreas de consultoría de gestión y estrategia, así como de tecnología y externalización. Emplea a unas 710.000 personas en todo el mundo.
Directora general: Julie Sweet
Volumen de negocios 2021: 50.500 millones de dólares estadounidenses

Adani Group

Conglomerado multinacional con sede en Ahmedabad, India.
Áreas de negocio: Materias primas, logística, agricultura, suministro energético.
Fundado en 1988 como empresa de comercio de materias primas. Mayor operador portuario de la India.
Directores generales: Karan Adani, Vneet Jaain, Anil Kumar Sardana
Volumen de negocios 2021: aprox. 25.000 millones de dólares estadounidenses

Adecco Group

Proveedor de servicios de personal con sede en Zúrich, constituido en 1996 a partir de la fusión de la suiza Adia Interim y la francesa Ecco. Áreas de negocio: Arrendamiento de empleados, contratación, planificación profesional, subcontratación, gestión in situ y consultoría. Emplea a 34.000 personas en más de 60 países.
Director general: Denis Machuel
Volumen de negocios 2021: 20.900 millones de euros

African Rainbow Minerals (ARM)
Grupo minero sudafricano con sede en Johannesburgo. Formado en 2003 a partir de la fusión de varias empresas mineras. Área de negocio: Extracción de materias primas minerales. Emplea a más de 10.000 personas.
Director general: Mike Schmidt
Volumen de negocios 2021: 19.700 millones de dólares estadounidenses

Agility Logistics
Empresa kuwaití de logística con sede en Sulaibiya. Fundada en 1979 como empresa estatal, privatizada en 1997. Presta servicios de transporte en 100 países, posee y explota almacenes y parques industriales en Oriente Medio, India y África.
Director general: Tarek Sultan
Volumen de negocios 2020: aprox. 4.000 millones de dólares estadounidenses

AIG (American International Group)
Grupo asegurador con sede en Nueva York. Fundado en Shanghai en 1919. Ofrece seguros para empresas y particulares y otros servicios financieros. Emplea a más de 45.000 personas en 130 países. Registró la mayor pérdida trimestral de cualquier empresa en la historia económica (61.700 millones de dólares) durante la crisis financiera mundial.
Director general: Peter Zaffino
Volumen de negocios 2021: aprox. 52.000 millones de dólares estadounidenses

Alphabet
Holding estadounidense que cotiza en bolsa con sede en Silicon Valley. Se formó en 2015 mediante una reestructuración de Google y se convirtió en la sociedad de cartera de Google LLC y varias antiguas filiales de Google. Emplea a 156.500 personas en 2021.
CEO: Sundar Pichai
Volumen de negocios 2021: 257.600 millones de dólares estadounidenses

Aker
Holding noruego con sede en Oslo. Participa en empresas de petróleo y gas, energías renovables y tecnologías verdes, biotecnología acuática, software industrial y gestión de activos. Aker y las empresas en las que es el mayor accionista emplean a unas 35.000 personas en 60 países.
Director general: Øyvind Eriksen
Volumen de negocios 2021: 29.200 millones de dólares estadounidenses

Alibaba Group

Holding con sede en Hangzhou, China, fundado por Jack Ma en 1999. Opera, entre otros, Alibaba.com, AliExpress, la casa de subastas en línea Taobao, el proveedor de servicios financieros Ant Financial, el sistema de pago en línea Alipay. Valor bursátil a mediados de 2022: unos 250.000 millones de dólares estadounidenses
Director general: Daniel Zhang
Volumen de negocios 2021: 109.500 millones de dólares estadounidenses

Alix Partners

Fundado en 1981 como Jay Alix&Associates PC en el estado norteamericano de Michigan. Empresa global de consultoría financiera y estratégica, más conocida por su trabajo en la reestructuración de empresas (por ejemplo, General Motors. Kmart, Enron, DeLorean). Número de empleados: alrededor de 2.000
Director general: Simon Freakley
Volumen de negocios 2021: 330 millones de dólares estadounidenses

Allianz Group

Grupo asegurador alemán que cotiza en bolsa con sede en Múnich. Fundada en 1890. Una de las mayores aseguradoras del mundo. Planea ampliar su negocio asiático centrándose en China a través de su filial Allianz Global Investors.
Emplea a más de 150.000 personas en todo el mundo.
Director general: Oliver Bäte.
Volumen de negocios 2021: aprox. 149.000 millones de euros

Amazon

Mayor grupo de comercio en línea del mundo, con sede en Seattle. Fundada en 1994 por Jeff Bezos como empresa de venta de libros por correo. Número de empleados en todo el mundo 2021: 1,6 millones. Figura como la sexta empresa más grande del mundo en la clasificación Forbes de 2021.
Director general: Andrew Jassy
Volumen de negocios 2021: 470.000 millones de dólares estadounidenses

Arcelor Mittal

Segundo grupo siderúrgico mundial, con sede en Luxemburgo. Formada en 2007 a partir de la fusión de la empresa holandesa Mittal Steel Company y el grupo luxemburgués Arcelor. Opera alrededor de 60 plantas en más de dos docenas de países. Número de empleados 2021: 158.000
Director general: Aditya Mittal
Volumen de negocios 2021: 77.000 millones de dólares estadounidenses

AstraZeneca

Empresa farmacéutica internacional con sede en Cambridge, Reino Unido.
Formada en 1999 a partir de la sueca Astra AB y la británica Zeneca PLC.
Número de empleados 202: aprox. 83.000
Director general: Pascal Soriot
Volumen de negocios 2021: 36.500 millones de dólares estadounidenses

Bahrain Economic Development BoardAgencia pública para atraer inversiones extranjeras a Bahrein.
Fundada en 2000. Enfoque principal: Servicios financieros, tecnología de la información y la comunicación, turismo, logística, transporte.
Director general: Khalid Humaidan
Inversión directa 2020: 885,4 millones de dólares estadounidenses

Bain & Company

Consultoría de gestión con sede en Boston, fundada en 1973. Especializada en consultoría estratégica, marketing, organización, reestructuración empresarial, mejora del rendimiento. Mantiene 59 oficinas en 37 países y emplea a 12.000 personas.
Director general: Manny Maceda
Volumen de negocios 2020: 4.500 millones de dólares estadounidenses

Banco Bradesco

Compañía financiera brasileña con sede en Sao Paulo, fundada en 1942.
Uno de los cuatro mayores bancos brasileños. Emplea a unas 87.000 personas en 2021.
Director general: Octavio de Lazari Junior
Volumen de negocios 2017: 74.000 millones de dólares estadounidenses

Bank of America

Importante banco estadounidense con sede en Carolina del Norte, fundado en 1923.
Segundo banco más antiguo de EE. UU., durante un tiempo la mayor entidad de crédito estadounidense antes de la crisis financiera mundial. Aproximadamente 208.000 empleados en 2021.
Director general: Brian Moynihan
Volumen de negocios 2021: 89.100 millones de dólares estadounidenses

Barclays

Tercer banco del Reino Unido, con sede en Londres, fundado en 1690. Mantuvo una participación del 20% en BlackRock hasta mayo de 2012. Número de empleados en 2021: 81.600
Director general: C.S. Venkatakrishnan
Volumen de negocios 2021: 1,38 billones de libras esterlinas

BlackRock

Sociedad de inversión estadounidense con sede en Nueva York, fundada en 1988. El mayor gestor de activos del mundo. Aladdin es el sistema de análisis de datos financieros más importante del mundo para la evaluación de inversiones financieras. Asesora a numerosos bancos centrales, entre ellos la Fed y el BCE. Accionista mayoritario: Vanguard.
Director general: Laurence Douglas Fink
Activos gestionados 2021: aprox. 10 billones de dólares estadounidenses

Boston Consulting Group (BCG)

Consultoría de gestión estadounidense con sede en Boston. Fundada en 1963. Cuenta con 90 oficinas en 50 países. Empleados en todo el mundo 2021: 25.000
Director general: Christoph Schweizer
Volumen de negocios 2021: 11.000 millones de dólares estadounidenses

bp (British Petrol)

Compañía petrolera británica con sede en Londres, fundada en 1909. Posee unas 20.700 estaciones de servicio (marcas: BP, Aral, Castrol y ARCO) y atiende diariamente a 13 millones de clientes. Número de empleados en 2021: 65.900
Director general: Bernard Looney
Volumen de negocios 2021: 164.200 millones de dólares estadounidenses

Bridgewater Associates

Fondo de cobertura estadounidense con sede en Westport, Connecticut, fundado en 1975 por Ray Dalio. Especializada en inversores institucionales.
Directores generales: Nir Bar Dea, Mark Bertolini
Activos gestionados: 140.000 millones de dólares

Capgemini

Empresa de consultoría y servicios con sede en París, fundada en 1967. Enfoque: tecnología de la información y tecnología punta. Mayor proveedor de consultoría de origen europeo. Número de empleados 2022: aprox. 341.000

Director general: Aiman Ezzat
Volumen de negocios 2021: 18.200 millones de euros

Centene

Proveedor estadounidense de servicios de seguros de asistencia sanitaria con sede en Missouri, EE. UU. Fundada en 1984 como organización sin ánimo de lucro. Proveedor de prestaciones estatales de Medicaid y Medicare.
Directora general: Sarah M. London
Volumen de negocios 2021: 126.000 millones de dólares estadounidenses

Chevron

Empresa energética mundial con sede en California. Fundada en 1879. Una de las mayores compañías petroleras del mundo y, según sus propios datos, el mayor productor de energía geotérmica. Aproximadamente 43.000 empleados en 2021.
Director general: Michael Wirth
Volumen de negocios 2021: 156.000 millones de dólares estadounidenses

Cisco

Empresa estadounidense de telecomunicaciones con sede en California, fundada en 1984. Ofrece soluciones para casi todas las áreas de funcionamiento de la red. La empresa más cara del mundo en 2000. Emplea a 79.500 personas en 2021. Activos totales 2022: 94.000 millones de dólares
Director general: Chuck Robbins
Volumen de negocios 2021: 49.800 millones de dólares estadounidenses

Citi

Proveedor estadounidense de servicios financieros con sede en Nueva York, constituido en 1998 mediante la fusión de Citicorp y Travelers Group. Uno de los 30 principales bancos del mundo clasificados como de importancia sistémica. Emplea a unas 223.000 personas en 2021. Activos totales en 2021: 2,3 billones de dólares estadounidenses.
Directora general: Jane Fraser
Volumen de negocios 2021: 71.900 millones de dólares estadounidenses

Clayton, Dubilier & Rice

Empresa estadounidense de fondos de inversiones privadasa con sede en Nueva York, fundada en 1978. Emplea a 2.750 personas.
Directores generales: Gordon Riske y otros
Volumen de negocios 2021: 7.600 millones de dólares estadounidenses

Credit Suisse

Gran banco con sede en Zúrich. Fundada en 1856. Segundo banco suizo más grande después de UBS, figura entre los 30 principales bancos del mundo clasificados como de importancia sistémica.
49.000 empleados en todo el mundo en 2021.
Director general: Ulrich Körner
Volumen de negocios 2021: 22.700 millones de francos suizos

Dell Technologies

Fabricante estadounidense de ordenadores y sistemas de almacenamiento con sede en Texas. Fundada en 1984, desarrolló su primer ordenador propio en 1985. Empleaba a unas 158.000 personas en 2021.
CEO: Michael Dell
Volumen de negocios 2022: 101.600 millones de dólares estadounidenses

Deloitte

Empresa de auditoría con sede en Londres, fundada en 1845. Servicios de asesoramiento financiero, fiscal y de riesgos para empresas de todos los sectores de la economía. Número de empleados en todo el mundo 2022: 415.000.
Director general: Punit Renjen
Volumen de negocios 2021: 59.300 millones de dólares estadounidenses

Dentsu

Agencia de publicidad japonesa de ámbito mundial con sede en Tokio, fundada en 1901.
Empleados 2021 aprox. 65.000 empleados en 145 países y regiones.
Director general: Hiroshi Igarashi
Volumen de negocios 2018: 6.800 millones de dólares estadounidenses

Deutsche Bank

La mayor entidad de crédito de Alemania por activos totales y número de empleados, con sede en Fráncfort del Meno. Incluido en la lista de bancos de importancia sistémica mundial desde 2011. Número de empleados en 2020 en Alemania: 37.300, en todo el mundo: 84.700.
Director general: Christian Sewing
Volumen de negocios 2021: 25.400 millones de euros

Deutsche Post DHL Group

Empresa cotizada de logística y correos con sede en Bonn, creada en 1995 a partir de la antigua Deutsche Bundespost. Número de empleados 2021: aprox. 590.000
Director general: Frank Appel
Volumen de negocios 2021: 81.700 millones de euros

Dow

Empresa química de actividad internacional con sede en el estado norteamericano de Michigan. Fundada en 1897, se fusionó con Dupont en 2017. Segunda empresa química del mundo en términos de ventas (después de BASF). Empleados en todo el mundo: 35.700
Director general: Jim Fitterling
Volumen de negocios 2021: 55.000 millones de dólares estadounidenses

DP World

Operador portuario global con sede en Dubai. Fundada en 2005. Mantiene 78 terminales en varios países. Número de empleados en 2020: 50.000
Director General: Sultan Ahmed bin Sulayem
Volumen de negocios 2021: 10.800 millones de dólares estadounidenses

EY (Ernst & Young)

Red mundial de empresas jurídicamente autónomas e independientes con sede en Londres, fundada en 1989. Campos principales: Auditoría, asesoramiento financiero y fiscal, asesoramiento jurídico tradicional. Número de empleados 2022: 365.000
Director general: Carmine Di Sibio
Volumen de negocios 2021: aprox. 40.000 millones de dólares estadounidenses

Ericsson

Empresa sueca del Grupo Wallenberg con sede en Estocolmo. Fundada en 1876. Actividad principal: tecnología móvil, Internet y comunicaciones multimedia, telecomunicaciones. Número de empleados 2021: aprox. 100.000
Director general: Börje Ekholm
Volumen de negocios 2020: aprox. 25.300 millones de dólares estadounidenses

Fundación Bill y Melinda Gates

La fundación del fundador de Microsoft, Bill Gates, que surgió de la Fundación William Gates en 1998. La mayor fundación privada del mundo, con depósitos de casi 50.000 millones de dólares estadounidenses. Cofundador de la alianza de vacunación GAVI, la Alianza Better Than Cash y la Coalición para la Innovación en la Preparación ante Epidemias (CEPI).
Director general: Mark Suzman

Goldman Sachs

Firma de banca de inversión y negociación de valores con sede en Nueva York. Clientes: Soberanos, grandes empresas y particulares adinerados. Uno de los 30 principales bancos del mundo clasificados como de importancia sistémica. Políticamente es el banco más influyente del mundo.
Director general: David Solomon
Volumen de negocios 2021: 59.300 millones de dólares estadounidenses

Hanwha

Conglomerado surcoreano con sede en Seúl, fundado en 1952. Áreas de negocio: Química, defensa, seguros, logística, telecomunicaciones, construcción naval y construcción. Empleados 2020 aprox. 43.500 empleados en todo el mundo.
Director general: Kim Seung-yeon
Volumen de negocios 2020: aprox. 51.000 millones de dólares estadounidenses

HCL Tech

Empresa india global de servicios de TI con sede en Noida, Uttar Pradesh, fundada en 1991. Proporciona servicios integrales a empresas líderes de todos los sectores (incluidas 250 de las 500 empresas de la lista Fortune). Oficinas en 52 países.
Director general: C Vijayakumar
Volumen de negocios 2021: 11.500 millones de dólares estadounidenses

Hewlett Packard Enterprise

Empresa estadounidense de TI con sede en Texas. Formada en 2015 a partir de HP, fundada en 1939. Actividad principal: soluciones de servidor, almacenamiento y red.
Número de empleados 2021: 60.400
Director general: Antonio Neri
Volumen de negocios 2021: 27.800 millones de dólares estadounidenses

Hitachi
Conglomerado mundial que cotiza en el Nikkei 225 con sede en Tokio. Fundado en 1910. Activo en electrónica e ingeniería mecánica. Emplea a unas 335.000 personas en todo el mundo.
Director general: Toshiaki Higashihara
Volumen de negocios 2021: aprox. 59.000 millones de dólares estadounidenses

Honeywell
Conglomerado estadounidense con sede en Nueva Jersey, fundado en 1885. Activa en los sectores químico, aeroespacial, transporte, automatización y defensa.
Número de empleados 2021: 99.000
Director general: Darius Adamczyk
Volumen de negocios 2021: 34.400 millones de dólares estadounidenses

HSBC
Banco universal británico multinacional y holding de servicios financieros con sede en Londres. Fundado en Hong Kong en 1865. El mayor banco europeo. Se cuenta entre los 30 principales bancos del mundo clasificados como de importancia sistémica.
Directores generales: Noel Quinn y otros.
Volumen de negocios 2021: aprox. 49.500 millones de dólares estadounidenses

Huawei Technologies
Fabricante chino de equipos de telecomunicaciones y hardware con sede en la Zona Económica Especial de Shenzhen, fundada en 1987. Número de empleados en todo el mundo 2020: alrededor de 197.000
Director general: Ren Zhengfei
Volumen de negocios 2021: aprox. 100.000 millones de dólares estadounidenses

Hubert Burda Media
Grupo alemán de medios de comunicación internacional con sede en Offenburg. Se remonta a una imprenta fundada por Franz Burda I en 1903. Número de empleados 2021: aprox. 10.500.
Director general: Paul-Bernhard Kallen
Volumen de negocios 2021: aprox. 2.900 millones de euros

IBM

Empresa estadounidense cotizada de TI y consultoría con sede en el estado de Nueva York, fundada en 1911. Actividad principal: Productos y servicios específicos de la industria en el sector de las TI, así como software y hardware. Emplea a más de 300.000 personas en todo el mundo en 2019.
Director general: Arvind Krishna
Volumen de negocios 2019: 77.200 millones de dólares estadounidenses

Infosys

Empresa india de TI con sede en Bangalore. Fundada en 1981. Uno de los líderes del mercado en servicios digitales de nueva generación y consultoría. Emplea a más de 345.000 personas en más de 50 países.
Director general: Salil Parekh
Volumen de negocios 2021: aprox. 13.600 millones de dólares estadounidenses

Intel

Fabricante estadounidense de semiconductores con sede en California. Fundada en 1968. Principales accionistas: Vanguard, BlackRock. Número de empleados en 2021: 121.000.
Director general: Pat Gelsinger
Volumen de negocios 2021: aprox. 79.000 millones de dólares estadounidenses

Itaú Unibanco

Holding brasileño familiar y banco con sede en São Paulo. Formado en 2008 a partir de la fusión de los bancos Banco Itaú y Unibanco. El mayor banco privado del hemisferio sur. Número de empleados 2021: 99.500
Director General: Milton Maluhy Filho
Volumen de negocios 2021: 36.200 millones de dólares estadounidenses

JLL (Jones Lang LaSalle)

Empresa de servicios inmobiliarios, asesoramiento y gestión de inversiones con sede en Chicago, fundada en 1783. Número de empleados en 2020: 92.000 en 80 países.
Activos gestionados en 2019: 67.600 millones de dólares estadounidenses
Director general: Christian Ulbrich
Volumen de negocios 2021: 19.400 millones de dólares estadounidenses

Johnson & Johnson

Empresa farmacéutica y de bienes de consumo estadounidense con sede en Nueva Jersey, fundada en 1886. Emplea aproximadamente a 130.000 personas.
Mayores accionistas: Vanguard, BlackRock, State Street
Director general: Joaquín Duato
Volumen de negocios 2021: 93.800 millones de dólares estadounidenses

Kearney

Consultoría internacional de gestión con sede en Chicago, fundada en 1926. Con 60 oficinas en más de 40 países y más de 4.000 empleados, es una de las mayores consultoras de gestión estratégica del mundo.
Director general: Alex Liu
Volumen de negocios 2021: 1.400 millones de dólares estadounidenses

KPMG

Red mundial de firmas jurídicamente independientes en los campos de la auditoría, la asesoría fiscal, el asesoramiento jurídico y la consultoría empresarial y de gestión, con sede en Londres. En 2021 empleará a unas 236.000 personas en 145 países.
Director general: Bill Thomas
Volumen de negocios 2021: 32.100 millones de dólares estadounidenses

Kudelski Group

Empresa suiza cotizada especializada en sistemas de seguridad digital (transmisión de información, control de accesos) con sedes en Lausana y Phoenix (Arizona). Fundada en 1951. Número de empleados: aprox. 3.800
Director general: André Kudelski
Volumen de negocios 2021: 778 millones de dólares estadounidenses

Lazard

Banco de inversión estadounidense con sede en Nueva York y Hamilton (Bermudas), fundado en 1848. Uno de los mayores bancos de inversión del mundo con oficinas en 26 países. Activos gestionados: 274.000 millones de dólares estadounidenses.
Director general: Kenneth Jacobs
Volumen de negocios 2021: aprox. 3.200 millones de dólares estadounidenses

Luksic Group

Uno de los mayores conglomerados empresariales de Chile, especializado en inversiones en empresas de los sectores industrial y financiero. 81 % propiedad de la familia chilena más rica (Luksic). Número de empleados: 69.000
Director general: Francisco Pérez Mackenna
Volumen de negocios 2021: aprox. 24.000 millones de dólares estadounidenses

Mahindra Group

Conglomerado multinacional indio con sede en Mumbai, fundado en 1945. Activa en más de 100 países en los sectores aeroespacial, agroalimentario, posventa de automoción, equipos de construcción, defensa, energía, equipos agrícolas, finanzas y seguros, equipos industriales, tecnologías de la información, ocio y hostelería, logística, inmobiliario, comercio minorista y educación. Emplea a más de 250.000 personas en todo el mundo en 2021.
Director general: Anish Shah
Volumen de negocios: aprox. 10.000 millones de dólares estadounidenses

Majid Al Futtaim Group

Empresa inmobiliaria con sede en Dubai. Creada en 2000 mediante una escisión del Grupo Al-Futtaim. Posee y explota 423 tiendas Carrefour, 29 centros comerciales y 13 hoteles en Oriente Medio, África y Asia. Emplea a más de 42.000 personas en 17 países.
Director general: Alain Bejjani
Volumen de negocios 2021: 8.800 millones de dólares estadounidenses

Manpower Group

Una de las tres mayores empresas de dotación de personal del mundo, con sede en Milwaukee, EE. UU. Fundada en 1948. Áreas de negocio: Contratación, dotación de personal, externalización, consultoría y otras soluciones de recursos humanos. Empleados 2021 aprox. 30.000 empleados en 80 países.
Director general: Jonas Prising
Volumen de negocios 2021: 20.700 millones de dólares estadounidenses

Marsh McLennan

Proveedor mundial de servicios de asesoramiento sobre riesgos, estrategia y capital humano con sede en Nueva York, fundado en 1871. Emplea a unas 80.000 personas en más de 130 países, es uno de los mayores corredores de seguros del mundo.
Director general: Daniel S. Glaser
Volumen de negocios 2021: 19.800 millones de dólares estadounidenses

Mastercard

Proveedor de servicios de pago con sede en Nueva York, fundado en 1966. Junto con Visa, una de las dos principales empresas internacionales de tarjetas de crédito, tarjetas de débito y tarjetas de crédito. Emplea a unas 24.000 personas en 2021.
Director general: Michael Miebach
Volumen de negocios 2021: 18.900 millones de dólares estadounidenses

McKinsey & Company

Consultoría de gestión y estrategia con sede en Nueva York, fundada en 1926. En 2022 empleó a unos 38.000 trabajadores en más de 65 estados.
Director general: Bob Sternfels
Volumen de negocios 2021: 10.600 millones de dólares estadounidenses

Meta

Empresa tecnológica estadounidense con sede en California. Fundada en 2004. Opera Facebook, Instagram, WhatsApp, Messenger y Meta Quest (antes Oculus). Principales accionistas: Vanguard, Fidelity, BlackRock. Calle State. Número de empleados en 2021: 72.000
CEO: Mark Zuckerberg
Volumen de negocios 2020: 118.000 millones de dólares estadounidenses

Microsoft

Empresa tecnológica estadounidense, desarrolladora internacional de hardware y software con sede en el área metropolitana de Seattle. Fundada en 1975 por Bill Gates y Paul Allen. Principales accionistas: Vanguard, BlackRock, State Street. Número de empleados en 2021: 182.000
CEO: Satya Nadella
Volumen de negocios 2021: 168.000 millones de dólares estadounidenses

Mitsubishi

Fabricante japonés de automóviles con sede en Tokio, fundado en 1970 tras la escisión de Mitsubishi Heavy Industries. Empleados 2021: aprox. 146.000
Director general: Takehiko Kakiuchi
Volumen de negocios 2021: aprox. 13.600 millones de dólares estadounidenses

Mitsubishi Heavy Industries

Conglomerado japonés que cotiza en el Nikkei 225 y cuenta con 300 filiales con sede en Tokio y Yokohama. Fundada en 1934. Actividades principales: Industria pesada, ingeniería mecánica, fabricación de vehículos, aeroespacial y electrónica.
Número de empleados 2021: aprox. 80.000
Director general: Shunichi Miyanaga
Volumen de negocios 2021: aprox. 26.000 millones de dólares estadounidenses

Morgan Stanley

Empresa estadounidense de banca de inversión y negociación de valores con sede en Nueva York. Formada en 1935 (debido a la introducción del sistema bancario de separación) a partir de la división de JPMorgan. Abandonó su condición de banco de inversión en el transcurso de la crisis financiera mundial de 2008. Se cuenta entre los 30 principales bancos del mundo clasificados como de importancia sistémica. Emplea a 75.000 personas en 42 países en 2021.
Director general: James P. Gorman
Volumen de negocios2021: 59.800 millones de dólares estadounidenses

Mubadala

Sociedad estatal de inversiones con sede en Abu Dhabi. Fundada en 2017. Se centra en la creación y gestión de una cartera de inversiones económicamente diversificada en forma de fondo soberano. Empleados 2021: 1.600 empleados.
Director General: Khaldun al-Mubarak
Volumen de negocios2021: 320 millones de dólares estadounidenses

Nestlé

La mayor empresa alimentaria del mundo y la mayor empresa industrial de Suiza, con sede en Vevey, fundada en 1866. Tiene más de 2000 marcas en todo el mundo, principalmente en bebidas solubles, agua, lácteos, helados y platos preparados. Empleará a 276.000 personas en todo el mundo en 2021.
Director general: Mark Schneider
Volumen de negocios 2021: 87.100 millones de francos suizos

Novartis

Empresa biotecnológica y farmacéutica con sede en Basilea. Formada en 1996 a partir de la fusión de las empresas farmacéuticas y químicas con sede en Basilea Ciba-Geigy y Sandoz. Empleados 2021 en todo el mundo: 104.000 empleados
Director general: Vasant Narasimhan
Volumen de negocios 2021: 51.600 millones de dólares estadounidenses

Novo Nordisk A/S

Empresa farmacéutica danesa con sede en Bagsværd. Fundada en 1923. Produce y comercializa productos y servicios farmacéuticos. Número de empleados en 2020: aprox. 45.000
Director general: Lars Fruergaard Jørgensen
Volumen de negocios 2020: 17.100 millones de euros

Open Society Foundations

Grupo de fundaciones del multimillonario estadounidense George Soros con sede en Nueva York, fundado en 1993. La segunda fundación más importante del mundo, por detrás de la Fundación Bill y Melinda Gates. Obtiene ventaja informativa al observar e influir en las nuevas corrientes económicas y sociales a través de su amplia red.

Director general: Mark Malloch-Brown

Cargas hasta 2021: más de 18.000 millones de dólares estadounidenses

Palantir Technologies

Proveedor estadounidense de software y servicios con sede en Denver, Colorado. Fundada en 2004. Especializada en análisis de grandes datos. Entre sus clientes se encuentran gobiernos estatales y locales, así como empresas de los sectores financiero y farmacéutico. Emplea a casi 3.000 personas en 2021.

Director general: Alex Karp (Director general)

Volumen de negocios 2021: 1.500 millones de dólares estadounidenses

PayPal

Operador cotizado de un servicio de pago en línea con sede en California. Fundada en 1998. Según los informes, en marzo de 2020 contaba con más de 277 millones de usuarios activos en más de 200 mercados, con la posibilidad de realizar pagos en más de 100 divisas. Empleó aproximadamente a 31.000 personas en 2021.

Director general: Daniel Schulman

Volumen de negocios 2021: aprox. 25.000 millones de dólares estadounidenses

PepsiCo

Empresa estadounidense de bebidas y alimentos con sede en el estado de Nueva York. Fundada en 1965, es el mayor competidor de la Coca-Cola Company. Tiene 23 marcas con ventas anuales de más de 1.000 millones de dólares. Número de empleados en 2021: 309.000

Director general: Ramon Laguarta

Volumen de negocios 2021: 79.500 millones de dólares estadounidenses

Pfizer

Empresa farmacéutica cotizada con sede en Nueva York. La mayor empresa farmacéutica del mundo. Fundada en 1849. Número de empleados en 2021: 79.000.

Director general: Albert Bourla

Volumen de negocios 2020: 41.900 millones de dólares estadounidenses

Volumen de negocios2021: 81.300 millones de dólares estadounidenses

PwC (PricewaterhouseCoopers)

Empresa de auditoría y consultoría con sede en Fráncfort del Meno. Fundada en 1924. Servicios básicos: Auditoría, consultoría fiscal, consultoría corporativa o de gestión clásica, consultoría de transacciones y finanzas corporativas. Empleados 2021 Más de 327.000 empleados en 152 países en más de 680 ubicaciones.
Director general: Robert E. Moritz
Volumen de negocios 2021: 50.300 millones de dólares estadounidenses

Procter & Gamble

Empresa estadounidense de bienes de consumo con sede en el estado norteamericano de Ohio, fundada en 1837. Áreas de interés: Cuidado del cabello, higiene, afeitado, cuidado dental, salud.
100.000 empleados en 70 países en 2021.
Director general: David S. Taylor
Volumen de negocios 2021: 76.100 millones de dólares estadounidenses

Publicis Groupe

Grupo francés multinacional de servicios publicitarios y medios de comunicación con sede en París, fundado en 1926. Uno de los tres mayores proveedores de servicios publicitarios del mundo. Está presente en 229 ciudades y 109 países y emplea a unas 77.000 personas.
Director general: Arthur Sadoun
Volumen de negocios 2021:11.700 millones de euros

Qatar Investment Authority

Fondo soberano con sede en Doha. Fundada en 2005. El brazo inversor Qatar Holding posee participaciones en Barclays, Credit Suisse, Deutsche Bank, Glencore, Hapag-Lloyd, Siemens, Volkswagen.
Director General: Mansoor Bin Ebrahim Al-Mahmoud
Activos estimados en 2021: 450.000 millones de dólares estadounidenses.

Qualcomm

Comunicaciones móviles con sede en California. Fundada en 1985. En 2021, quinto fabricante mundial de semiconductores por ingresos. Posee casi el monopolio de los procesadores de banda base para smartphones. Número de empleados en 2021: 45.000
Director general: Cristiano Amon
Volumen de negocios 2021: aprox. 33.600 millones de dólares estadounidenses

Reliance Industries

El mayor conglomerado privado de la India, con sede en Bombay, fundado en 1966. Sectores de actividad: Energía, petroquímica, gas natural, comercio minorista, telecomunicaciones, medios de comunicación y textil. Número de empleados en 2022: 343.000

Director general: Mukesh D. Ambani

Volumen de negocios2021: aprox. 32.000 millones de dólares estadounidenses

Royal DSM

Empresa química holandesa cotizada, con sede en Heerlen, fundada en 1902. Cuenta con 210 centros de producción y oficinas en 47 países de todo el mundo. Emplea a unas 22.000 personas.

Directores generales: Geraldine Matchett y Dimitri de Vreeze

Volumen de negocios 2021: aprox. 9.200 millones de euros.

Royal Philips

Fabricante holandés de tecnología sanitaria y electrodomésticos con sede en Ámsterdam, fundado en 1891. Empleados 78.000 en 2021.

Director general: Roy Jakobs

Volumen de negocios 2021: aprox. 17.160 millones de euros

Salesforce

Empresa de software estadounidense cotizada, con sede en San Francisco, fundada en 1999. Especializada en computación en nube o software como servicio.

Número de empleados en 2022: 73.500

Directores ejecutivos: Marc Benioff (fundador) y otros

Volumen de negocios 2021: 21.300 millones de dólares estadounidenses

SAP

Grupo de software con sede en Walldorf, Baden-Württemberg. Fundada en 1972. La mayor empresa de software de Europa y la tercera del mundo que cotiza en bolsa por volumen de negocio.

Número de empleados en 2021: 107.400

Director general: Christian Klein

Volumen de negocios 2021: 27.800 millones de euros

Saudi Aramco

Mayor compañía de producción de petróleo del mundo con sede corporativa en Dhahran, Arabia Saudí. Fundada en 1933. Número de empleados 2021: 68.500

Director general: Amin H. Nasser

Volumen de negocios en 2021: 400.000 millones de dólares estadounidenses.

Saudi Basic Industries (SABIC)

Grupo químico y metalúrgico saudí con sede en Riad. Fundada en 1976. Según sus propias informaciones, es el primer productor de metales de Oriente Próximo. Propiedad mayoritaria de Saudi Aramco. Número de empleados en 2019: 32.700
Director general: Abdulrahman Al Fageeh
Volumen de negocios 2020: 31.300 millones de dólares estadounidenses

Schneider Electric

Grupo francés de ingeniería eléctrica cotizado con sede cerca de París, fundado en 1836. Activa en la distribución de energía eléctrica y la automatización industrial y representada en unos 115 países. Empleados 2021: 166.000
Director general: Jean-Pascal Tricoire
Volumen de negocios 2021: 28.900 millones de euros

Sequoia Capital

Sociedad de inversión de capital riesgo con sede en California. Fundada en 1972. Actúa como inversor en empresas de TI de nueva creación en EE. UU., el sudeste asiático, India, China e Israel. Activos gestionados en 2022: 85.000 millones de dólares estadounidenses. Emplea a 50 personas.
Director general: Greg Golub
Volumen de negocios 2021: 192 millones de dólares estadounidenses

Siemens

Conglomerado alemán con sede en Múnich. Fundada en 1847. Enfoques: Automatización y digitalización en la industria, infraestructuras para edificios, sistemas energéticos descentralizados, soluciones de movilidad para el transporte ferroviario y por carretera, tecnología médica. Tiene 125 sedes en Alemania y está representada en 190 países.
Director general: Roland Busch
Volumen de negocios 2019: aprox. 86.900 millones de euros

SOCAR (Compañía Estatal de Petróleo de la República de Azerbaiyán)

Empresa estatal azerbaiyana con sede en Bakú. Fundada en 1992. Activa en la industria del petróleo y el gas y principalmente en Suiza, donde una cuarta parte de su volumen de negocios se generó en 2019. Número de empleados en 2018: 100.000
Balance total 2021: 40.800 millones de dólares estadounidenses
Director general: Rovshan Najaf

Sony
Tercera empresa electrónica de Japón tras Hitachi y Panasonic, con sede en el distrito Minato de Tokio. Fundada en 1946. Actividad principal: Playstation, sensores de imagen CMOS, música y cine. Preparándose para entrar en el negocio de los coches eléctricos. Empleados 110.000 en 2021.
Director general: Kenichiro Yoshida
Volumen de negocios 2021: 88.000 millones de dólares estadounidenses

S & P Global
Grupo estadounidense de servicios financieros que cotiza en bolsa, con sede en el Estado de Nueva York, fundado en 1917. Hasta 2016 McGraw Hill Financial, antes hasta 2013 McGraw Hill Companies. Cartera de servicios: Servicios de calificación (Standard & Poor's), servicios de información sobre precios (Platts), suministro de datos de mercado e índices bursátiles. La empresa empleaba a unas 23.000 personas en 2021.
Director general: Douglas L. Peterson
Volumen de negocios 2021: 8.300 millones de dólares estadounidenses

Standard Chartered Bank
Compañía financiera británica con sede en Londres, fundada en 1969. Opera sobre todo en Asia y África. Genera su principal volumen de negocio en Hong Kong, Corea del Sur, India y otras partes de Asia. Uno de los 30 bancos de importancia sistémica del mundo. Empleará a 84.000 personas en 2020.
Activos totales 2021: 827.800 millones de dólares estadounidenses
Director general: Bill Winters
Volumen de negocios 2021: 14.700 millones de dólares estadounidenses

Suntory Holdings
Empresa japonesa global de bebidas con sede en la prefectura de Tokio, fundada en 1899. Con 285 empresas del grupo, es uno de los cinco mayores grupos de bebidas espirituosas del mundo. El mayor productor de whisky de Japón, con una cuota de mercado de aproximadamente el 70 %. Emplea a unas 40.000 personas.
Director general: Takeshi Niinami
Volumen de negocios 2021: aprox. 19.800 millones de dólares estadounidenses

Swiss Re
Compañía suiza de reaseguros con sede en Zúrich. La segunda compañía de reaseguros del mundo después de Munich Re.
Número de empleados 2021: aprox. 14.000
Director general: Christian Mumenthaler
Volumen de negocios 2021: aprox. 42.000 millones de francos suizos

The Coca-Cola Company

Empresa estadounidense de bebidas con sede en Atlanta, Georgia, fundada en 1892. La mayor empresa de bebidas del mundo. Junto con sus socios autorizados, emplea a más de 770.000 personas en más de 200 países. Propietarios: The Vanguard Group, Berkshire Hathaway, BlackRock
Director general: James Quincey.
Volumen de negocios 2021: 38.700 millones de dólares estadounidenses

Takeda Pharmaceutical

Empresa farmacéutica japonesa basada en la investigación y activa a nivel mundial con sede en Tokio. Enfoque: medicamentos con receta. Emplea a unas 50.000 personas en 80 países en 2019.
Director general: Christophe Weber
Volumen de negocios 2021: 24.600 millones de euros

Tata Consultancy Services

Proveedor mundial de servicios de TI, consultoría y soluciones empresariales, con sede en Bombay, fundado en 1968. Pertenece al Grupo Tata, emplea a 606.000 personas en 150 emplazamientos de 46 países.
Director general: Rajesh Gopinathan
Volumen de negocios 2021: 23.600 millones de dólares estadounidenses

Trafigura

Empresa holandesa de comercio de materias primas con actividad internacional y sede en Ámsterdam y Singapur. Fundada en 1993, es la mayor comercializadora privada de metales del mundo y la segunda comercializadora de petróleo. Empleados 2020: 8.600 empleados.
Director general: Jeremy Weir
Volumen de negocios 2021: 231.000 millones de dólares estadounidenses

Uber Technologies

Empresa de servicios estadounidense con sede en San Francisco. Fundada en 2009. Ofrece servicios en línea de intermediación en el transporte de pasajeros en todo el mundo. Número de empleados en todo el mundo 2021: 29.300
CEO: Dara Khosrowshahi
Volumen de negocios 2021: aprox. 17.500 millones de dólares estadounidenses

UBS

Gran banco suizo con sede en Zúrich. Se formó en 1998 a partir de la fusión del Union Bank of Switzerland (UBS) con otros dos bancos. Mayor banco de Suiza, uno de los 30 mayores bancos del mundo clasificados como de importancia sistémica. Empleará a 72.000 personas en todo el mundo en 2021.
Director general: Ralph Hamers
Volumen de negocios 2021: 35.500 millones de dólares estadounidenses

Unilever

Corporación británica con sede en Londres, fundada en 1929. Uno de los mayores fabricantes mundiales de productos alimentarios, cosméticos, de cuidado personal, del hogar y de cuidado textil. Número de empleados en todo el mundo en 2021: 148.000.
Director general: Alan Jope
Volumen de negocios 2021: 52.400 millones de euros

UPS

Empresa estadounidense global de servicios de mensajería y paquetería urgente con sede en Atlanta, Georgia, fundada en 1907. Proporciona soluciones logísticas integradas a clientes de todo el mundo. Empleará a 534.000 personas en 2021.
Directora general: Carol B. Tomé
Volumen de negocios 2021: 97.300 millones de dólares estadounidenses

Volvo Group

Grupo sueco de empresas con sede en Estocolmo, fundado en 1927. Gama de productos: camiones, maquinaria de construcción, autobuses, motores marinos. También ofrece servicios financieros. Emplea a casi 96.000 personas en 2021.
Director general: Martin Lundstedt
Volumen de negocios 2021: aprox. 34.000 millones de dólares estadounidenses

Verizon Communications

Grupo estadounidense de telecomunicaciones con sede en Nueva York. Formado en 2000 mediante la fusión de Bell Atlantic Corporation con GTE Corporation (antes General Telephone&Electronics Corporation). Número de empleados en 2021: 118.400
Director general: Hans Vestberg
Volumen de negocios 2021: 133.600 millones de dólares estadounidenses

Visado

Empresa estadounidense de tarjetas de crédito y débito con sede en San Francisco, fundada en 1970. Concede licencias a bancos de todo el mundo para emitir tarjetas y facturar a empresas contratantes. Emplea a unas 20.500 personas.
Director general: Alfred F. Kelly Jr.
Volumen de negocios 2021: 24.100 millones de dólares estadounidenses

Volkswagen Group

Fabricante alemán de automóviles con sede en Wolfsburgo. Fundada en 1937. Entre sus filiales se encuentran ŠKODA, SEAT, CUPRA, Audi, Lamborghini, Bentley, Porsche y Ducati. Emplea a unas 200.000 personas en todo el mundo, de las que unas 120.000 están en Alemania.
Director general: Oliver Blume
Volumen de negocios 2021: 250.200 millones de euros

Wipro (Western India Products Limited)

Empresa multinacional de servicios de consultoría informática e integración de sistemas con sede en Bengaluru, India. Fundada en 1945. Uno de los mayores proveedores de TI del mundo. Número de empleados 2021: aprox. 231.000
Director general: Thierry Delaporte
Volumen de negocios 2021: aprox. 7.500 millones de dólares estadounidenses

Yara Internacional

Empresa noruega de propiedad parcialmente estatal con sede en Oslo. Formada en 2004 por separación de Hydro Agri. Fabricante y proveedor de productos químicos y gases industriales como fertilizantes, urea, nitratos y amoníaco. Emplea a unas 13.000 personas a nivel internacional.
Director general: Svein Tore Holsether
Volumen de negocios 2020: 11.600 millones de dólares estadounidenses

Zurich Insurance Group

Empresa suiza de servicios financieros con actividad internacional y sede en Zúrich. Fundada en 1872. Mayor grupo asegurador de Suiza. Activa en 210 países y territorios. Emplea a unas 55.000 personas en todo el mundo.
Director general: Mario Greco
Volumen de negocios 2021: aprox. 69.900 millones de dólares estadounidenses

Fuente: www.weforum.org/communities/strategic-partnership-b5337725-fac7-4f8a-9a4f-c89072b96a0d (recuperado en noviembre de 2022)

Capítulo de bonificación B

Jóvenes Líderes Globales

2.518 participantes ordenados por país, nombre, año

Nombre	Cargo, empresa	Año	Fuente	País
Shaharzad Akbar	Director, Open Society Afghanistan	2017	P	Afghanistan
Christopher Alexander	Canadian Ambassador to Afghanistan, Embassy of Canada to Afghanistan	2006	D	Afghanistan
Fahim Hashimy	CEO, Hashimy Group	2016	O	Afghanistan
Fawzia Koofi		2009	Z	Afghanistan
Farkhunda Zahra Naderi	Member of Parliament, Afghanistan Government	2016	O	Afghanistan
Ahmad Nader Nadery	Head and Commissioner, Afghan Independent Human Rights Commission	2008	F	Afghanistan
Orzala Ashraf Nemat		2009	Z	Afghanistan
Rory Stewart	Chief Executive, Turquoise Mountain Foundation	2008	F	Afghanistan
Hassina Syed	Owner, Syed Group	2016	O	Afghanistan
Gazmend Haxhia	President, Avis Rent A Car Albania	2008	F	Albania
Pandeli Majko	Minister of Defence	2005	C	Albania
Soraya Djermoun	Geopolitical expert, author and Entrepreneur, Kheyma	2022	U	Algeria
Vera Daves de Sousa	Minister of Finance, Ministry of Finance of Angola	2021	T	Angola
Esteban Bullrich		2010	AA	Argentina
Eugenio Burzaco	Founder, Fundación Fundar Justicia y Seguridad	2006	D	Argentina
Wenceslao Casares		2011	BB	Argentina
Alejandro Gustavo Elsztain	Chief Executive Officer, Cresud S.A.C.I.F. y A.	2006	D	Argentina
Federico Sturzenegger	Director, Universidad Torcuato di Tella	2005	C	Argentina
Andres Freire	Chief Executive Officer, Axialent	2008	F	Argentina
Andy Freire		2008	Y	Argentina
Facundo Garreton		2012	CC	Argentina
Martín Guzman	Former Minister of Economy of Argentina, Ministry of Economy of Argentina	2021	T	Argentina
Delfina Irazusta	Founder and Executive Director, Asociacion Civil Red de Innovacion Local (Local Innovation Network)	2020	S	Argentina
Martin Lousteau	Minister of the Economy and Production of Argentina	2008	F	Argentina
Lucas E. Pescarmona	President, Mercantil Andina Compañía de Seguros	2005	C	Argentina
Luis M. Saguier	Chief Executive Officer, La Nación	2005	C	Argentina

Nombre	Cargo, empresa	Año	Fuente	País
Alejandro Malgor	Founder, Xinca	2018	Q	Argentina
Pia Mancini	Chairwoman, The Democracy Earth Foundation	2016	O	Argentina
Gabriel Marcolongo	Founder and Chief Executive Officer, Incluyeme.com	2020	S	Argentina
Alec Oxenford	Founder, DeRemate.com	2006	D	Argentina
Sebastian Palla	Undersecretary of State for Finance, Ministry of Finance	2005	C	Argentina
Rodrigo Teijeiro	Founder and Chief Executive Officer, Fnbox.com	2014	M	Argentina
Maria Eugenia Vidal		2011	BB	Argentina
Gregorio Werthein	Co-Chief Executive Officer, Replay Acquisition Corp	2019	R	Argentina
Suren Aloyan	Founder and Chief Executive Officer, Dasaran EdTech Company	2021	T	Armenia
Armen Darbinian		2006	W	Armenia
Armen Darbinyan	Chairman of the Board of Trustees, International Centre for Human Development (ICHD)	2006	D	Armenia
Tony Abrahams	Co-Founder and Chief Executive Officer, AI-MEDIA	2013	L	Australia
Jeremy Balkin	President, Karma Capital	2013	L	Australia
Paul Bassat	Chief Executive Officer, Seek Limited	2009	G	Australia
Candice Beaumont	Managing Director and Chief Investment Officer, L Investments, LLC	2014	M	Australia
Christian Behrenbruch	Founder and Chief Executive Officer, ImaginAb Inc.	2011	I	Australia
Karen Bell		2009	Z	Australia
Marcela Bilek	Professor of Applied Physics, University of Sydney, Australia	2008	F	Australia
Rachel Botsman	Founder, Collaborative Lab	2013	L	Australia
Andrew Bragg	Senator for New South Wales, Parliament of the Commonwealth of Australia	2021	T	Australia
Zoe Butt	Executive Director and Curator, San Art	2015	N	Australia
Michael Cannon-Brookes	Co-Founder, Atlassian Software Systems	2009	G	Australia
Lisa MacCallum Carter	Managing Director, Access to Sport, Nike Inc.	2012	K	Australia
Andrew Charlton	Strategic Advisor, Wesfarmers Limited	2011	I	Australia
Adrian D. Cheok		2008	Y	Australia
Rachael Chong	Founder and Chief Executive Officer, Catchafire	2014	M	Australia
Cameron Clyne	Managing Director and Chief Executive Officer, Bank of New Zealand (BNZ)	2008	F	Australia
Andrew L. Cohen	Chief Executive Officer JPMorgan Private Bank	2007	E	Australia
Stuart Cook	Chief Executive Director, Zambrero	2015	N	Australia
Lucy d'Arville	Partner, Bain International Inc.	2019	R	Australia
Mei Ling Doery	Founder and Executive Director, Live Council	2014	M	Australia

Nombre	Cargo, empresa	Año	Fuente	País
Hamish Douglass	Chairman, Magellan Financial Group Limited	2009	G	Australia
Kate Ellis	Minister for Employment Participation and Childcare and Minister for the Status of Women of Australia	2012	K	Australia
Samantha Freebairn	Squadron Leader and Pilot, Royal Australian Air Force	2016	O	Australia
James Gifford	Executive Director, United Nations Principles for Responsible Investment (UNPR)	2010	H	Australia
Benjamin Gray	Managing Director, Partner and Head, Australia and New Zealand, TPG Capital	2009	G	Australia
Saul Griffith	Chief Scientist, Other Lab	2011	I	Australia
Sophia Hamblin Wang	Chief Operating Officer, Mineral Carbonation International (MCi)	2022	U	Australia
Sarah Hanson-Young	Senator of South Australia, Government of South Australia	2016	O	Australia
Jeremy Heimans	Co-Founder and Chief Executive Officer, Purpose	2011	I	Australia
David Hill	Partner, Deloitte	2011	I	Australia
Joe Hockey	Minister for Human Services, Department of Human Services	2006	D	Australia
Jeremy Howard	President and Chief Scientist, Kaggle	2013	L	Australia
Gordon Hughes	Managing Director, Rhythmscape Publishing	2013	L	Australia
Rory Hunter	Chairman and Chief Executive Officer, Song Saa Resorts	2015	N	Australia
Caroline Blanch Israel	Managing Director and Partner, Boston Consulting Group	2022	U	Australia
James Bradfield Moody	Chief Executive Officer, Space and Environment Technologies	2005	C	Australia
Tan Le	Co-Founder, SASME	2009	G	Australia
Jason Yat-Sen Li	Managing Director, Yatsen Associates	2009	G	Australia
Jane McAdam	Professor and Australian Research Council Future Fellow, University of New South Wales	2013	L	Australia
Amanda McCluskey	Head of Responsible Investment, Colonial First State Global Asset Management	2012	K	Australia
Lucy McRae	Science Fiction Artist, Body Architect, Film Maker,	2018	Q	Australia
Geraldine Chin Moody	Chief Operating Officer, Baker & McKenzie	2011	I	Australia
Kala Mulqueeny		2011	BB	Australia
Kaila Murnain	General Secretary, New South Wales Branch, Australian Labor Party	2018	Q	Australia
Clare O'Neil	Member of Parliament for Hotham, Parliament of Australia	2019	R	Australia

Nombre	Cargo, empresa	Año	Fuente	País
Clare Payne	Member of the Board and Founder, Banking and Finance Ethics Panel, Banking and Finance Oath	2014	M	Australia
Melanie Perkins	Chief Executive Officer and CoFounder, Canva Pty Ltd	2019	R	Australia
Jimmy Pham		2011	BB	Australia
Sol Rabinowicz	Chief Executive Officer, Timbercorp	2009	G	Australia
Kathleen Reen	Vice-President for Asia, Environment and New Media, Internews	2012	K	Australia
Edward Santow	Human Rights Commissioner, Australian Human Rights Commission	2017	P	Australia
Simon Sheikh	Managing Director, Future Super	2018	Q	Australia
Simon Smiles	Managing Director, UBS Switzerland AG	2016	O	Australia
Dhananjayan Sriskandarajah		2012	CC	Australia
Dorjee Sun	Chief Executive Officer, Carbon Conservation	2014	M	Australia
Le Tan		2009	Z	Australia
Ian Thorpe	Founder, Fountain for Youth	2010	H	Australia
Matthew Tilleard	Managing Partner, CrossBoundary	2015	N	Australia
Hayley Warren	Chief Executive Officer, Halo Medical Devices	2014	M	Australia
Alex Wyatt	Chief Executive Officer, Climate Bridge	2013	L	Australia
Jason Li Yat-Sen		2009	Z	Australia
Eva Dichand		2010	AA	Austria
Josef Penninger	Director, Institute of Molecular Biotechnology (IMBA)	2005	C	Austria
Verena Knaus		2009	Z	Austria
Sebastian Kurz	Federal Minister for Europe, Integration and Foreign Affairs, Federal Ministry for Europe, Integration and Foreign Affairs of Austria	2016	O	Austria
Christopher Schläffer		2007	X	Austria
Christopher Schlaffer	Chief Executive Officer, yetu	2007	E	Austria
Severin Schwan	Member of the Corporate Executive Committe, F. Hoffmann-La Roche Ltd	2008	F	Austria
Werner Wutscher		2009	Z	Austria
Murad Sofizade		2011	BB	Azerbaijan
Barbara Ann Bernard	Founder and Chief Investment Officer, Wincrest Capital Ltd	2018	Q	Bahamas
Andrew Serazin	President, Templeton World Charity Foundation, Inc.	2019	R	Bahamas
Hessa Khalifa Al Khalifa	Founder and Executive Director, INJAZ	2007	E	Bahrain
Hamad AlMahmeed	Director General, Prime Minister's Office	2022	U	Bahrain
Esam Janahi	Chief Executive Officer, Gulf Finance House	2005	C	Bahrain

Nombre	Cargo, empresa	Año	Fuente	País
Shaikh Mohammed Bin Essa Al Khalifa	Adviser for Political and Economic Affairs, Court of the Crown Prince of Bahrain	2007	X	Bahrain
Arif Dowla		2009	Z	Bangladesh
Sara Hossain	Lawyer, Supreme Court of Bangladesh	2008	F	Bangladesh
Ivy Huq Russell	Founder and Chief Executive Officer, Maya	2019	R	Bangladesh
Zunaid Ahmed Palak	Minister of State for Posts, Telecommunication s and Information Technology, Ministry of Post and Telecommunication s of Bangladesh	2016	O	Bangladesh
Faustina Pereira	Deputy Director, Ain O Salish Kendra (ASK)	2006	D	Bangladesh
Kamal Quadir		2009	Z	Bangladesh
Maliha M. Quadir	Founding Managing Director, Shohoj Limited	2017	P	Bangladesh
Zafar Sobhan	Assistant Editor, The Daily Star	2005	C	Bangladesh
Asif Zahir	Deputy Managing Director, Ananta Apparels Ltd	2019	R	Bangladesh
Niel Harper	Senior Manager, Next Generation Leaders, Internet Society	2014	M	Barbados
Aleh Tsyvinski		2009	Z	Belarus
Alexander De Croo	Deputy Prime Minister and Minister of Development Cooperation, the Digital Agenda, Telecommunications and Postal Services , Ministry of Foreign Affairs, Foreign Trade and Development Cooperation of Belgium	2015	N	Belgium
Fabrice Franzen	Partner, Bain & Company Inc.	2014	M	Belgium
Livia Jaroka	Member, European Parliament	2006	D	Belgium
Sebastian Kind	Chief Executive Officer and Chairman, Green Map	2018	Q	Belgium
Maja Kuzmanovic	Director, Foundation of Affordable Mysticism	2006	D	Belgium
Eva Maydell	Member of the European Parliament, European Parliament	2022	U	Belgium
Aaron McCormack	Chief Executive Officer, BT Conferencing, BT Plc	2008	F	Belgium
H.R.H. Princess Mathilde of Belgium	Crown Princess of Belgium, Royal Palace Belgium	2007	E	Belgium
Vincent Van Quickenborne		2010	AA	Belgium
Marietje Schaake	Member, European Parliament	2014	M	Belgium
Raphael Schoentgen		2011	BB	Belgium
Virginijus Sinkevicius	Commissioner for Environment, Oceans and Fisheries, European Commission	2021	T	Belgium
Nathalie van Ypersele de Strihou		2010	AA	Belgium
Silvia Wiesner	General Manager, Belgium and Luxembourg, Unilever	2021	T	Belgium
Axel Miller	Chairman of the Managing Board, Dexia Bank Belgium	2005	C	Belgium

Nombre	Cargo, empresa	Año	Fuente	País
Ugyen Dorji	Minister of Home and Cultural Affairs, Ministry of Home and Cultural Affairs of Bhutan	2020	S	Bhutan
H.R.H. King Jigme Khesar Namgyal Wangchuck	King of Bhutan	2008	F	Bhutan
Tashi Wangmo		2010	AA	Bhutan
Angela Daniella Garcia Moreno	Founder and Chief Executive Officer, Elemental School	2019	R	Bolivia
Kurt Koenigsfest Sanabria	General Manager, BancoSol S.A.	2006	D	Bolivia
Sejla Kameric	Member, European Cultural Parliament	2006	D	Bosnia and Herzegovina
Bogolo Joy Kenewendo	Member of Parliament, The National Assembly of the Republic of Botswana	2019	R	Botswana
Olebile Makhupe		2012	CC	Botswana
Rapelang Rabana	Founder and Chief Executive Officer, Rekindle Learning	2017	P	Botswana
Renato Amorim	Executive Director, Public Policy, Latin America, Merck	2007	E	Brazil
Nathalia Arcuri	Founder/CEO, Me Poupe! Conteudo e Servicos Financeiros Eireli	2021	T	Brazil
Julia Bacha	Filmmaker and Creative Director, Just Vision	2014	M	Brazil
Antonio Bonchristiano	Partner, GP Investimentos	2006	D	Brazil
Rodrigo Brito		2010	AA	Brazil
Bárbara Luiza Coutinho do Nascimento	State Prosecutor, Rio de Janeiro State Prosecutor's Office	2022	U	Brazil
Daniela Mercury	Singer	2005	C	Brazil
Samuel Elia		2012	CC	Brazil
Patricia Ellen	Principal, McKinsey & Company	2016	O	Brazil
André Esteves	Chairman and Chief Executive Officer, UBS Investment Bank, Latin America	2008	F	Brazil
Gabriel Chalita	Secretary of Education, State of Sao Paolo	2005	C	Brazil
Luana Genot	Executive Director, Brazilian Identities Institute	2022	U	Brazil
David Hertz		2012	CC	Brazil
Carlos Jereissati Junior	Chief Executive Officer, Iguatemi Empresa de Shopping Centers SA — Grupo Jereissati	2007	E	Brazil
Irina Lachowski	Chief Executive Officer, RenovaBR	2022	U	Brazil
Christina K. Lopes		2010	AA	Brazil
Fernando Madeira	President and Chief Executive Officer, Latin America eCommerce, Walmart de México y Centroamérica	2007	E	Brazil
Ricardo Villela Marino	Chief Executive Officer, Banco Itau SA	2008	F	Brazil
Luiza Mattos	Partner; Head of Healthcare South America, Bain & Company	2021	T	Brazil

Nombre	Cargo, empresa	Año	Fuente	País
Rodrigo Hübner Mendes	Founder and Coordinator, Associaçâo Rodrigo Mendes	2008	F	Brazil
Denis B. Minev		2012	CC	Brazil
Marcelo Bahia Odebrecht	Chief Operating Officer, Engineering and Construction, Odebrecht SA	2006	D	Brazil
José Pereira de Oliveira Junior	Founder and Coordinator, Cultural Afro Reggae	2006	D	Brazil
Jill Otto		2010	AA	Brazil
Tatiana Lacerda Prazeres	Adviser to the General Director, World Trade Organization Brazil (WTO)	2014	M	Brazil
Rodrigo Baggio	Executive Director, Committee for Democracy in Information Technology	2005	C	Brazil
Carolina Rossini	Vice President, International Policy, Public Knowledge	2016	O	Brazil
Claudia Sender	Chief Executive Officer, TAM Linhas Aereas SA	2014	M	Brazil
Sandro José De Souza		2009	Z	Brazil
Ilona Szabo de Carvalho	Executive Directoer, Igarape Institute	2015	N	Brazil
Joice Toyota	Executive Director and Founder, Vetor Brasil	2019	R	Brazil
Mariana Vasconcelos	Chief Executive Officer, Agrosmart	2022	U	Brazil
Leila Cristina Velez	Founder and Managing Director, Beleza Natural	2014	M	Brazil
Vanessa Vilela		2012	CC	Brazil
Ivan Krastev	Chairman of the Board and Research Director, Centre for Liberal Strategies	2006	D	Bulgaria
Milen Veitchev	Minister of Finance	2005	C	Bulgaria
Nikolina Nikolova	Advisor to the President of the Republic on European Regional Cooperation, Office of the President of the Republic	2014	M	Bulgaria
Yana Buhrer Tavanier		2012	CC	Bulgaria
Ivan Vatchkov	Chief Executive Officer and Chief Investment Officer, Algebris Investments Asia Pte Ltd	2014	M	Bulgaria
Zoya Phan	International Coordinator, The Burma Campaign UK	2010	H	Burma
Serey Chea	Assistant Governor, National Bank of Cambodia	2019	R	Cambodia
Vannarith Chheang	Executive Director, Cambodian Institute for Cooperation and Peace	2013	L	Cambodia
Sophal Ear	Assistant Professor of National Security Affairs, US Naval Postgraduate School	2011	I	Cambodia
Jeremy Hockenstein	Chief Executive Officer, Digital Divide Data	2009	G	Cambodia
Cham Krasna	Chief Executive Officer, SOMA Group	2020	S	Cambodia
Somaly Mam	Director, AFESIP	2008	F	Cambodia
Somaly Mam	Founder, Somaly Mam Foundation	2010	H	Cambodia

Nombre	Cargo, empresa	Año	Fuente	País
Aun Porn Moniroth	Secretary of State, Ministry of Economy and Finance of Cambodia	2006	D	Cambodia
Chanthol Oung	Founder and Executive Director, CWCC (Cambodian Women's Crisis Center)	2006	D	Cambodia
Achankeng Leke	Partner, McKinsey & Company	2008	F	Cameroon
Landry Signe	Distinguished Fellow, Center for African Studies, Stanford University	2015	N	Cameroon
Miki Agrawl	Founder and Chief Executive Officer, Thinx	2017	P	Canada
Payam Akhavan	Senior Fellow, McGill University	2006	D	Canada
Khaled Al-Sabawi	President, MENA Geothermal	2015	N	Canada
Matthew Anestis	Project Leader/Consultant, The Boston Consulting Group Inc.	2006	D	Canada
Dominique Anglade	President and CEO, Montreal International	2014	M	Canada
John R. Baird	Minister of Environment of Canada	2008	F	Canada
Barry Appleton	Managing Partner, Appleton and Associates International Lawyers	2005	C	Canada
Terry Beech	Member of Parliament; Parliamentary Secretary for the Department of Fisheries, Oceans and the Canadian Coast Guard, Parliament of Canada	2017	P	Canada
Belinda Stronach	Minister of Human Resources and and Skills Development and Minister responsible for Democratic Renewal	2005	C	Canada
Caroline Berube	Managing Partner, HJM Asia Law and Co.	2015	N	Canada
Adam Bly	Founder and Chief Executive of Seed	2007	E	Canada
David Boehmer		2012	CC	Canada
Jessica Burgner-Kahrs	Associate Professor, University of Toronto Mississauga	2019	R	Canada
Jillian Buriak	Professor of Chemistry, University of Alberta	2004		Canada
Ailish Campbell	Vice-President, Policy, International and Fiscal Issues, Canadian Council of Chief Executives	2014	M	Canada
François-Philippe Champagne		2009	Z	Canada
Matthew Corrin	Founder, Freshii	2017	P	Canada
Donald A. Mattrick	President, Worldwide Studios, Electronic Arts	2005	C	Canada
Salimah Yvette Ebrahim		2009	Z	Canada
Ilwad Elman	Chief Operating Officer, Elman Peace Centre	2022	U	Canada
Joelle Faulkner	President and Chief Executive Officer, Area One Farms	2020	S	Canada
Jocelyn Formsma	Executive Director, National Association of Friendship Centres	2021	T	Canada
Sean Fraser	Badruun	2022	U	Canada

Nombre	Cargo, empresa	Año	Fuente	País
Jean-Frangois Gagné	Chief Executive Officer, Element AI	2019	R	Canada
Brian Gallant	Premier of New Brunswick, Government of New Brunswick	2015	N	Canada
Scott Gilmore		2011	BB	Canada
Elissa Golberg		2010	AA	Canada
George Gosbee		2009	Z	Canada
Karina Gould	Minister of Families, Children and Social Development, Employment and Social Development Canada	2020	S	Canada
Kim Hailwood	Head, Corporate Sustainability, HSBC Bank Canada	2022	U	Canada
Kaliya Hamlin		2012	CC	Canada
Roy Hessel	Chief Executive Officer, Clearly	2016	O	Canada
Brett House		2010	AA	Canada
Jennifer Corriero	Co-Founder and Executive Director, TakingITGlobal	2005	C	Canada
Jilian Buriak	Professor of Chemistry, University of Alberta	2005	C	Canada
Melanie Joly	Minister for Canadian Heritage, Ministry of Canadian Heritage of Canada	2016	O	Canada
Zoe Keating		2011	BB	Canada
Sami Khoreibi		2012	CC	Canada
Marc Kielburger	Co-Founder, Free the Children	2007	E	Canada
Johann O. Koss	President and Chief Executive Officer, Right To Play International	2006	D	Canada
Kristine Layfield	Director of Programming, CBC Television	2008	F	Canada
K. Kellie Leitch		2010	AA	Canada
Alison Loat	Co-Founder and Executive Director, Samara	2014	M	Canada
Yael Maguire		2009	Z	Canada
Irshad Manji	Founder and President, Project Ijtihad	2006	D	Canada
John McArthur		2009	Z	Canada
Désirée McGraw		2010	AA	Canada
Patrick McWhinney		2009	Z	Canada
Amish Mehta	Chairman, Corel Corporation	2006	D	Canada
James Moore	Minister of Industry, Industry Canada	2014	M	Canada
Naheed Nenshi		2011	BB	Canada
Samantha Nutt		2009	Z	Canada
Ricken Patel		2010	AA	Canada
Aaron Pereira	Founder, CanadaHelps and Vartana	2008	F	Canada
Hubert de Pesquidoux	President and Chief Executive Officer, Alcatel	2006	D	Canada

Nombre	Cargo, empresa	Año	Fuente	País
Shahrzad Rafati	Founder and Chief Executive Officer, BroadbandTV Corp (BBTV)	2014	M	Canada
Catherine Raw	CHIEF OPERATING OFFICER, NORTH AMERICA, Barrick Gold Corporation	2018	Q	Canada
MIchelle Rempel	Federal member of parliament, Government of Canada	2016	O	Canada
Michele Romanow	Co-Founder and Chief Executive Officer, Clearco	2020	S	Canada
Maya Roy	Director of Partnerships, Institute for Change Leaders	2019	R	Canada
Rebecca Saxe		2012	CC	Canada
Scott Brison	Minister of Public Works and Government Services	2005	C	Canada
Jagmeet Singh	Leader, Canada's New Democrats, New Democratic Party of Canada	2018	Q	Canada
Liam Sobey	Vice-President, Merchandising, Sobeys Inc.	2021	T	Canada
George Stroumboulopoulos		2012	CC	Canada
Eira Thomas	Chief Executive Officer and Director, Stornoway Diamond Corp	2008	F	Canada
Mark Turrell		2010	AA	Canada
Nolan Watson	Chairman, Chief Executive Officer and President, Sandstorm Gold Ltd. & Sandstorm Metals & Energy Ltd	2014	M	Canada
Alicia Woods	General Manager, Marcotte Mining	2017	P	Canada
Tim Wu		2012	CC	Canada
Michelle Zatlyn	Co-Founder and Director, CloudFlare	2014	M	Canada
Felipe Aldunate		2010	AA	Chile
Cristina Bitar	Executive Director, Hill & Knowlton Captiva SA	2008	F	Chile
Axel Christensen	Managing Partner, Institutional Clients Director, Moneda Asset Management	2008	F	Chile
Komal Dadlani	Chief Executive Officer, Lab4U	2020	S	Chile
Juan Carlos Eichholz	Director, Center for Strategic Leadership, University Adolfo Ibañez	2006	D	Chile
Paula Escobar	Magazines Editor, Empresa Periodistica El Mercurio SAP	2006	D	Chile
Alejandro Ferreiro	Superintendent, Superintendence of Securities and Insurance	2006	D	Chile
Conrod Kelly	President and Managing Director, Merck & Co., Inc	2021	T	Chile
Eduardo Navarro	Chief Executive Officer, Empresas Copec	2007	E	Chile
Nicolas Mockeberg	Congressman, Chamber of Deputies	2005	C	Chile
Eric Parrado		2011	BB	Chile
Alfonso Marquez de la Plata	Chief Executive Officer, Empresas Aquachile SA	2008	F	Chile

Nombre	Cargo, empresa	Año	Fuente	País
Tomás Recart		2011	BB	Chile
Leo Schlesinger		2010	AA	Chile
Nicolás Shea	Founder and Chief Executive Officer, Cumplo Chile S.A.	2014	M	Chile
Felipe Kast Sommerhoff		2012	CC	Chile
Carolina Toha Morales	Deputy, Liberal Party for Democracy, Chamber of Deputies of Chile	2006	D	Chile
Zhong Biao	Artist	2008	F	China
Shen Bing	President, Bodao Culture Ltd	2008	F	China
Shao Bo	Chairman, eBay EachNet	2006	D	China
Wen Bo		2009	Z	China
Yanqing (Kenny) Cai	Co-Founder and Chief Executive Officer, BottleDream	2022	U	China
Ron Cao	Co-Founder and Managing, Lightspeed China Partners	2013	L	China
Charles Chao	President and Chief Executive Officer, Sina.com	2008	F	China
Lu Chaoyang	Professor of Physics, University of Science and Technology of China	2021	T	China
Charles C.Y. Zhang	Chairman and Chief Executive Officer, sohu.com	2005	C	China
Diana Chen	Chairwoman, Lawrence Livermore National Laboratory	2008	F	China
Yao Chen	Actress, Beijing Chen Xin Culture and Art Studio	2016	O	China
Man Chen	Founder, Beijing Man Xiang Ya Tian Advertising Ltd.	2017	P	China
Calvin Chin	Chief Executive Officer, Qifang Inc.	2010	H	China
Chang Dingjie	President and Chairman, Beijing Hualian Group Investment Holding Co. Ltd	2008	F	China
Huang Dinglong	Co-Founder and Chief Executive Officer, Malong Technologies	2019	R	China
D.F. Dong	Chairman, TechFaith	2008	F	China
Wei Dong	Artist	2008	F	China
Zhang Donghai	Chairman and President, Inner Mongolia Yitai Coal Company Ltd	2008	F	China
Yang Dongning	Director, Information and Publicity Division, General Executive Office, China Banking Regulatory Commission	2014	M	China
He Fan	Assistant Director, Institute of World Economics and Politics, Chinese Academy of Social Sciences	2006	D	China
Ling Fan	Chief Executive Officer, Tezign Tech & Design Limited	2017	P	China
Anna Fang Hamm	Partner and General Manager, Zhen Fund	2016	O	China
Deng Fei	Director, Journalist Department, Phoenix Weekly	2014	M	China
Sheng Fu	CEO, Cheetah Mobile	2016	O	China

Nombre	Cargo, empresa	Año	Fuente	País
Qiaomei Fu	Professor at the Institute of Vertebrate Paleontology and Paleoanthropology, Chinese Academy of Sciences	2020	S	China
Pan Gang	Chairman, Inner Mongolia Yili Industrial Group Co Ltd.	2006	D	China
Chao (Amy) Gao	Founder, Shanghai May Foundation	2019	R	China
Wang Guan	News Anchor and Host, China Global Television Network	2021	T	China
Mina Guli	Executive Director and Chief Investment Officer, Peony Capital Limited	2010	H	China
Pan Haidong		2011	BB	China
Lu Hao	Politician, Minister of Natural Resources (2018 –)	2004		China
Zhou Hongyi	Founder, Qihoo.com	2008	F	China
Jacob Hsu	Chief Executive Officer, The Symbio Group	2010	H	China
Ma Huateng	Chief Executive Officer and Chairman, Tencent Inc.	2006	D	China
James Ding	Chairmen of the Board, AsiaInfo Technologies	2005	C	China
Xiaohua Ji	Flunder and CEO, guokr.com; Guokr MOOC Academy	2016	O	China
Yuan Jiakai	Vice-President and Chief Representative, China, United Way Worldwide	2019	R	China
Pan Jian-Wei	Professor and Director, Division of Quantum Physics and Quantum Information, University of Science and Technology of China	2010	H	China
Pan Jiang	First Secretary of Economic Affairs, Embassy of the People's Republic of China	2015	N	China
He Jin	Co-Founder and Vice-President, Maimai	2020	S	China
Feng Jun		2007	X	China
Michael Ma Jun	Director, Institute of Public and Environmental Affairs	2008	F	China
Zhu Jun	Chairman and Chief Executive Officer, The9 Limited	2008	F	China
Feng Jung	Chairman, President and Chief Executive Director, Aigo Digital Technology	2007	E	China
Ma Ke	Designer, Wuyong	2010	H	China
Jin Keyu	Professor of Economics, London School of Economics	2014	M	China
Yiyun Li	Author	2008	F	China
Yinuo Li	Director, China Country Office, Bill & Melinda Gates Foundation	2016	O	China
Carol Li Rafferty	Managing Director, Yale University	2016	O	China
Lei Liang	Composer	2008	F	China
Lianjie Ma	Director, Urban Managment, School of Public Administration, Huazhong University of Science and Technology	2005	C	China
Lifen (Ana Wang) Wang	Director, CCTV 2	2005	C	China

Nombre	Cargo, empresa	Año	Fuente	País
Yang Lin	President, Innovation Ideas Institute	2015	N	China
Xiangjun Liu	Director, Bioinformatics Laboratory, Tsinghua University	2008	F	China
Dora Liu		2009	Z	China
Jean Liu	President, Didi Kuaidi	2015	N	China
Meng Liu	China Representative, UN Global Compact, United Nations Global Compact	2015	N	China
Annabelle Long		2011	BB	China
Chen Lu	Assistant Professor, Neuroscience, Molecular and Cell Biology, University of California, Berkeley	2010	H	China
Wenjuan Mi	Founder and Chief Executive Officer, VIPKID	2018	Q	China
Yanliang Miao	Senior Advisor to the Administrator and Head of Research, State Administration of Foreign Exchange	2016	O	China
Qin Min		2006	W	China
Xu Ming	President, Dalian Shide Group	2006	D	China
Li Ni	Vice-Chairman and Chief Operating Officer, Bilibili Inc.	2021	T	China
Nick Yang Ning		2012	CC	China
Tian Ning		2012	CC	China
Cherie Nursalim	Executive Director, GITI Tire Group	2006	D	China
Andrea Pasinetti	Founder and Chief Executive Officer, Teach for China	2014	M	China
Xue Peng	Founder and Chief Executive Officer, Beijing Tongcheng Biying Technology Ltd	2021	T	China
Shen Peng	Founder and Chief Executive Officer, Shuidi Company	2022	U	China
Jia Ping		2009	Z	China
Liu Qian	Managing Director, The Economist Group	2019	R	China
Zhuang Qian	Founder & Chief Executive Officer, KnowYourself	2021	T	China
Liu Qiangdong	Chairman and Chief Executive Officer, JD.com	2014	M	China
Charles Huang Qin	Founder, Chief Executive Officer and Chairman, Netbig Education Holdings, Ltd.	2008	F	China
Yuefei Qin	Founder & Chairman, Serve for China	2017	P	China
Qin Min	Third Secretary, Ministry of Foreign Affairs of the People's	2006	D	China
Fang (Miranda) Qu	Founder, Xiaohongshu	2020	S	China
Li Ruigang		2009	Z	China
Bo Shao		2006	W	China
Zou Shasha	Founder and Chief Executive Officer, AHA Entertainment	2022	U	China
Yichen Shen	Founder and Chief Executive Officer, Lightelligence	2022	U	China

Nombre	Cargo, empresa	Año	Fuente	País
Wei Shi	Director, Department of International Economic Affairs of the Chinese Foreign Ministry	2016	O	China
Yan Shi	Director, Shared Harvest Farm	2016	O	China
Liu Shichun	President and General Manager, Finance Street Holding Company Ltd	2008	F	China
Wang Shuo		2012	CC	China
Ba Shusong		2009	Z	China
Li Sixuan	Freelancer	2018	Q	China
Hou Songrong	President and Chairman, Konka Group Co. Ltd	2008	F	China
Christy Lei Sun	Chief Marketing Officer, Yatsen Global	2022	U	China
Tianqiao Chen	Chief Executive Officer, Shanda Interactive Entertainment	2005	C	China
Shu Wang	Deputy Director, National Development and Reform Commission	2016	O	China
Harry (Huai) Wang	Chief Executive Officer and Founder, Linear Capital	2018	Q	China
Chen Wei	Deputy Chief Executive Officer, Bocom International Holdings Company Ltd	2014	M	China
Luo Weibing	Visual Artist	2008	F	China
Lu Weiding	Chief Executive Officer, Wanxiang Group Company	2008	F	China
Wang Weixian	Founder, SPG Land Holdings	2008	F	China
Gong Wen	Senior Editor, Economic Department, People's Daily (Renmin Ribao)	2008	F	China
Li Wenzi	Owner, Three Quarters Art Gallery	2007	E	China
Michelle M. Wu	Chief Executive Officer, MediaZone	2008	F	China
Chen Wu	Professor at the National Cancer Center, Chinese Academy of Medical Sciences	2021	T	China
Xiang Xi		2010	AA	China
Li Xiangqian	Chairman and Chief Executive Officer, Shenzhen BAK Battery Co. Ltd	2008	F	China
Daniel Zhang Xianming	Vice President, Broad Group	2022	U	China
Su Xianze	Chairman and President, Zheijiang Supor Cookware Company	2008	F	China
Liu Xiao	Chief Partner, Beijing Vanke	2018	Q	China
Lee Xiaodong	Chief Executive Officer, China Internet Network Information Center	2014	M	China
Peng Xiaofeng	Chairman and Chief Executive Officer, LDK Solar Co., Ltd.	2008	F	China
Chen Xiaowei	General Manager, Multimedia, China.com, Inc.	2008	F	China

Nombre	Cargo, empresa	Año	Fuente	País
Zhu Xiaoxuan	Deputy Director, China Science and Technology Exchange Center, Ministry of Science and Technology	2020	S	China
Xin Zhang	Co-Chief Executive Officer, SOHO China	2005	C	China
Xinghai Fang	Deputy Chief Executive Officer, Shanghai Stock Exchange	2005	C	China
Li Xinhai	Vice-Chairman and President; Acting Chairman of the Board, Xinjiang Talimu Agriculture Development Company	2008	F	China
Liang Xinjun	Co-Founder and VicePresident, Fosun High-Tech Group	2008	F	China
Sun Xuemei	Chairperson, Beijing All in One Public Welfare Foundation	2022	U	China
Zhou Xun		2011	BB	China
Luhui Yan	Founder and Chief Executive Officer, Carbonstop	2022	U	China
Luhan Yang	Chief Scientific Officer, eGenesis Biosciences	2017	P	China
Ma Yansong	Founder and Principal Architect, MAD Architects	2014	M	China
Deng Yaping		2009	Z	China
Li Yifan	Chief Executive Officer, Hesai Technology	2021	T	China
Jiang Ying	Professor, Peking University	2020	S	China
Liu Yingxia		2011	BB	China
Gong Yingying	Chief Executive Officer, Chairwoman and Founder, Yidu Tech	2019	R	China
Wang Yong		2011	BB	China
Leng You-bin	Chairman, President and Chief Executive Officer, American Dairy	2008	F	China
Rebecca Yuancao Yang	CEO, IPCN LTD	2016	O	China
Yun (Jack Ma) Ma	Chief Executive Officer, alibaba.com	2005	C	China
Bai Yunfeng	Chairman, CPCEP	2014	M	China
Wen Yunsong	Chairman China Satellite Communications (CASC)	2007	E	China
David Zhang	Managing Director and Head of China, WI Harper Group	2008	F	China
Boju Zhang	Secretary General, Ginkgo Foundation	2022	U	China
Jinxing Zheng	Division Head, Professor, Institute of Plasma Physics, Chinese Academy of Sciences	2022	U	China
He Zhengyu	Principal Scientist, Ant Group	2021	T	China
Zhenmin Wang	Law Professor and Vice-Dean, Qinghua University Law School, Qinghua University	2005	C	China
Tong Zhilei	Chairman and Chief Executive Officer, ChineseAll	2014	M	China
Xin Zhou	Chairman and Chief Executive Officer, E-House (China) Holdings Limited	2008	F	China

Nombre	Cargo, empresa	Año	Fuente	País
Liu Zhouwei		2009	Z	China
Liu Zihong	Chairman and Chief Executive Officer, Royole Corporation	2017	P	China
Hao Zou	Chair Professor, Tsinghua University	2017	P	China
Chih-Han Yu	CEO and COFounder, Appier	2016	O	Chinese Taipei
Bernardo Asuaje	Co-Founder and Managing Director, Grupo Attia (Colombia)	2020	S	Colombia
Juan Carlos Pinzón Bueno		2011	BB	Colombia
Luis Camargo	Executive Director, OpEPA	2008	F	Colombia
Freddy Castro	Chief Executive Officer, Banca de las Oportunidades	2022	U	Colombia
Catalina Cock Duque	Executive Director, Mi Sangre Foundation	2007	E	Colombia
Daniel Feldman	Founder & Architect, Zona Industrial Taller de Arquitectura	2022	U	Colombia
Simon Gaviria Munoz	Director, National Planning Department of Colombia	2016	O	Colombia
Ciro Guerra	Film Director, Ciudad Lunar	2017	P	Colombia
Juan Mario Laserna	Senator, Senate of Colombia	2007	E	Colombia
Maria Lopez Castano	Director, Semana Sostenible Magazine, and Sustainability, Semana Publishing Group	2016	O	Colombia
Maria Consuelo Araujo	Minister of Culture	2005	C	Colombia
Shakira Mebarak	Singer and Manager, Pies Descalzos Foundation, Colombia	2008	F	Colombia
Paula Marcela Moreno Zapata	Founder and President, Manos Visibles	2015	N	Colombia
Juan Carlos Ortiz	President, Leo Burnett North America, Leo Burnett Worldwide	2008	F	Colombia
Mia Perdomo	Co-Founder and Chief Executive Officer, Aequales	2022	U	Colombia
Luis Guillermo Plata	Chief Executive Officer, Proexport Colombia	2006	D	Colombia
Juan Carlos Rincón	Editor of the Opinion Section, El Espectador	2022	U	Colombia
Sonia H. Hazbleady Rodriguez Martinez	Editor-in-Chief, CM&	2006	D	Colombia
Alejandro Santo Domingo	Member of the Board, Grupo Empresarial Bavaria	2006	D	Colombia
Dikembe Mutombo	Founder, Dikembe Mutombo Foundation	2005	C	Congo
Joseph Kabila	President of the Democratic Republic of Congo	2008	F	Congo
Laura Alfaro	Associate Professor, Harvard Business School	2008	F	Costa Rica
Alejandro Brenes	Co-Founder and Chief Executive Officer, Enertiva	2017	P	Costa Rica
Kevin Casas-Zamora	Secretary for Political Affairs, Organization of American States (OAS)	2007	E	Costa Rica

Nombre	Cargo, empresa	Año	Fuente	País
Arturo Condo	President, INCAE Business School	2008	F	Costa Rica
Pablo Jenkins	Founder and President, Ideas en Acción	2015	N	Costa Rica
Laura Alfaro Maykall		2008	Y	Costa Rica
Matias De Tezanos		2009	Z	Costa Rica
Fatoumata Ba	Founder and Executive Chair, Janngo Capital	2018	Q	Côte d'Ivoire
Abdourahmane Cisse	Minister of Budget & State-Owned Entities, Government of Cote d'Ivoire	2017	P	Côte d'Ivoire
Eric Kacou		2010	AA	Côte d'Ivoire
Sébastian Kadio-Morokro	Chief Executive Officer, Petro Ivoire S.A.	2018	Q	Côte d'Ivoire
Irena Jolic Simovic		2010	AA	Croatia
Marin Soljacic		2011	BB	Croatia
Emil Tedeschi	President and Chief Executive Officer, Atlantic Grupa plc	2008	F	Croatia
Michaela Erbenova	Member of the Board and Chief Executive Director, Czech National Bank	2006	D	Czechia
Ivo Lukacovic	Founder and Chairman, Seznam.cz	2008	F	Czechia
Simon Panek	Director, Emergency and Cooperation Sector, People in Need Foundation (PINF)	2006	D	Czechia
Tomáš Pojar		2010	AA	Czechia
Björn Lomborg	Associate Professor, University of Aarhus	2005	C	Denmark
H.R.H. Crown Princess Mary Elizabeth of Denmark		2012	CC	Denmark
Soren Eriksen	Executive Vice-President and Chief Financial Officer, Danish State Railways (DSB)	2008	F	Denmark
Frederik of Denmark	Crown Prince of Denmark	2005	C	Denmark
Soulaima Gourani		2012	CC	Denmark
Christina Hvid	Managing Director, Danske Slagterier	2008	F	Denmark
Marianne Knuth		2009	Z	Denmark
James R. Lee		2011	BB	Denmark
Henrik Lind	Founder and Chief Executive Officer, Lind Invest	2015	N	Denmark
Mette Lykke	Chief Executive Officer, Too Good To Go	2020	S	Denmark
Tinna Nielsen	Founder and Chief Executive Officer, Move the Elephant for Inclusiveness	2015	N	Denmark
Marion Poetz	Assistant Professor, Copenhagen Business School	2014	M	Denmark
René Redzepi	Founder and Chef, Noma	2014	M	Denmark

Nombre	Cargo, empresa	Año	Fuente	País
Sheila Redzepi	Vice-President for External and Corporate Affairs, The World Bank	2017	P	Denmark
Jens Martin Skibsted		2009	Z	Denmark
Laura Storm	CEO, Sustainia	2016	O	Denmark
Lea Wermelin	Minister for Environment, Ministry of the Environment of Denmark	2021	T	Denmark
Eduardo A. Cruz		2011	BB	Dominican R.
Maria Eugenia del Castillo Cabrera	Envoy of the VicePresident of the Dominican Republic, The Presidency of the Dominican Republic	2022	U	Dominican R.
Darys Estrella	General Manager, Dominican Republic Stock Exchange	2008	F	Dominican R.
Rafael Paz	Executive Director, Consejo Nacional de Competitividad	2020	S	Dominican R.
Andrés A. van der Horst	Secretary of State for the Competitiveness and Productive Development, National Competitive Council	2007	E	Dominican R.
Pablo Arosemena	President, Chamber of Commerce of Guayaquil	2017	P	Ecuador
Carlos Moncayo		2012	CC	Ecuador
Otto Sonnenholzner	Vice-President of Ecuador (2018-2020)	2020	S	Ecuador
Mustafa Abdel-Wadood	Chief Executive Officer, Abraaj Capital	2007	E	Egypt
Rania A. Al-Mashat	Sub-Governor for Monetary Policy, Central Bank of Egypt	2014	M	Egypt
Sahar Albazar	Parliament Member & Deputy Chair of Foreign Affairs Committee, Egyptian Parliament	2022	U	Egypt
Riad Armanious	Chief Executive Officer, Eva Pharma	2018	Q	Egypt
Raghda El Ebrashi		2010	AA	Egypt
Amal Enan	Chief Investment Officer, American University in Cairo	2022	U	Egypt
Lamees Ali Al Hadidi	Executive Chief Editor, Al Alam Al Youm Newspaper	2006	D	Egypt
Heba R. Ezzat	Lecturer, Cairo University	2005	C	Egypt
Ayman Ismail		2012	CC	Egypt
Tamim Khallaf		2011	BB	Egypt
Mahmoud Safwat Mohieldin	Politician, Government of Egypt, Minister of Investment (2004-2010)	2005	C	Egypt
Noura Selim	Executive Director, Sawiris Foundation for Social Development	2019	R	Egypt
Marisol Argueta de Barillas		2009	Z	El Salvador
Christian Hernandez Gallardo	Co-Founder and Managing Partner, White Star Capital	2014	M	El Salvador
Alejandro Poma		2010	AA	El Salvador
Elias Antonio Saca	Politician, Government of El Salvador, President of El Salvador	2004		El Salvador

Nombre	Cargo, empresa	Año	Fuente	País
Diego de Sola		2012	CC	El Salvador
Juhan Parts	Prime Minister of the Republic of Estonia	2005	C	Estonia
Anu Tali	Music Director	2008	F	Estonia
Bethlehem Tilahun Alemu		2011	BB	Ethiopia
Tewodros Ashenafi		2009	Z	Ethiopia
Abebe Gellaw		2010	AA	Ethiopia
Yetnebersh Nigussie Molla	President and CoFounder, Ethiopian Lawyers with Disabilities Association	2020	S	Ethiopia
Shani Senbetta	Founder and Chief Executive Officer, Kidame Mart Plc	2020	S	Ethiopia
Anu Bradford		2010	AA	Finland
Pavel Durov	Chief Executive Officer, Telegram Messenger LLP	2017	P	Finland
Sanni Grahn-Laasonen	Member of Parliament, Parliament of Finland (Eduskunta)	2018	Q	Finland
Jyrki Katainen	Chairman, National Coalition Party	2005	C	Finland
Sanna Marin	Prime Minister of Finland, Office of the Prime Minister of Finland	2020	S	Finland
Tero Ojanpera	Executive VicePresident and Chief Strategy Officer, Nokia Corporation	2006	D	Finland
Ikka Paananen	Chief Executive Officer, Supercell Oy	2017	P	Finland
Pekka Himanen	Philosopher	2005	C	Finland
Pia-Noora Kauppi	Member, European Parliament	2005	C	Finland
Annika Saarikko	Minister of Finance, Ministry of Finance of Finland	2019	R	Finland
Alexander Stubb		2009	Z	Finland
Jean-Jacques Barberis	Member of the Executive Committee; CoHead, Institutional Clients Coverage, Amundi Asset Management	2019	R	France
Diane Binder	Executive Partner and Co-Founder, Regenopolis	2019	R	France
Yannick Bollord	CEO, Direct 8, Bollord Group	2008	F	France
Yannick Bolloré	Chief Executive Officer, Vivendi	2008	Y	France
Alexis Bonte		2012	CC	France
Geoffrey Bouquot	Chief Technology Officer and Group Vice-President, Corporate Strategy and External Relations, Valeo	2019	R	France
Anne-Laure de Chammard	Chief Executive Officer, ENGIE Energy Solutions International, ENGIE Group	2021	T	France
Alain Demarolle	Laura Capital Partners	2007	E	France
Mohamed Elkeiy	Associate Economic Affairs Officer, United Nations Conference on Trade and Development (UNCTAD), Switzerland	2008	F	France

Nombre	Cargo, empresa	Año	Fuente	País
Julien Faye		2009	Z	France
Maelle Gavet	Executive Vice President, Global Operations, Priceline Group	2016	O	France
Gilles Glicenstein	Chairman, BNP Paribas Asset Management, BNP Paribas Group	2006	D	France
Anne-Sophie Grouchka	Member of the Executive Board, France; Chief Customer Officer, Allianz	2019	R	France
Carlalberto Guglielminotti	Chief Executive Officer, NHOA	2020	S	France
Nicolas Hazard	President, Le Comptoir de l'Innovation	2015	N	France
Christel Heydemann		2012	CC	France
Khaled Igue	Founder and President, Club 2030 Afrique	2018	Q	France
Isabelle Guichot	Chief Executive Officer, Van Cleef & Arpels	2005	C	France
Jean-Charles Decaux	Chairman of the Board and Co-Chief Executive Officer, JCDecaux	2005	C	France
Sandrine Joseph		2012	CC	France
Tariq Krim	Chief Executive Officer and Founder, Netvibes	2008	F	France
Laurent Guez	General Manager, Le Figaro Enterprises	2005	C	France
Tristan Lecomte	Founder, Alter Eco	2008	F	France
Loic Le Meur	Executive Vice President, Six Apart	2005	C	France
Emmanuel Macron	Minister of the Economy, Industry and Digital Affairs of France, Ministry of Economy, Industry and Digital Affairs of France	2016	O	France
David Martinon	Spokesperson, Office of the President of the Republic of France	2008	F	France
Erwann Michel-Kerjan	Managing Director, Wharton Risk Center, Wharton School, University of Pennsylvania	2007	E	France
Pierre Kosciusko Morizet	Founder and Chief Executive Officer, PriceMinister. com	2014	M	France
Gabriel Naouri	Groupe Casino	2008	F	France
Olivier Sichel	Executive Vice-President, France Telekom	2005	C	France
Olivier Oullier		2011	BB	France
Apollonia Poiläne	Chief Executive, Poiläne Bread Company	2008	F	France
Nabila Ramdani		2012	CC	France
Andrea Sanke	Senior Presenter, Journalist, France 24	2008	F	France
Marlene Schiappa	Secretary of State for Social & Solidarity Economy & Associative Life of France, Office of the Prime Minister of France	2018	Q	France
Fabrice Seiman	Chief Executive Officer, Lutetia Capita	2007	E	France

Nombre	Cargo, empresa	Año	Fuente	País
Julien Steimer	Secretary-General, Director and Member of the Board of Directors, AXA Enterprises	2014	M	France
Pierre-Alexandre Teulié		2011	BB	France
Scott Weber		2009	Z	France
Rama Yade	Minister of State for Foreign Affairs and Human Rights of France	2008	F	France
Akim Daouda	Chief Executive Officer, Gabonese Sovereign Wealth Fund (FGIS)	2018	Q	Gabun
Mamuka Bakhtadze	Prime Minister of Georgia (2018-2019), Office of the Prime Minister of Georgia	2019	R	Georgia
Ketevan Bochorishvili	Managing Partner, Business Georgia	2019	R	Georgia
Kakha Kaladze	Vice-Prime Minister and Minister of Energy, Ministry of Energy of Georgia	2015	N	Georgia
Vera Kobalia		2012	CC	Georgia
Mikheil Saakashvili	President of Georgia	2005	C	Georgia
Nino Zambakhidze	Chairwoman, Georgian Farmer's Association	2017	P	Georgia
Florian Hoffmann	Founder, The Do School	2017	P	German
Christian Angermayer		2011	BB	Germany
Annalena Baerbock	Federal Minister of Foreign Affairs, Federal Foreign Office of Germany	2020	S	Germany
Daniel Bahr		2012	CC	Germany
Katinka Barysch		2011	BB	Germany
Jan Bayer		2010	AA	Germany
Beatrice Weder di Mauro	Member, German Council of Economic Experts (Deutscher Sachverständigenrat)	2005	C	Germany
Christophe Beck	Managing Director, Nestlé Maggi GmbH	2006	D	Germany
Katharina Beumelburg	Senior VicePresident, Business Excellence, Siemens	2015	N	Germany
Adam C. Bird	Senior VicePresident and Managing Partner, Global Media and Consumer Practice, Booz Allen Hamilton	2006	D	Germany
Katharina Borchert		2011	BB	Germany
Christoph Bornschein	Chief Executive Officer, TLGG	2021	T	Germany
Björn Czinczoll	Chief Executive Officer, Kinderzentren Kunterbunt e.V.	2008	F	Germany
Mehmet G. Daimagüler	Board Member, Free Democratic Party (FDP)	2006	D	Germany
Michael Drexler		2010	AA	Germany
Olafur Eliasson	Artist	2006	D	Germany
Valerie Feldmann	Senior Director, Operations, FloDesign Wind Turbine	2014	M	Germany
Carola Ferstl	Anchor, N-TV	2008	F	Germany
Philipp Freise		2009	Z	Germany

Nombre	Cargo, empresa	Año	Fuente	País
Alexander Geiser	Managing Partner, Hering Schuppener Consulting	2014	M	Germany
Laura Gersch	Member of the Board of Management; Chief Financial Officer, Allianz Lebensversicherun gs-AG	2021	T	Germany
Steffi Graf	Founder and Chairperson, 'Children for Tomorrow'	2008	F	Germany
Gregor Hackmack		2010	AA	Germany
Bettina Hein	Founder and Chief Executive Officer, Pixability, Inc.	2014	M	Germany
Immanuel Hermreck		2009	Z	Germany
Solveigh Hieronimus	Senior Partner, McKinsey & Company	2018	Q	Germany
Lars Hinrichs	Chief Executive Officer, Xing AG	2008	F	Germany
Alan Hippe	Member of the Executive Board, Finance, Controlling and Law, Continental AG	2008	F	Germany
David Frederik von Rosen-von Hoewel		2008	Y	Germany
Dirk Hoke		2010	AA	Germany
Jan-Eric Peters	Editor-in-chief, Die Welt, Berliner Morgenpost and Welt Kompakt	2005	C	Germany
Ska Keller	Member of the European Parliament, European Parliament	2015	N	Germany
Insa Klasing	General Manager Germany, Austria, Switzerland & Denmark, KFC	2017	P	Germany
Daniel Klier	Global Head Strategy, HSBC Holdings Plc	2016	O	Germany
Michael Krause	Managing Director and Partner, Peek & Cloppenburg	2007	E	Germany
Melanie Kreis-Wilczak	Executive Vice-President Corporate Office, Corporate Organisation, Deutsche Post World Net	2008	F	Germany
Frank Krings	Chief Operating Officer, Europe, Deutsche Bank AG	2006	D	Germany
Christian Kroll	Professor of Sustainability, IU International University of Applied Sciences	2018	Q	Germany
Heike M. Kunstmann	Director General, Gesamtmetall	2006	D	Germany
Moritz Lehmkuhl		2010	AA	Germany
Katrin Ley		2011	BB	Germany
André Loesekrug		2011	BB	Germany
Marcel S. Reichart	Managing Director, Hubert Burda Media Marketing and Communications	2005	C	Germany
Philip Meissner	Founder and Director, European Center for Digital Competitiveness	2022	U	Germany
Souad Mekhennet	Reporter, Daily Beast	2014	M	Germany
Philipp Missfelder	Member of the German Parliament and Federal Chairman of the Youth Party CDU, German Parliament	2014	M	Germany
John Mollanger	Director, Business Units, Puma AG	2008	F	Germany

Nombre	Cargo, empresa	Año	Fuente	País
Bernd Montag	President, Computed Tomography (CT), Siemens Medical Solutions	2006	D	Germany
Henrik Naujoks	Director and Partner, Bain&Company Germany	2007	E	Germany
Oliver Niedermaier		2010	AA	Germany
Aygül Özkan		2011	BB	Germany
Oliver Samwer	Co-Founder and Chief Executive Officer, Jamba!	2005	C	Germany
Verena Pausder	Co-founder and Chief Executive Officer, Fox&Sheep	2016	O	Germany
Felicitas von Peter		2010	AA	Germany
Stefan Reichenbach		2011	BB	Germany
Philipp Rösler		2010	AA	Germany
Klaus Rosenfeld	Chief Financial Officer and Member of the Executive Management Board, Schaeffler AG	2007	E	Germany
Sabriye Tenberken	Programme Coordinator, Braille without Borders	2005	C	Germany
Thomas Saueressig	Member of the Executive Board, SAP Product Engineering, SAP	2019	R	Germany
Eva Scherer	SVP, Global Head, Investor Relations, Siemens	2019	R	Germany
David Schmutzler	Chief Executive Officer, CareerConcept AG	2008	F	Germany
Klaus Schweinsberg		2009	Z	Germany
Martin Seidenberg		2011	BB	Germany
Shai Agassi	Executive Board Member, SAP	2005	C	Germany
Silvana Koch-Mehrin	Member of the European Parliament	2005	C	Germany
Brigitte Sitzberger		2011	BB	Germany
Jens Spahn	State Secretary, Federal Ministry of Finance of Germany	2016	O	Germany
Andrea Stürmer		2012	CC	Germany
Ludovic Subran	Chief Economist, Allianz	2020	S	Germany
Anahita Thoms	Partner, International Trade Practice, Baker McKenzie	2020	S	Germany
Claudia Vergueiro Massei	Head, Executive Office and Transformation, Motion Control, Siemens	2021	T	Germany
Johannes Weber	Managing Director, Social Venture Fund	2014	M	Germany
Christian Wessels		2012	CC	Germany
Peter Würtenberger	Chef Marketing Officer, Axel Springer	2007	E	Germany
Fabio Ziemssen	Partner, Zintinus	2020	S	Germany
Violet E. Awotwi	Founder and Exec.Dir, Women's Initiative for Self Empowerment	2004		Ghana
Farida Bedwei	Co-founder and Chief Technical Officer, Logiciel Ltd	2016	O	Ghana
Franklin Cudjoe		2010	AA	Ghana

Nombre	Cargo, empresa	Año	Fuente	País
Bernice Dapaah	Executive Director, Ghana Bamboo Bikes	2014	M	Ghana
Sangu Delle	Chairman and Chief Executive Officer, Africa Health Holdings	2021	T	Ghana
Elikem Nutifafa Kuenyehia		2010	AA	Ghana
James Kwame Mensah	Senior Lecturer, University of Ghana	2022	U	Ghana
Françoise Moudouthe	Chief Executive Officer, African Women's Development Fund	2022	U	Ghana
Kojo Oppong Nkrumah	Minister of Information, Ministry of Information and Media Relations of Ghana	2020	S	Ghana
Ada Osakwe	Founder and Chief Executive Officer, Agrolay Ventures	2016	O	Ghana
Bright Simons		2012	CC	Ghana
Kimathi Kuenyehia Sr		2012	CC	Ghana
Fred Swaniker		2012	CC	Ghana
Hugh Whalan	Chief Executive Officer, PEG Ghana	2015	N	Ghana
Eleni Antoniadou	Chief of Science, Transplants Without Donors	2016	O	Greece
Dionysia-Theodora Avgerinopoulou		2011	BB	Greece
Danae Bezantakou	Managing Director, Navigator Shipping Consultants	2015	N	Greece
Ilias Chantzos	Senior Director, Government Affairs, Symantec Corporation	2014	M	Greece
Niki Kerameus	Minister of Education and Religious Affairs, Ministry of Education, Research and Religious Affairs of Greece	2020	S	Greece
Alexandros Manos		2009	Z	Greece
Byron Vassiliades	Chairman, Antipollution S.A,, Green S.A.	2016	O	Greece
Luis Von Ahn		2010	AA	Guatemala
Yara Argueta		2011	BB	Guatemala
Salvador Biguria		2011	BB	Guatemala
Julio Hector Estrada	Executive Director, National Agency for Public Private Partnerships	2014	M	Guatemala
Jonathan Nathusius	Chief Executive Officer, CEMACO	2016	O	Guatemala
Salvador Paiz		2009	Z	Guatemala
Bharrat Jagdeo	President of Guyana	2005	C	Guyana
Kapil Mohabir	Founding Managing Partner, Plympton Farms	2018	Q	Guyana
Wyclef Jean		2010	AA	Haiti
Monique Péan	Founder, The Vanessa Pean Foundation	2014	M	Haiti
Stephanie Villedrouin	Minister of Tourism, Haiti Government	2016	O	Haiti
Carol Yu Ying	Producer and Host, Phoenix Satellite Television Co. Ltd	2018	Q	Hog Kong
Paul Chan	Artist	2008	F	Hong Kong

196

Nombre	Cargo, empresa	Año	Fuente	País
Sabrina Chao	Chairman, Wah Kwong Maritime Transport Holdings	2014	M	Hong Kong
Hanson Cheah	Co-Founder and Managing Partner, AsiaTech Ventures Ltd	2006	D	Hong Kong
Kelly Chen	Goodwill Ambassador (China Children's Health Ambassador), United Nations Children's Fund (UNICEF)	2009	G	Hong Kong
Adrian Cheng	Executive Director, New World Development	2012	K	Hong Kong
Calvin Choin	Executive Chairman and President, AMTD Group	2017	P	Hong Kong
Claire Cormier Thielke	Country Head, Greater China, Hines Asia Pacific	2022	U	Hong Kong
David Webb	Founder and Editor, Webb-Site.com	2005	C	Hong Kong
Shizhong Ding	Chairman and Chief Executive Officer, ANTA Sports Products	2009	G	Hong Kong
Dumith Fernando	Managing Director, Regional Chief Operating Officer Asia Pacific, Credit Suisse	2013	L	Hong Kong
Kent Ho	Founder and General Partner, S28 Capital	2018	Q	Hong Kong
Claire Hsu	Co-Founder and Executive Director, Asia Art Archive (AAA)	2013	L	Hong Kong
Christine Hsu	Managing Director, Financial Sponsors Group, Asia-Pacific, UBS Group AG	2017	P	Hong Kong
Deborah Kan	Journalist, STAR News Asia	2008	F	Hong Kong
James Law	Chairman and Chief Cybertect, James Law Cybertecture International Ltd	2010	H	Hong Kong
Yvonne Li	Founder and Chief Executive Officer, Avantage Ventures	2014	M	Hong Kong
Gary Liu	Chief Executive Officer, South China Morning Post	2019	R	Hong Kong
Stephanie Lo	Managing Director, Shui On Investment Company Limited	2020	S	Hong Kong
Christopher Logan	Chief of Strategy and Marketing, Agility Logistics	2009	G	Hong Kong
Shalini Mahtani	Founder, Community Business	2009	G	Hong Kong
Michelle Guthrie	Chief Executive Officer, STAR Group	2005	C	Hong Kong
Billy Wai-Lung Ng	Assistant Professor, School of Pharmacy, The Chinese University of Hong Kong	2022	U	Hong Kong
Yana Peel	Co-Director and Founder, Intelligence Squared Asia	2011	I	Hong Kong
Lo Sze Ping		2012	CC	Hong Kong
Jayne Plunkett	Head, Casualty Asia, Swiss Reinsurance Company	2010	H	Hong Kong
Dee Poon	Chief Executive Officer, Esquel Group	2014	M	Hong Kong
Jennifer Zhu Scott	Founder and Managing Partner, Establish Asia	2013	L	Hong Kong
Sing Wang	Chief Executive Officer and Executive Director, TOM Group	2005	C	Hong Kong

Nombre	Cargo, empresa	Año	Fuente	País
Francis Ngai Wah Sing	Founder and Chief Executive Officer, Social Ventures Hong Kong	2012	K	Hong Kong
Marie So		2009	Z	Hong Kong
Donald Tang	Chief Executive Officer, Greater China, D. E. Shaw & Co. (Asia Pacific) Limited	2016	O	Hong Kong
Diana Tsui	Director of Corporate Social Responsibility and Chief Executive Officer of KPMG Foundation, KPMG	2011	I	Hong Kong
Victor Li Tzar-kuoi	Deputy Chairman and Managing Director, Cheung Kong Holdings	2005	C	Hong Kong
Li Wai-yee	Professor of Chinese Literature, Harvard University	2008	F	Hong Kong
Jennifer Woo	Managing Director, Lane Crawford, Hong Kong	2010	H	Hong Kong
Douglas C K Woo	Chairman and Managing Director, Wheelock and Company Ltd	2017	P	Hong Kong
Thomas Wu	Deputy Managing Director, Hopewell Holdings Ltd	2006	D	Hong Kong
Thomas Jefferson Wu		2006	W	Hong Kong
Weiwei Xing	Partner, Bain & Company Inc.	2020	S	Hong Kong
Siu Yat	Chief Executive Officer, Outblaze Limited	2006	D	Hong Kong
Nancie Zhu	Anchor, Phoenix Satellite Television Co. Ltd	2020	S	Hong Kong
Nilda Bullain	Senior Legal Advisor, International Center for Not-for-Profit Law	2006	D	Hungary
Abel Garamhegyi	Deputy Minister of Economy and Transport of Hungary	2008	F	Hungary
Tamas Landesz		2010	AA	Hungary
Hrund Gunnsteinsdottir		2011	BB	Iceland
Thor Bjorgolfsson	Chairman, Actavis	2005	C	Iceland
Reuben Abraham		2009	Z	India
Anu Acharya		2011	BB	India
Pallavi S. Aiyar	Author and Journalist, The Hindu and Free Lance	2014	M	India
Farhan Akhtar	Film Director, Actor, Screenplay Writer, Singer, Producer and Choreographer, Excel Entertainment Production House	2014	M	India
Vikram K. Akula	Chief Executive Officer and Founder, SKS Microfinance Pvt. Ltd	2008	F	India
Sheetal Amte-Karajgi	Chief Executive Officer, Maharogi Sewa Samiti	2016	O	India
Vishwanathan Anand	Chess Player	2006	D	India
Ashok Aram		2010	AA	India
Aditi Avasthi	Founder and Chief Executive Officer, Embibe	2021	T	India
Sachin Bansal	Co-Founder and Chief Executive Officer, Flipkart.com	2014	M	India

Nombre	Cargo, empresa	Año	Fuente	País
Jaideep Bansal	Chief Executive Officer, Global Himalayan Expedition (GHE)	2022	U	India
Anurag Behar	Managing Director, Wipro Infrastructure Engineering Ltd.	2008	F	India
Sabeer Bhatia	Chairman, Bhatia Enterprises	2008	F	India
Rwitwika Bhattacharya-Agarwal	Founder and Chief Executive Officer, Swaniti Initiative	2017	P	India
Amit Burman	Vice-Chairman, Dabur India	2007	E	India
Raghav Chadha	Member of Parliament — Upper House (Rajya Sabha), Government of the National Capital Territory of Delhi	2022	U	India
Subhashini Chandran		2012	CC	India
Anand Chandrasekaran		2010	AA	India
Tejpreet Singh Chopra		2010	AA	India
Avani Davda	Chief Executive Officer, Tata Starbucks Limited	2014	M	India
Dayanidhi Maran	Minister of Communications and Information Technology	2005	C	India
Kanika Dewan	President, BRAMCO GROUP	2016	O	India
Tanya Dubash	Executive Director and Chief Brand Officer, Godrej Industries	2007	E	India
Ashok Giri Durgesh		2010	AA	India
Barkha Dutt	Senior Editor, New Delhi Television (NDTV)	2008	F	India
V. R. Ferose		2012	CC	India
Aditya Ghosh	President, IndiGo	2015	N	India
Manisha Girotra		2010	AA	India
Suhas Gopinath	Chief Executive Officer and President, Globals ITeS Pvt. Ltd	2008	F	India
Ashish Goyal	Portfolio Manager, BlueCrest Capital Management Ltd	2015	N	India
Gaurav Gupta	Founder and Chief Executive Officer, Gabit	2022	U	India
Radhika Gupta	Managing Director and Chief Executive Officer, Edelweiss Mutual Fund	2022	U	India
Priya Hiranandani-Vandrevala		2011	BB	India
Deepender Singh Hooda		2011	BB	India
Sonu Jain	Special Correspondent, The Indian Express	2006	D	India
Pooja Jain		2009	Z	India
Bhairavi Jani	Executive Director, SCA Group of Companies	2018	Q	India
Naveen Jindai	Chairman and Managing Director, Jindal Steel and Power	2007	E	India
Naveen Jindal		2007	X	India

Nombre	Cargo, empresa	Año	Fuente	País
Sminu Jindal		2009	Z	India
Binoy Job		2012	CC	India
Prasoon Joshi	Regional Creative Director, McCann Erickson India Ltd	2006	D	India
Mohit Joshi	Vice-President and Head, Financial Services and Insurance Unit, Europe, Infosys Ltd	2014	M	India
Manasi Joshi	Athlete, Sports Authority of India	2022	U	India
Gazal Kalra	Co-Founder, Rivigo	2021	T	India
Madhu Kannan	Group Head, Business Development, Tata Sons	2007	E	India
Ekta Kapoor	Creative Director, Balaji Telefilms Ltd	2006	D	India
Krithi Karanth	Associate Conservation Scientist and Executive Director, Wildlife Conservation Society	2015	N	India
Manish Kejriwal	Managing Director, Temasek Holdings Advisors India Pvt. Ltd	2006	D	India
Tarun Khanna	Jorge Paulo Lemann Professor, Harvard Business School	2007	E	India
Manish Khera		2011	BB	India
Shreevar Kheruka	Managing Director, Borosil Ltd.	2021	T	India
Neha Kirpal	Founding Director, India Art Fair	2015	N	India
Alok Kshirsagar		2012	CC	India
Adarsh Kumar		2012	CC	India
Kumar Mangalam Birla	Chairman, Aditya Birla Group	2005	C	India
Siddhartha Lal		2009	Z	India
C V Madhukar	Director, PRS Legislative Research	2008	F	India
Poonam Mahajan	Member of Parliament for Lok Sabha from Mumbai North Central, Maharashtra	2019	R	India
Chetan Maini		2011	BB	India
Boria Majumdar		2009	Z	India
Roshni Nadar Malhotra	Executive Director and Chief Executive Officer, HCL Corporation Ltd	2014	M	India
Ritesh Malik	Founder, Innov8 Coworking	2022	U	India
Malvinder Mohan Singh	President, Pharmaceuticals and Executive Director Ranbaxy Laboratories Limited	2005	C	India
Dayanidhi Maran	Politician, Government of India, Minister of Communications and Information Technology (2004-2007). Lower House MP (2019 –), third time	2004		India
Shaffi Mather		2011	BB	India
Rhea Mazumdar Singhal	Chief Executive Officer, Ecoware Solutions Private Limited	2018	Q	India

Nombre	Cargo, empresa	Año	Fuente	País
Malini Mehra		2009	Z	India
Swapan Mehra	Chief Executive Officer, Iora Ecological Solutions Pvt. Ltd.	2020	S	India
Gaurav Mehta	Founder and Chief Executive Officer, Dharma Life	2018	Q	India
Nikhil Meswani	Executive Director, Reliance Industries Limited	2006	D	India
Ambarish Mitra	Chief Executive Officer and Founder, Blippar	2017	P	India
Narendra Murkumbi		2010	AA	India
Vinati Mutreja	Managing Director and Chief Executive Officer, Vinati Organics Limited	2020	S	India
Sandeep A. Naik		2010	AA	India
Ashwin Naik		2012	CC	India
Lokesh Nara	Member, Andhra Pradesh Legislative Council	2019	R	India
Vishwarupe Narain	Country Head, Texas Pacific Group	2014	M	India
Armstron Pame	Administrator, Government of Manipur	2018	Q	India
Sandeep Parekh	Executive Director, Enforcement and Legal Affairs, Securities and Exchange Board of India (SEBI)	2008	F	India
Sachin Pilot	Member of Parliament, India	2008	F	India
Nandini Piramal	Executive Director and Head of Human Resources, Piramal Enterprises Limited (PEL)	2014	M	India
Ameya Prabhu	Managing Director, NAFA Capital	2021	T	India
Rishad Premji	Chief Strategy Officer, IT Business, Wipro Limited	2014	M	India
Meher Pudumjee	Chairperson, Thermax Limited	2008	F	India
Ratul Puri	Executive Director, Moser Baer India Ltd	2008	F	India
Allah Rakha Rahman	Music Composer	2008	F	India
Sanjiv Rai		2012	CC	India
Chhavi Rajawat		2012	CC	India
Rajiv Bajaj	Joint Managing Director, Bajaj Auto	2005	C	India
Srikrishna Ramakarthikeyan		2011	BB	India
Anoop Ratnaker Rao	Chief Operating Officer, Naandi Foundation	2014	M	India
Raul Gandhi	Congress Member, Parliament of India	2005	C	India
Byju Raveendran	Founder and Chief Executive Officer, BYJU'S	2020	S	India
Hriday Ravindranath	Chief Product and Digital Officer, BT Global, BT Group Plc	2021	T	India
Satish Reddy	Chief Operating Officer and Managing Director, Dr Reddy's Ltd	2007	E	India
Phanindra Sama	Chief Innovation Officer, Government of Telangana	2019	R	India

Nombre	Cargo, empresa	Año	Fuente	País
Suhail Sameer	Chief Executive Officer, Resilient Innovation Private Limited (BharatPe)	2022	U	India
Sanjeev Sanyal		2010	AA	India
Chiki Sarkar	Chief Executive Officer, Penguin Random House India	2014	M	India
Trilochan Sastry	Founder and Director, Association for Democratic Reform & Centre for Collective Development	2008	F	India
Jyotiraditya Madhavrao Scindia	Minister of State for Commerce and Industry, Ministry of Commerce and Industry of India	2007	E	India
Hindol Sengupta	Editor-at-Large, Fortune India	2017	P	India
Monisha Shah		2009	Z	India
Parmesh Shahani	Head, Innovation Laboratory, Godrej Industries Ltd	2014	M	India
Anoushka Shankar	Musician, Sitar player	2008	F	India
Vijay Shekhar Sharama	Founder and Chief Executive Officer, Paytm	2017	P	India
Pooja Shetty	Director, Adlabs Films Ltd	2008	F	India
Shruti Shibulal	Director, Strategy and Development, The Tamara Hospitality	2017	P	India
Joseph Sigelman	Founder & President, PetroTiger	2008	F	India
Pia Singh	Managing Director, DLF Universal & DLF Retail	2008	F	India
Sangita Singh		2010	AA	India
Tara Singh Vachani	Chief Executive Officer, Antara Senior Living Pvt. Ltd	2020	S	India
Rajamanohar (Raja) Somasundaram		2012	CC	India
Sulajja F. Firodia Motwani	Joint Managing Director, Kinetic Engineering	2005	C	India
Kanika Tekriwal	Founder and Chief Executive Officer, JetSetGo Aviation Services Pvt Ltd	2018	Q	India
Piyush Tewari	Founder and Chief Executive Officer, SaveLife	2019	R	India
Anurag Thakur	MP & National President, BJYM (BJP's Youth Wing)	2014	M	India
Bhavin Turakhia		2011	BB	India
Sangeeth Varghese		2010	AA	India
Shaurya Veer Himatsingka	Deputy Managing Director, India Carbon Limited	2016	O	India
Jeh Wadia	Chairman, Wadia Group	2008	F	India
Amit Wanchoo		2009	Z	India
Ratheesan Yoganathan	Co-Founder and Group Chairman, Lebara Group	2014	M	India
Anies Baswedan	President, Paramadina University	2009	G	Indonesia
Veronica Colondam	Chief Executive Officer, YCAB (Yayasan Cinta Anak Bangsa) Foundation	2006	D	Indonesia
Nia diNata	Film Director	2009	G	Indonesia
Aldi Haryopratomo	Co-Founder, Ruma Inc.	2012	K	Indonesia

Nombre	Cargo, empresa	Año	Fuente	País
Iim Fahima Jachja	Chief Executive Officer, Virtual Consulting	2014	M	Indonesia
Stefanie Kurniadi	Founder and Chief Operating Officer, FOODIZZ.ID	2019	R	Indonesia
Thomas Trikasih Lembong	Partner, Quvat Management Pte Ltd	2008	F	Indonesia
Veronika Linardi	Chief Executive Officer, PT. Qareer Harapan Asia	2020	S	Indonesia
Grace Natalie Louisa	Co-Founder; ViceChairperson, Honorary Council, Partai Solidaritas Indonesia — PSI (Indonesian Solidarity Party)	2020	S	Indonesia
Muhammad Lutfi	Chairman, Investment Coordinating Board (BKPM), Indonesia	2008	F	Indonesia
M. Arsjad Rasjid P. Mangkuningrat	President Director, PT Indika Energy Tbk	2011	I	Indonesia
Arsjad Rasjid P. Mangkuningrat		2011	BB	Indonesia
Butet Manurung	Educator and Conservationist	2009	G	Indonesia
Nurul Arifin	Actress	2005	C	Indonesia
Rieke Diah Pitaloka	Member of Parliament, Indonesian Democratic Party of Struggle	2011	I	Indonesia
Arif P. Rachmat	Chief Executive Officer, PTTriputra Investindo Arya (Triputra Group)	2013	L	Indonesia
John Riady	Chief Executive Officer, PT Lippo Karawaci Tbk	2018	Q	Indonesia
Najwa Shihab	Anchor, Metro TV	2011	I	Indonesia
Ananda Siregar	Founder, Blitz Megaplex, Global Entrepreneurship Program	2012	K	Indonesia
Benjamin Soemartopo	Principal, McKinsey & Company	2010	H	Indonesia
Steve Suryadinata	Managing Director, BSA Land	2022	U	Indonesia
William Tanuwijaya	Co-Founder and Chief Executive Officer, Tokopedia	2016	O	Indonesia
Silverius O. Unggul		2009	Z	Indonesia
Achmad Zaky	Founder, Bukalapak	2021	T	Indonesia
Nasreen Mustafa Sideek-Barwari	Minister of Public Works, Interim Government of Iraq	2005	C	Iraq
Zainab Salbi	Founder, Women for Women International	2007	E	Iraq
Sinead Burke	Chief Executive Officer, Tilting The Lens	2021	T	Ireland
Charles Butterworth	Chief Executive Officer, Vodafone Ireland	2008	F	Ireland
Caroline Casey	Founding Chief Executive Officer, The Aisling Foundation	2006	D	Ireland
Valerie Casey		2011	BB	Ireland
Niall Dunne		2012	CC	Ireland
Tadhg Flood		2010	AA	Ireland
Damian Gammell		2009	Z	Ireland

Nombre	Cargo, empresa	Año	Fuente	País
Nora Khaldi	Founder and Chief Science Officer, Nuritas	2019	R	Ireland
David McWilliams	Broadcaster, Writer and Commentator, McWilliams Production	2007	E	Ireland
Leo Varadkar	Tânaiste and Minister for Enterprise, Trade and Employment, Leader of Fine Gael, Department of Enterprise, Trade and Employment of Ireland	2018	Q	Ireland
Siobhan Walsh	Executive Director, Concern Worldwide USA	2007	E	Ireland
Ian Walsh	Partner and Managing Director, The Boston Consulting Group	2015	N	Ireland
Anousheh Ansari	Co-Founder and Chief Executive Officer, Prodea Systems	2007	E	Iran
Fatemeh Haghighat-Joo	Professor, Faculty of Educational Sciences and Psychology, Shahid Beheshti University	2005	C	Iran
Bahman Ghobadi	Film Maker and Photographer	2008	F	Iran
Shadi Sadr	Editor-in-Chief, Women in Iran	2006	D	Iran
Nariman Sadri	General Manager, Sanofi Group Iran	2015	N	Iran
Mohammad Ali Shabani	Researcher, School of Oriental and African Studies (SOAS)	2014	M	Iran
Jonathan Adiri		2012	CC	Israel
Eli Beer		2012	CC	Israel
Ofra Anne Eshed		2011	BB	Israel
Gaby Lasky	Legal Advisor, Public Committee against Torture in Israel	2005	C	Israel
Gila Demri Gamliel		2010	AA	Israel
Yair Goldfinger		2009	Z	Israel
Eyal Gura	Venture Partner, Pitango Venture Capital	2014	M	Israel
Darko Horvat	Member of the Board of Directors, IDB Holding Corporation Ltd	2006	D	Israel
Forsan Hussein	CO-Founder and Managing Partner, Zaitoun Ventures	2016	O	Israel
Shira Kaplan	Founder and Chief Executive Officer, Cyverse AG	2017	P	Israel
Efrat Peled		2009	Z	Israel
Kira Radinsky	Founder & Chief Technology Officer, Diagnostic Robotics	2021	T	Israel
Stav Shaffir	Member of the Knesset, Knesset	2017	P	Israel
Fainy Sukenik	Partnerships Manager, Collective Impact Initiative, Intimate Partner Violence Prevention, Sheatufim	2020	S	Israel
Gadi Taub	Professor, The Hebrew University of Jerusalem	2006	D	Israel
Achinoam (Noa) Nini	Singer and Songwriter, More Productions	2005	C	Israel

Nombre	Cargo, empresa	Año	Fuente	País
Alberto Alemanno	Jean Monnet Professor of European Union Law, HEC School of Management	2015	N	Italy
Erica Alessandri	Member of the Board, Technogym	2021	T	Italy
Andrea Guerra	Chief Executive Officer, Luxottica Group	2005	C	Italy
Beatrice Trussardi	President and Chief Executive Officer, Trussardi Group	2005	C	Italy
Selene Biffi		2009	Z	Italy
Giulio Boccaletti	Managing Director, The Nature Conservancy	2014	M	Italy
Roberto Bolle		2009	Z	Italy
Francesca Carlesi	Managing Director, Deutsche Bank	2014	M	Italy
Francesca Colombo		2011	BB	Italy
Marco Fiorese		2009	Z	Italy
Alessandra Galloni	Chief for the Wall Street Journal in the Southern Europe Bureau	2007	E	Italy
Luca Garavoglia	Chairman, Davide Campari Group	2008	F	Italy
Andres SImon Gonzales-Silen	Chief Executive Officer, Grupo Venemergencia	2015	N	Italy
Rula Jebreal	Author and Journalist, RaiDue	2008	F	Italy
Paola Lanzarini	Acting Executive Director, Fondazione Isabella Seragnoli	2006	D	Italy
Marco Magnani		2010	AA	Italy
Matteo Arpe	Chief Executive Officer, Capitalia	2005	C	Italy
Angela Morelli		2012	CC	Italy
Alessia Maria Mosca		2009	Z	Italy
Diana Verde Nieto		2011	BB	Italy
Cristina Pozzi	Chief Executive Officer, Treccani Futura	2019	R	Italy
Monica Regazzi		2009	Z	Italy
Consuelo Remmert		2010	AA	Italy
Paolo Ribotta	Head of Global Distribution and Network, XL Group	2007	E	Italy
Pasquale Salzano		2011	BB	Italy
Davide Serra		2010	AA	Italy
Irene Tinagli		2010	AA	Italy
Francesco Vezzoli	Artist	2008	F	Italy
Imani Duncan-Price	Senator of Jamaica, Senate of Jamaica	2015	N	Jamaica
Marlene Malahoo Forte		2010	AA	Jamaica
Nadeen Matthews	Chief Digital & Marketing Officer, National Commercial Bank of Jamaica	2017	P	Jamaica
Mariam McIntosh	Partner, Portland Private Equity	2014	M	Jamaica

Nombre	Cargo, empresa	Año	Fuente	País
Richard Powell		2009	Z	Jamaica
Iwao Aso	Group Chairman, ASO Corporation	2014	M	Japan
Shiho Azuma	Chief Executive Officer, Lily MedTech Inc.	2021	T	Japan
Kanae Doi	Director, Japan, Human Rights Watch	2011	I	Japan
Daniel Edwards	Regional Managing Partner, Asia Pacific, Heidrick & Struggles	2010	H	Japan
Ken Endo	Researcher, Sony Computer Science Laboratories, Inc.	2014	M	Japan
Kumi Fujisawa Tsunoda	Co-Founder, Think Tank SophiaBank	2007	E	Japan
Norika Fujiwara	Actress and Journalist	2008	F	Japan
Chikara Funabashi		2009	Z	Japan
Keisuke Goda	Professor of Physical Chemistry, The University of Tokyo	2014	M	Japan
Atsumi Hasegawa	Chief Executive Officer, Litalico	2017	P	Japan
Toru Hashimoto		2009	Z	Japan
Yusuke Hatori	Senior Managing Director, Gulliver International Co. Ltd	2008	F	Japan
Miku Hirano	Chief Executive Officer, Cinnamon	2022	U	Japan
Hiroshi Mikitani	President and Chief Executive Officer, Rakuten	2005	C	Japan
Hiroshi Nakada	Mayor of Yokohama	2005	C	Japan
Akihiko Hoshide	JAXA Astronaut, Japan Aerospace Exploration Agency (JAXA)	2008	F	Japan
Kentaro Ichiki	Creative Director, Hakuhodo Inc.	2014	M	Japan
Kentaro Iemoto	President and Chief Executive Officer, Clara Online Inc.	2012	K	Japan
Hideyuki Inoue		2009	Z	Japan
Daisuke Iwase	Co-Founder and Chief Operating Officer, Lifenet Insurance	2010	H	Japan
Mitsuru Izumo	President, Euglena Co. Ltd	2012	K	Japan
James Kondo	Associate Professor, University of Tokyo	2005	C	Japan
Drue Kataoka	Artist	2012	K	Japan
Kentaro Katayama	Non-residential fellow, SAIS John Hopkins University	2016	O	Japan
Kazuyo Katsuma		2009	Z	Japan
Ryuhei Kawada	memeber of the House of Councillors, House of Councillors of Japan	2007	E	Japan
Naomi Kawase	Film Director	2008	F	Japan
Keiichiro Asao	Member of the House of Councillors	2005	C	Japan
Mineko Kengaku	Laboratory Head, Laboratory for Neural Cell Polarity, RIKEN Brain Science Institute	2006	D	Japan

Nombre	Cargo, empresa	Año	Fuente	País
Masatada Kobayashi	Director and Senior Executive Officer, Rakuten Inc.	2011	I	Japan
Lin Kobayashi	Executive Director, Foundation for International School of Asia, Karuizawa	2012	K	Japan
Fumiaki Kobayashi	Member,House of Representatives, The Liberal Democratic Party of Japan	2020	S	Japan
Shinjiro Koizumi	Member of the House of Representatives, Japan	2011	I	Japan
Ohtani Kojun	Head Priest, Jodo-shinshu Temple	2016	O	Japan
Masami Komatsu	President and Chief Executive Officer, Music Securities, Inc.	2013	L	Japan
Junya Kondo	Chief Executive Officer, Hatena Co. Ltd	2012	K	Japan
Naomi Koshi	Major of Otsu City, Otis City	2015	N	Japan
Tonni Agustiono Kurniawan	Visiting Scholar, Institute of Advanced Studies, United Nations University	2014	M	Japan
Hideki Makihara	Member of Parliament, Japan	2008	F	Japan
Kouta Matsuda	Member of the House of Councillors , House of Councillors of Japan	2007	E	Japan
Nami Matsuko		2009	Z	Japan
Shoukei Matsumoto	Managing Director and Buddhist Monk, Japan Fellowship of Buddhists	2013	L	Japan
Yasukane Matsumoto	Chief Executive Officer and Founder, Raksul Co. Ltd	2019	R	Japan
Etsuko May Okajima	Chief Executive Officer, ProNova Inc.	2007	E	Japan
Taizo Mikazuki	Member, House of Representatives, Japan	2010	H	Japan
Soichiro Minami	Founder and Chief Executive Officer, BizReach	2014	M	Japan
Misa Matsuzaki	President and Chief Executive Officer, Agasta	2005	C	Japan
Mitsuru Claire Chino	Corporate Council, Itochu Corporation	2005	C	Japan
Haruo Miyagi	President, ETIC (Entrepreneurial Training for Innovative Communities)	2011	I	Japan
Koichi Mizutome	Managing Partner, Roland Berger	2008	F	Japan
Motohisa Furukawa	Member of House of Representatives	2005	C	Japan
Yoshinobu Nagamine	Head of Office, International Committee of the Red Cross (IRC)	2010	H	Japan
Tomoaki Nigo Nagao	Founder, A Bathing Ape	2008	F	Japan
Akiko Naka	CEO, Wantedly Inc	2020	S	Japan
Toshihiro Nakamura	Co-Founder and Chief Executive Officer, Kopernik	2012	K	Japan
Hidetoshi Nakata	Chairman, Take Action Foundation	2010	H	Japan
Tomomi Nishimoto	Conductor, Office Sequenz	2007	E	Japan
Kohei Nishiyama	Chariman and Founder, elephant design	2007	E	Japan
Nobuo Nomae	Executive Vice-President, Fast Retailing Co. (UNIQLO)	2005	C	Japan

207

Nombre	Cargo, empresa	Año	Fuente	País
Ken Noguchi	Alpinist	2011	I	Japan
Yoichi Ochiai	Associate Professor, University of Tsukuba	2022	U	Japan
Genki Oda	Chairman and Chief Executive Officer, Remixpoint	2019	R	Japan
Kensuke Onishi	Chief Executive Officer, Peace Winds Japan	2006	D	Japan
Taku Otsuka	Member of the House of Representatives of Japan	2008	F	Japan
Taro Otsuka	President, Otsuka-Warehouse Co., Ltd.	2013	L	Japan
Sputniko Ozaki	Assistant Professor, MIT Media Laboratory	2017	P	Japan
William H. Saito	Founder and Chief Executive Officer, InTecur	2011	I	Japan
Akimitsu Sano	Chief Executive Officer, Cookpad	2012	K	Japan
Teruhide Sato	President and Group Chief Executive Officer, netprice. com Ltd	2008	F	Japan
Yohei Shibasaki	Founder and Chief Executive Officer, Fourth Valley Concierge Corporation	2013	L	Japan
Kunihiko Shimada		2012	CC	Japan
Taejun Shin	Founder and Chief Executive Officer, Gojo & Company Inc.	2018	Q	Japan
Shokei Suda		2012	CC	Japan
Naomichi Suzuki	Mayor of Yubari	2013	L	Japan
Eikei Suzuki	Governor, Mie Prefectural Government	2014	M	Japan
Shoko Takahashi	Chief Executive Officer and Founder, Genequest Inc.	2018	Q	Japan
Kohey Takashima	Chief Executive Officer and Founder, Oisix	2007	E	Japan
Yoshikazu Tanaka	Chief Executive Officer, Gree.jp	2011	I	Japan
Kiyohiko Toyama	Member, New Komeito Party, Japan	2008	F	Japan
Daisuke Tsuda	Journalist, Media Activist and Chief Executive Officer, Neo-logue inc.	2013	L	Japan
Keisuke Tsumura	Member of the House of Representatives, House of Representatives of Japan	2007	E	Japan
Sotaro Uemera	Professor, University of Tokyo	2016	O	Japan
Katsuya Uenoyama	Founder and Chief Executive Officer, PKSHA Technology Inc	2020	S	Japan
Risa Wataya	Author	2008	F	Japan
Yuito Yamada	Partner, McKinsey & Company	2022	U	Japan
Eriko Yamaguchi	Chief Executive Officer, Motherhouse Company	2008	F	Japan
Satoru Yamamoto		2012	CC	Japan
Koichi Yamauchi	Member of the House of Representatives, Japan	2011	I	Japan
Naoko Yamazaki	Astronaut, Japan Aerospace Exploration Agency (JAXA)	2011	I	Japan
Yasui Yoshiki	Chief Executive Officer, Yasui & Company	2020	S	Japan

Nombre	Cargo, empresa	Año	Fuente	País
Malak Jehad Al Akiely	Founder and Chief Executive Officer, Golden Wheat for Grain Trading Ltd.	2017	P	Jordan
Samer I. Asfour		2009	Z	Jordan
Suleiman Bakhit	Founder and Chief Executive Officer, Hero Factor	2016	O	Jordan
Bassem I. Awadallah	Minister of Finance	2005	C	Jordan
Nasser bin Nasser	Managing Director, Middle East Scientific Institute for Security	2015	N	Jordan
Emile Najib Cubeisy	Vice-President, Group Business Development, Accelerator Technology Holdings	2006	D	Jordan
Lama Hourani		2012	CC	Jordan
Kamel A. Husseini	Managing Partner, Ellam Tam	2007	E	Jordan
Yasar Jarrar		2009	Z	Jordan
Karim T. Kawar	Ambassador of the Hashemite Kingdom of Jordan, Embassy of the Hashemite Kingdom of Jordan	2005	C	Jordan
Reem Khouri	Founder and Partner, Kaamen	2018	Q	Jordan
Ennis Rimawi	Managing Director, Catalyst Private Equity — Cleantech Fund	2007	E	Jordan
Salaheddin Al-Bashier	Minister of Justice	2005	C	Jordan
Soraya Salti	Senior Vice-President, Middle East and North Africa, INJAZ al Arab, JA Worldwide	2008	F	Jordan
Dina Shoman		2012	CC	Jordan
Khaldoon Tabaza	Chairman and Managing Director, Riyada Ventures	2006	D	Jordan
Zeid Raad Al-Hussein	Ambassador and Permanent Representative of Jordan to the UN, Permanent Mission of Jordan	2005	C	Jordan
Jamila Abass	Founder, M-Farm	2017	P	Kenya
Nasreen Ali Mohamed	Founder and Chief Executive Officer, Afrikapu Ltd	2022	U	Kenya
Ayisi Makatiani	Chief Executive Officer, Gallium Capital Partners	2005	C	Kenya
Julie Gichuru		2009	Z	Kenya
Ndungi Githuku	Founder, Mulika Communications Trust	2006	D	Kenya
John Githongo	Permanent Secretary for Governance, Office of the President	2005	C	Kenya
Wanuri Kahiu	Filmmaker, AFROBUBBLEGU M	2019	R	Kenya
Neema Kaseje	Surgeon, Médecins Sans Frontières	2017	P	Kenya
Mugo Kibati	Group Chief Executive Officer, East African Cables Ltd	2008	F	Kenya
Naisula Lesuuda	Member of Parliament, Kenyan Parliament	2017	P	Kenya
Marie Lora-Mungai	Chief Executive Officer and Executive Producer, Restless Global	2017	P	Kenya

Nombre	Cargo, empresa	Año	Fuente	País
Louise Leakey	Palaeontologist, Kombi Fora Research Project, National Geographic Explorer in Residence	2005	C	Kenya
Michael Macharia	Founder and Group Chief Executive Officer, Seven Seas Technologies (SST)	2014	M	Kenya
Edwin Macharia	Partner, Dalberg Global Development Advisors	2015	N	Kenya
Larry Madowo	Correspondent, CNN Worldwide	2020	S	Kenya
Sara Menker	Founder and Chief Executive Officer, Gro Ventures	2014	M	Kenya
Jesse Moore	Chief Executive Officer and CoFounder, M-Kopa	2017	P	Kenya
Kanini Mutooni	Chief Executive Officer, MyAzimia Ltd	2014	M	Kenya
James Mworia	Chief Executive Director, Centum Investment Company Limited	2016	O	Kenya
Wawira Njiru	Founder and Executive Director, Food for Education	2021	T	Kenya
Isis Nyong'o		2012	CC	Kenya
Ory Okolloh		2011	BB	Kenya
Umra Omar	Founder and Executive Director, Safari Doctors	2019	R	Kenya
Eva Otieno	Africa Strategist, Standard Chartered Bank Kenya Ltd	2022	U	Kenya
Mayur Patel	Chief Commercial Officer, M-KOPA	2020	S	Kenya
Juliana Rotich	Venture Partners, Africa Technology Ventures	2016	O	Kenya
James Shikwati	Founder and President, Inter-Region Economic Network	2008	F	Kenya
Zain Verjee	Journalist, Zian Varjee Group	2004		Kenya
Dominic Wadongo	Group Head of Operational Risk, Equity Group Holdings Plc	2022	U	Kenya
James Wanjohi		2009	Z	Kenya
Omar K. Alghanim		2008	Y	Kuwait
Mohammed Alghanim	Group Chief Executive Officer, Hamad S. Al-Ghanim Group	2022	U	Kuwait
Noor Boodai	Chief Executive Officer, TenX	2022	U	Kuwait
Omar Ghanim	Chief Executive Officer and Chairman, Alghanim Industries	2008	F	Kuwait
Hassan El Houry	Chief Executive Officer, National Aviation Services	2014	M	Kuwait
Ghosson Khaled	Chief Operating Officer, ACICO Industries Company	2017	P	Kuwait
Naif Al Mutawa		2011	BB	Kuwait
Mubarak A. Al Sabah		2009	Z	Kuwait
Musaed Al Saleh		2009	Z	Kuwait
Maria Lisitsyna		2009	Z	Kyrgyzstan
Ainars Siesers	Minister of Transport and Communication	2005	C	Latvia
Valdis Dombrovskis	Member, European Parliament	2005	C	Latvia

Nombre	Cargo, empresa	Año	Fuente	País
Habib Haddad		2009	Z	Lebanon
Georges Harik		2011	BB	Lebanon
Rima Maktabi		2011	BB	Lebanon
Azmi Mikati	Chief Executive Officer, M1 Group	2007	E	Lebanon
Christine Sfeir	Chief Executive Officer and Founder, Treats Holding	2014	M	Lebanon
Patrick Youssef	Deputy Director of Operations, International Committee of the Red Cross (ICRC)	2016	O	Lebanon
Mona Hammami	Director, Crown Prince Court of Abu Dhabi	2017	P	Lebaon
Kimmie Weeks		2010	AA	Liberia
Saif al Islam al Gaddafi	President, Gaddafi International Foundation for Charity Associations	2006	D	Libya
Julian Rachlin	Violinist/Violist/Conductor/UNICEF Goodwill Ambassador	2007	E	Lithuania
Kalin Anev Janse	Secretary-General, European Stability Mechanism	2016	O	Luxembourg
Fatmir Besimi		2010	AA	Macedonia
Zhivko Mukaetov	Chief Executive Director, Alkaloid AD Skopje	2014	M	Macedonia
Radmila Sekerinska	Deputy Prime Minister of the Republic Macedonia	2005	C	Macedonia
Wan Nadiah Wan Mohd Abdullah Yaakob	Executive Director and Group Chief Executive Officer, TMC Life Sciences Berhad	2020	S	Malaysia
Suryani Senja Alias	Senior Vice-President, Khazanah Research and Investment Strategy, Khazanah Nasional Berhad	2010	H	Malaysia
Anthony F. Fernandes	Chief Executive Officer, Air Malaysia	2005	C	Malaysia
Syed Saddiq bin Syed Abdul Rahman	Member of Parliament, Parliament of Malaysia	2019	R	Malaysia
Francesca Chia	Co-Founder and Chief Executive Officer, GoGet	2021	T	Malaysia
Yeoh Keong Hann	Executive Director, YTL Power Generation	2022	U	Malaysia
Khairy Jamaluddin	Deputy Leader, United Malays National Organisation Youth (UMNO YOUTH)	2006	D	Malaysia
Steven Sim Chee Keong		2012	CC	Malaysia
Justin Leong	Head of Strategic Investments, Genting BhD	2006	D	Malaysia
HH Tunku Ali Redhauddin Tuanku Muhriz	Tunku Besar Seri Menanti, Negeri Sembilan	2013	L	Malaysia
Omar Mustapha	Managing Principal and Director, Ethos & Company	2007	E	Malaysia
Joel Neoh	Chief Executive Officer, Groupon Malaysia	2013	L	Malaysia
Rohan Ramakrishnan	Founder and Chief Executive Officer, The ASEAN Post	2021	T	Malaysia
Yeen Seen Ng	COO, Asian Strategy and Leadership Institute (ASLI)	2016	O	Malaysia
Chew Seow-Chien		2011	BB	Malaysia
Anjhula Mya Singh Bais	Chair, International Board, Amnesty International	2019	R	Malaysia

Nombre	Cargo, empresa	Año	Fuente	País
Jeffrey Tau-Hoong Lim	Chief Executive Director, NOW Group	2015	N	Malaysia
Ricky Wong	Chief Executive Officer and Founder, Asia Media Group	2014	M	Malaysia
Pei Lou Yeoh	Executive Director, FrogAsia Sdn Bhd	2017	P	Malaysia
Hannah Yeoh	Member of Parliament, Segambut, Ministry of Women, Family and Community Development of Malaysia	2018	Q	Malaysia
Yeo Bee Yin	Member, Parliament for Bakri, Johor	2019	R	Malaysia
Cheng Ming Yu	Professor and Chair of Mr and Mrs Chua Chai Leng Professor of Economics, Universiti Tunku Abdul Rahman	2011	I	Malaysia
Shauna Aminath	Minister of Environment, Climate Change and Technology, Ministry of Environment, Climate Change and Technology of the Republic of Maldives	2020	S	Maldives
Matthew Caruana Galizia	Director, Daphne Caruana Galizia Foundation	2020	S	Malta
Nazir Razak	Chief Executive Officer, Commerce International Merchant Bankers	2005	C	Malysia
Alejandro Ramirez	Chief Operating Officer, Organizacion Ramirez	2005	C	Mexico
Emilio Ricardo Lozoya Austin		2012	CC	Mexico
Gina Badenoch		2012	CC	Mexico
Alfredo Capote		2010	AA	Mexico
Carlos Danel	Co-Chief Executive Officer, Financiera Compartamos	2005	C	Mexico
Mario Martin Delgado Carrillo		2011	BB	Mexico
Luis Cervantes	Managing Director; Head, Mexico Office, General Atlantic	2021	T	Mexico
Jesús «Chuy» Cepeda	Founder and Chief Executive Officer, OS City	2020	S	Mexico
Vicente Corta Fernandez	Partner, White & Case Sc	2006	D	Mexico
Gabriela Enrique Ganozales	Founder, and Chief Executive Officer, Prospera	2017	P	Mexico
Roberto Ibarra	Chief Executive Officer, Innox	2017	P	Mexico
Javier Martinez Staines	Editorial Director, Expansion	2005	C	Mexico
Juan Domingo Beckmann Legorreta	Executive Director, Jose Cuervo SA de CV	2008	F	Mexico
Carlos Loret de Mola	Anchor and Director, Newsprogramme, Grupo Televisa SAB	2008	F	Mexico
Alicia Morga		2011	BB	Mexico
Carlos Mota		2011	BB	Mexico
Santiago Cosio Pando		2012	CC	Mexico
Enrique Pena Nieto	President Elect of Mexico, Mexican Presidency	2007	E	Mexico
Carlo Perez-Arizti	Partner, Baker McKenzie	2022	U	Mexico
Carlos Miguel Prieto	Music Director, Xalapa Symphony Orchestra	2006	D	Mexico

Nombre	Cargo, empresa	Año	Fuente	País
Viridiana Rios	Founding Director, México ¿cómo vamos?	2020	S	Mexico
Guillermo Romo		2011	BB	Mexico
Pablo Salazar Rojo	Managing Partner, NxtpLabs	2015	N	Mexico
José Ignacio Peralta Sanchez		2010	AA	Mexico
Jorge Volpi	Writer	2006	D	Mexico
Ricardo Weder	Founder and Chief Executive Officer, JUSTO, INC.	2021	T	Mexico
Alejandro Werner	Undersecretary, Secretariat of Finance and Public Credit, Mexico	2008	F	Mexico
Salomon Chertorivski Woldenberg	Secretary of Economic Development, Government of the Federal District, Secretariat of Economic Development	2014	M	Mexico
Alvaro Rodriguez Arregui	Chief Financial Officer, Vitro	2005	C	Mexiko
Idalia Cruz	Director, Strategy, Grupo Salinas	2007	E	Mexiko
Stela Mocan	ICAM Manager, World Bank	2015	N	Moldova
Nico Rosberg	Greentech Entrepreneur and F1 2016 World Champion	2018	Q	Monaco
Zolzaya Batkhuyag	Co-Founder, Adviser and Member of the Board, Women for Change	2021	T	Mongolia
Bolor-Erdene Battsenge	State Secretary, Ministry of Digital Development	2022	U	Mongolia
Bayanjargal Byambasaikhan	Managing Partner, NovaTerra LLC	2014	M	Mongolia
Nomin Chinbat	Chief Executive Officer, Mongol TV	2016	O	Mongolia
Zorigt Dashdorj		2010	AA	Mongolia
Ganhuyag Chuluun Hutagt		2009	Z	Mongolia
Bayartsetseg Jigmiddash	Secretary of State, Ministry of Justice	2013	L	Mongolia
Sanjaasuren Oyun	Leader of Civil Will Party and Member of Parliament of Mongolia, Parliament of Mongolia	2006	D	Mongolia
Oyun Sanjaasuren		2006	W	Mongolia
Ganzorig Ulziibayar	Chief Executive Officer, Golomt Bank LLC	2017	P	Mongolia
Ganzorig Vanchig	Senior Vice-President and Director of Strategic Planning, Shunkhlai Group	2014	M	Mongolia
Dashdorj Zorigt	Minister of Minerals and Energy of Mongolia	2010	H	Mongolia
Aboubakr Jamal	Editor-in-Chief, Le Journal Hebdomadaire and Assahifa Al Ousbouiya	2005	C	Morocco
Abdelmalek Alaoui	Chief Executive Officer, Guepard Consulting Group	2015	N	Morocco
Mohamed Alami Berrada	General Manager, Yasmine Orfèvres de l'immobilier	2017	P	Morocco
Mbarka Bouaida		2012	CC	Morocco
Merieme Chadid	Explorer/Astronomer, Concordia Research Station, Concordia Research Station, Antartica	2008	F	Morocco

Nombre	Cargo, empresa	Año	Fuente	País
Ismail Douiri		2010	AA	Morocco
Sanae Lahlou	Country Representative, Morocco, United Nations Industrial Development Organization (UNIDO)	2021	T	Morocco
Laila Lalami		2009	Z	Morocco
Fatima Zahra Mansouri	Mayor of Marrakech	2014	M	Morocco
Mustapha Mokass	Founder, Climate and Poverty Innovations	2015	N	Morocco
Lalla Salma	Queen of Morocco	2008	F	Morocco
Rachid Slimi	Director, General Affairs and Corporate Relations, Groupe ONA	2006	D	Morocco
Erik Charas	Director, Endowment and Investments, Foundation for Community Development (FDC)	2006	D	Mozambique
Zin Mar Aung	Founder, Director of Boards and Director, Political Education, Yangon School of Political Science	2014	M	Myanmar
Matthew Guilford	Co-Founder and Chief Executive Officer, Common Health	2019	R	Myanmar
Thura Ko	Founder and Managing Director, YGA Capital Limited	2013	L	Myanmar
Khin Zaw Latt	Founder, KZL ART Gallery & Bamboo School	2014	M	Myanmar
Thaung Su Nyein	Managing Director/ CEO, nformation Matrix Co., Ltd.	2016	O	Myanmar
Win Win Tint	Managing Director, City Mart Holdings Co Ltd	2013	L	Myanmar
Ken Tun	Chairman and Chief Executive Officer, Parami Energy Group of Companies	2014	M	Myanmar
Slim Amamou		2012	CC	n.v.
David Chubak		2019	R	n.v.
Amélie de Montchali		2021	T	n.v.
Tony Fadell	Founder and Chief Executive Officer, Nest Labs	2007	E	n.v.
Kazutomo Robert Hori	Chief Executive Officer, CYBIRD co., Ltd.	2005	C	n.v.
Joseph P. Kennedy III		2018	Q	n.v.
Eduardo Leite		2020	S	n.v.
Courtney O'Donnell		2011	BB	n.v.
Victoria Ransom	Founder and Chief Executive Officer, Wildfire, Google	2015	N	n.v.
Albert Rivera Diaz		2018	Q	n.v.
Kush Saxena		2020	S	n.v.
Izkia Siches		2021	T	n.v.
Kirstine Stewart		2008	Y	n.v.
Hua Fung Teh	Vice-President, TPG Capital	2015	N	n.v.
Christian Zeinler		2020	S	n.v.
James Mnyupe	Presidential Economic Adviser; Green Hydrogen Commissioner, Office of the President of Namibia	2022	U	Namibia

Nombre	Cargo, empresa	Año	Fuente	País
Nirvana Chaudhary	Managing Director, Chaudhary Group	2021	T	Nepal
Tshering Lama	Country Director, Childreach Nepal	2015	N	Nepal
Pradip Pariyar	Executive Chairperson, Samata Foundation	2020	S	Nepal
Aashmi Rana	Managing Director, Himali Pashmina Udhyog, Kathmandu	2008	F	Nepal
Aashmi Rajya Lakshmi Rana		2008	Y	Nepal
Ashutosh Tiwari		2011	BB	Nepal
Hajo Van Beijma	Founder and Partnership Director, Text to Change	2014	M	Netherlands
Claire Boonstra		2012	CC	Netherlands
Rose Damen	Managing Director, Damen Yachting	2021	T	Netherlands
Daniel de Boer	Chief Executive Officer, ProQR Therapeutics N.V.	2019	R	Netherlands
H.R.H. Prince Jaime de Bourbon Parme	Special Envoy, Natural Resources, Ministry of Foreign Affairs of the Netherlands	2007	E	Netherlands
Ronald De Jong	Chief Executive Officer Markets and Member of the Executive Team, Royal Philips Electronics	2007	E	Netherlands
Steven Everts		2009	Z	Netherlands
Andre Faaij		2009	Z	Netherlands
Karien van Gennip	Member of the House of Representatives, Netherlands	2008	F	Netherlands
Dennis Karpes	Founder, Dance4Life	2008	F	Netherlands
Willem-Alexander of the Netherlands	Crown Prince of the Netherlands	2005	C	Netherlands
Sarah Nicholls	Global Head of ESG, Sourcing & Procurement, Jones Lang LaSalle	2019	R	Netherlands
Daan Rosegaarde	Artist, Studio Roosegaarde	2015	N	Netherlands
Lucas Simons		2011	BB	Netherlands
Stacey Tank	Chief Corporate Affairs and Transformation Officer, Heineken International B.V.	2020	S	Netherlands
Conrad van Oostrom	Chief Executive Officer, OVG Real Estate	2007	E	Netherlands
Yousef Yousef	Chief Executive Officer, LG Sonic B.V.	2022	U	Netherlands
Jamil Anderlini	Beijing Bureau Chief, The Financial Times	2013	L	New Zealand
Jacinda Ardern	Member of Parliament, New Zealand Labour Party	2014	M	New Zealand
Privahini Bradoo		2012	CC	New Zealand
Simon Bridges	Minister of Labour and of Energy and Resources	2013	L	New Zealand
Rachel Carrell	Chief Executive Officer, DrThom	2014	M	New Zealand
Clayton Cosgrove	Member of Parliament	2005	C	New Zealand
Golriz Ghahraman	Member of Parliament, New Zealand Parliament	2020	S	New Zealand
Lucy Hockings	Presenter, BBC World News	2010	H	New Zealand

Nombre	Cargo, empresa	Año	Fuente	País
Mitchell Khoa Dang Pham		2011	BB	New Zealand
Simon Power	Minister of Justice of New Zealand	2010	H	New Zealand
David Rodin		2011	BB	New Zealand
David Skilling	Chief Executive Officer, The New Zealand Institute	2008	F	New Zealand
Mark Weldon	Chief Executive Officer, New Zealand Exchange	2008	F	New Zealand
Felix A. Maradiaga		2009	Z	Nicaragua
Maria Nelly Rivas		2012	CC	Nicaragua
Lorna Solis		2010	AA	Nicaragua
Ricardo Terán Terán		2011	BB	Nicaragua
Hafsat Abiola	Founder and Director, Kudirat Initiative for Democracy (KIND)	2006	D	Nigeria
Iyinoluwa Aboyeji	General Partner, Future Africa	2018	Q	Nigeria
Joseph Akinkugbe Adelegan	Director-General, Global Network for Environment and Economic Development Research	2006	D	Nigeria
Joseph Adelegan		2006	W	Nigeria
Debo Adesina	Editor, Guardian Newspapers Ltd	2006	D	Nigeria
Biola Alabi		2012	CC	Nigeria
Osayi Alile Oruene	Executive Director, Fate Foundation	2007	E	Nigeria
Lois Auta	Executive Director, Cedar Seed Foundation	2017	P	Nigeria
Abayomi Awobokun	Chief Executive Officer, Oando Downstream, Oando Plc	2016	O	Nigeria
Kingsley Bangwell		2009	Z	Nigeria
Godwin N. Obaseki	Founder and Chief Executive Officer, Securities Transactions and Trust Company	2005	C	Nigeria
Akudo Anyanwu Ikemba		2012	CC	Nigeria
Funmi Iyanda		2011	BB	Nigeria
Kola Karim	Chief Executive Officer and Managing Director, Shoreline Energy International	2008	F	Nigeria
Tunde Kehinde	Co-Founder and Chief Executive Officer, Lidya Holdings, Inc	2020	S	Nigeria
Ken Wiwa	Writer and Social Justice Activist	2005	C	Nigeria
Simon Kolawole		2012	CC	Nigeria
Folashade Laoye		2011	BB	Nigeria
Nneka Mobisson-Etuk	Executive Director, Institute for Healthcare Improvement	2014	M	Nigeria
Ndidi Okonkwo Nwuneli	Founder and Chief Executive Officer, Leadership Effectiveness Accountability and Professionalism (LEAP)	2005	C	Nigeria
Akinwale Ojomo		2009	Z	Nigeria

Nombre	Cargo, empresa	Año	Fuente	País
Obi Ozor	Founder & Chief Executive Officer, Kobo360	2021	T	Nigeria
Jubril Adewale Tinubu	Group Chief Executive, Oando	2007	E	Nigeria
Muntaqa Umar-Sadiq	Chief Executive Officer, Private Sector Health Alliance of Nigeria	2016	O	Nigeria
Danladi Verheijen	Founder and Chief Executive Officer, Verod Capital	2014	M	Nigeria
Adebola Williams	Chief Executive Officer, Red Media Africa	2019	R	Nigeria
Dilek Ayhan	State Secretary of Norwegian Ministry of Trade, Industry and Fisheries, Norway Government	2016	O	Norway
Pablo Alberto Barrera Lopez	Chief Executive Officer, Haugaland Kraft	2019	R	Norway
Haakon Magnus of Norway	Crown Prince of Norway	2005	C	Norway
Camilla Hagen Sørli	Member of the Board, Canica Holding	2018	Q	Norway
Nina Jensen	Conservation Director, WWF — World Wide Fund for Nature — Norway	2014	M	Norway
Jon S. Tetzchner	Chief Executive Officer and Co-Founder, Opera Software	2005	C	Norway
H.R.H. Crown Princess Mette-Marit of Norway		2010	AA	Norway
Bjarte Reve		2009	Z	Norway
Gunhild A. Stordalen	Founder and Chair, Stordalen Foundation	2015	N	Norway
Hadia Tajik	Member of the Storting (Norwegian Parliament), Storting (Norwegian Parliament)	2016	O	Norway
Lamya Al Haj	Associate Professor of Molecular Biology, Sultan Qaboos University	2020	S	Oman
Assilah Z. Al-Harthy	Head, Corporate Affairs, Oman Oil Company	2005	C	Oman
Lujaina Mohsin Haider Darwish	Member of the Consultative Council(Majis al-Shura)	2005	C	Oman
Nadia Maqbool	Founding Partner, 23 Degrees North	2019	R	Oman
Romana Abdullaha	CEO and Founder, Highpoint Ventures (Pvt.) Limited	2016	O	Pakistan
Imtiaz Ali		2009	Z	Pakistan
Zulfikar Ali Bader	Chief Executive Officer, Bader and Bader Law Associates	2015	N	Pakistan
Maleeka Ali Bokhari	Member of Parliament, National Assembly of Pakistan	2021	T	Pakistan
Jahangir Amir		2010	AA	Pakistan
Muhammad Hammad Azhar	Former member of National Assembly of Pakistan	2020	S	Pakistan
Abid Butt	Chief Executive Officer, e2e Supply Chain Management (Pvt) Ltd	2015	N	Pakistan
Hina Butt	Minster, Government of Punjab	2016	O	Pakistan
Umer Cheema	Executive Director, Center for Investigative Reporting in Pakistan	2016	O	Pakistan

Nombre	Cargo, empresa	Año	Fuente	País
Nighat Dad	Founder and Executive Director, Digital Rights Foundation	2018	Q	Pakistan
Shahzada Dawood		2012	CC	Pakistan
Osman Haneef	Managing Director, MILVIK Mobile Pakistan (Pvt) Limited	2017	P	Pakistan
Munizae Jahangir	Film Producer, Human Rights Activist	2008	F	Pakistan
Kasim M. Kasuri		2009	Z	Pakistan
Nauman Khan		2012	CC	Pakistan
Faisal Khan	Co-Founder and Chief Executive Officer, Peshawar 2.0	2019	R	Pakistan
Hina Rabbani Khar	State Minister for Economic Affairs and Statistics Economic Affairs Division of Pakistan	2008	F	Pakistan
Sara Saeed Khurram	Chief Executive Officer and CoFounder, Sehat Kahani	2022	U	Pakistan
Awais Ahmad Khan Leghari	Minister of Information Technology, Ministry of Information Technology	2006	D	Pakistan
Sabeen Mahmud	Founder, T2F	2014	M	Pakistan
Nafisa Shah	Nazim (Mayor) of Khairpur	2005	C	Pakistan
Mir Ibrahim Rahman		2011	BB	Pakistan
Umar Saif		2010	AA	Pakistan
Ali J. Siddiqui	Chief Executive Officer, Mahvash and Jahangir Siddiqui Foundation	2014	M	Pakistan
Muhammad Ali Tabba		2010	AA	Pakistan
Saad Hayat Tamman	Member — Strategic Reforms and Implementation Unit, Office of the Prime Minister of Pakistan	2022	U	Pakistan
Farzana Yaqoob	Former Minister for Social Welfare and Women's Development, Ministry of Kashmir Affairs and Gilgit-Baltistan	2017	P	Pakistan
Mosharraf Zaidi	Founder and Campaign Director, Alif Ailaan — Time to End Pakistan's Education Emergency	2014	M	Pakistan
Lily Habash	Special Assistent to the Bureau Chief, Office of the Prime Minister	2005	C	Palestinian Authority
Michael Tarazi	Member and Legal Adviser, Palestinian Authority Negotiation Affairs Department	2005	C	Palestinian Authority
Hania Bitar	Director-General, Pyalara	2006	D	Palestinian Territories
Dalal Saeb Iriqat	Vice-President, International Relations, Arab American University-Palestine	2021	T	Palestinian Territories
Ramzi Jaber	CO-Founder, Visualizing Impact (VI)	2017	P	Palestinian Territories
Wissam Joubran	Composer, Performer, Luthier, Le Trio Joubran	2022	U	Palestinian Territories

Nombre	Cargo, empresa	Año	Fuente	País
Hakam Kanafani	Chief Executive Officer, Palestine Cellular Communications Ltd	2006	D	Palestinian Territories
Nisreen Haj Mohammed Shahin		2012	CC	Palestinian Territories
Hashim Shawa	Chairman and General Manager, Bank of Palestine	2014	M	Palestinian Territories
Shireen Shelleh	Partner and Managing Director, Center for Engineering and Planning	2016	O	Palestinian Territories
Raya Yusuf-Sbitany	Chief Executive Officer, Derma Beauty Lab Ltd	2020	S	Palestinian Territories
Alejandro G. Ferrer	Minister of Commerce and Industry of Panama	2008	F	Panama
Alejandro Ferrer		2008	Y	Panama
Carolina Freire		2012	CC	Panama
Sandro Salsano	Founding Partner, Columbus Frontiers	2014	M	Panama
Anthony Smare	Director, Nambawan Super Limited	2014	M	Papua New Guinea
Maria Soledad Nunez Mendez	Minister of Housing and Habitat, Ministry of Housing of Paraguay	2017	P	Paraguay
Adriana Ortiz	President, National Handcraft Institute (IPA)	2021	T	Paraguay
Ruben Ramirez Lezcano	Vice-Minister for Economic Affairs and Integration, Ministry of Foreign Relations of Paraguay	2006	D	Paraguay
Gonzalo Begazo	Executive Vice-President, AJE Group	2014	M	Peru
Luis Felipe Carrillo	President and Chief Executive Officer, GE Andean and Caribbean, GE	2015	N	Peru
Kerstin Forsberg	Founder and Director, Planeta Océano	2018	Q	Peru
Claudia Belmont Graña	Member of the Board and Belcorp Director, Social Innovation	2014	M	Peru
Kurt Holle	Founder and General Manager, Rainforest Expeditioin	2008	F	Peru
Carlos Ananos Jeri	Chief Executive Officer, Kola Real	2008	F	Peru
Augusto Townsend Klinge	Editor, Economics and Business Department, Empresa Editora El Comercio	2014	M	Peru
Joaquin F. Leguia Orezzoli	Executive Director, ANIA (Association for Children and Their Environment)	2007	E	Peru
Vania Masías	Founding Director, Ángeles D1	2014	M	Peru
Alvaro Vargas Llosa	Director, Center on Global Prosperity, The Independent Institute	2007	E	Peru
Fernando Zavala	Vice-President of Corporate Affairs, SABMiller Peru	2008	F	Peru
Julia Andrea Abad	Chief of Presidential Management Staff, Office of the President of the Philippines	2014	M	Philippines

Nombre	Cargo, empresa	Año	Fuente	País
Paolo Benigno Aquino IV	Chairperson and Chief Executive Officer, National Youth Commission, Office of the President	2006	D	Philippines
Maria Antonia Arroyo	Chief Executive Officer, Hybridigm Consulting Inc.	2015	N	Philippines
Cherrie Atilano	Founder and Chief Executive Officer, Agrea	2020	S	Philippines
Analisa Balares		2012	CC	Philippines
Diosdado Rey Banatao		2012	CC	Philippines
Rex Bernardo		2011	BB	Philippines
Benedict Carandang		2012	CC	Philippines
Winston Damarillo		2010	AA	Philippines
Karen Davila		2010	AA	Philippines
Clarissa Delgado	Co-Founder and Chief Executive Officer, Teach For the Philippines	2022	U	Philippines
Illac Diaz	Founder, CentroMigrante	2008	F	Philippines
Maria Doris Dumlao	Senior Business Reporter Philippines Daily Inquirer	2014	M	Philippines
Patricia Dwyer	Founder, The Purpose Business Ltd	2015	N	Philippines
Francis Joseph Guevara Escudero	Senator, Philippines	2008	F	Philippines
Therese Fernandez-Ruiz		2012	CC	Philippines
Donald Patrik Lim	Chief Digital Officer, ABS-CBN Broadcasting Corporation	2015	N	Philippines
Sheila Lirio Marcelo		2011	BB	Philippines
Henry Motte-Munoz	Founder and Executive Chairman, Edukasyon.ph	2020	S	Philippines
Alexandra Prieto-Romualdez	President, Philippine Daily Inquirer	2006	D	Philippines
Paul Rivera	Co-Founder and Chief Executive Officer, Kalibrr Technology Ventures	2021	T	Philippines
Earl Martin Sawit Valencia	President, IdeaSpace Foundation	2014	M	Philippines
Ayesha Vera-Yu	Chief Executive Officer and Co-Founder, Advancement for Rural Kids (ARK)	2014	M	Philippines
Jacek Szwajcowski	President of the Board and Chief Executive Officer, Polska Grupa Farmaceutyczna	2005	C	Poland
Michal Krupinski		2012	CC	Poland
Tomasz Lis	Anchor Telewizja Polska (TVP)	2007	E	Poland
Arkadiusz Nowak	Director, Krajowe Centrum D/S Aids	2006	D	Poland
Jacek Olechowski	Partner & General Manager, DougFaberFamily	2006	D	Poland
Pawel Bartlomiej Piskorski	Member of the European Parliament	2005	C	Poland
Katarzyna Pisarska	Director, European Academy of Diplomacy	2014	M	Poland
Ewa Sadowska	Director, BARKA UK	2008	F	Poland

Nombre	Cargo, empresa	Año	Fuente	País
Pawel Surowka	Chief Executive Officer, Eurocash	2019	R	Poland
Gustavo Cardoso	Professor, ISCTE (Instituto de Cieencias do Trabalho e da Empresa), Portugal	2008	F	Portugal
Cristina Fonseca	Partner, Indico Capital Partners	2021	T	Portugal
Brent Hoberman		2009	Z	Portugal
Inna Modja	Land Ambassador, United Nations Convention to Combat Desertification (UNCCD)	2022	U	Portugal
Tiago Monteiro	F1 Driver	2006	D	Portugal
Stephan Morais		2010	AA	Portugal
Antonio Simoes		2009	Z	Portugal
Rodrigo Tavares	Founder and Chief Executive Officer, Granito & Partners	2017	P	Portugal
Ahmed Ali Al-Hammadi	Chief Investment Officer, Europe, Qatar Investment Authority	2019	R	Qatar
Abdulrahman Essa Al-Mannai	Chief Executive Officer, Milaha Group	2022	U	Qatar
Alanoud Bint Hamad Al Thani	Deputy Chief Executive Officer, Qatar Financial Centre (QFC)	2021	T	Qatar
Wadah Khanfar	Director-General, Al Jazeera Satellite Network	2008	F	Qatar
Hanadi N. Al Thani	Managing Director and ViceChairman, Qatar Ladies Investment Company	2006	D	Qatar
Abdulla Bin Ali Al Thani		2011	BB	Qatar
Milos Ristic		2011	BB	Republic of Serbia
Irina Anghel-Enescu	Secretary-General, South Eastern European Private Equity and Venture Capital Association	2014	M	Romania
Cristina Batlan	Founder and Chief Executive Officer, Musette Group	2014	M	Romania
Oana Bizgan-Gayral	Member of Parliament, Parliament of Romania	2018	Q	Romania
Emilia Macarie	Chief Financial Officer, Allianz Re Dublin dac	2017	P	Romania
Ioana Popescu		2009	Z	Romania
Leonid Bershidsky	Chief Publisher, Media Ventures Print	2005	C	Russian Federarion
William F. Browder	Chief Executive Officer, Hermitage Capital Management	2005	C	Russia
Sergei Guriev	Chief Executive Officer, Centre for Economic and Financial Research (CEFIR)	2006	D	Russia
Ruben K. Vardanian	Chairman of the Board and Chief Executive Officer, Troika Dialog Group	2006	D	Russia

Nombre	Cargo, empresa	Año	Fuente	País
Kirill Androsov	Deputy Minister of Economic Development and Trade of the Russian Federation	2008	F	Russia
Arkady Dvorkovich	Head, Expert Department of the Russian President	2005	C	Russia
Elena Barmakova		2009	Z	Russia
Ekaterina Berezyiy	Founder vand Chief Executive Officer, ExoAtlet	2017	P	Russia
Kirill Dmitriev		2009	Z	Russia
Nick Dobrovolskiy		2012	CC	Russia
Andrei Elinson		2011	BB	Russia
Alexander Ivlev	CIS SubArea Leader for Accounts, Industries and Business Development, Ernst & Young	2007	E	Russia
Marina Kolesnik	Founder and Chief Executive Officer, travel.ru	2015	N	Russia
Artemij Lebedev	Web Designer, Lebedev Studio	2008	F	Russia
Denis Morozov		2012	CC	Russia
Olga K Dergunova	Chairman, Microsoft	2005	C	Russia
Maxim Oreshkin	Minister Economic Development, Ministry of Economic Development of the Russian Federation	2017	P	Russia
Nikolay Pryanishnikov	Executive Vice-President and General Director, AO VimpelCom	2008	F	Russia
Julia Shakhnovskaya	Director, Polytechnic Museum	2016	O	Russia
Yuri Soloviev		2009	Z	Russia
Lila Tretikov	Executive Director, Wikimedia Foundation Inc.	2016	O	Russia
Vladimir Ryzhkov	Member, State Duma	2005	C	Russia
Natalia Vodianova	Founder and President, Naked Heart Foundation	2014	M	Russia
Stanislav Voskresenskiy		2010	AA	Russia
Ksenia Yudaeva		2009	Z	Russia
Clare Akamanzi		2012	CC	Rwanda
Paula Ingabire	Minister of Information Communication Technology and Innovation, Ministry of Information Communication Technology and Innovation of Rwanda	2020	S	Rwanda
Muna AbuSulayman	Partner, Directions Consultancy	2007	E	Saudi Arabia
Mohamed Al Hashemi	Country Head, Majid Al Futtaim	2021	T	Saudi Arabia
Sarah Al Suhaimi	Chairperson of the Board of Directors, Saudi Stock Exchange (Tadawul)	2018	Q	Saudi Arabia
Esraa Al-Buti	Partner, EY	2021	T	Saudi Arabia
Omar Al-Madhi	Senior Managing Director & Member of the Board, Abdul Latif Jameel Investments	2017	P	Saudi Arabia
Fahad Aldhubaib	Director, National Strategic Programmes, Supreme Economic Council of Saudi Arabia	2015	N	Saudi Arabia

Nombre	Cargo, empresa	Año	Fuente	País
Faisal Alibrahim	Minister of Economy and Planning, Ministry of Economy and Planning of Saudi Arabia	2020	S	Saudi Arabia
Khalid Alkhudair	Chief Executive Officer and Founder, Glowork	2014	M	Saudi Arabia
Ibrahim AlMojel	Chief Executive Officer, Saudi Industrial Development Fund	2019	R	Saudi Arabia
Nabeel Amudi	President, Aramco Services Company, Saudi Aramco	2014	M	Saudi Arabia
Kamal A. S. Bahamdan	Vice-Chairman, Sara Holding/BV Group Ventures	2006	D	Saudi Arabia
Loulwa M. Bakr		2011	BB	Saudi Arabia
Reema Bint Bandar Al-Saud	Chief Executive Officer, Alfa International	2015	N	Saudi Arabia
Makarem Batterjee	Founder and Chief Executive Officer, Shababco Enterprises	2008	F	Saudi Arabia
Fares Bugshan	Chief Executive Officer, Bugshan Investment	2022	U	Saudi Arabia
May Al Dabbagh		2011	BB	Saudi Arabia
Fawaz Farooqui	Managing Director, Cruise Saudi	2021	T	Saudi Arabia
Rayan Fayez	Deputy Chief Executive Officer, NEOM	2018	Q	Saudi Arabia
Ayman Hariri	Deputy CEO, Saudi Oger Ltd	2016	O	Saudi Arabia
Dana Juffali	Member of the Board, Juffali and Brothers, Saudi	2021	T	Saudi Arabia
Gassan Al Kibsi	Managing Director, McKinsey & Company	2014	M	Saudi Arabia
Ahmed Mater	Contemporary Artist and Founder, Edge of Arabia	2014	M	Saudi Arabia
Nimah Ismail Nawwab	Poet	2006	D	Saudi Arabia
Nimah I. Nawwab		2006	W	Saudi Arabia
Loay Nazer	Chairman, Nazer Group	2006	D	Saudi Arabia
Fahd Al Rasheed		2011	BB	Saudi Arabia
Ameer Sherif	Partner / VC Investor	2019	R	Saudi Arabia
Naif Sheshah	Assistant Deputy Governor for Planning and Development & Chief Digital Officer, Communications and Information Technology Commission (CITC)	2022	U	Saudi Arabia
Asma Siddiki	Chief Executive Officer, Alpha1Education	2014	M	Saudi Arabia
H.R.H. Prince Khalid Bin Bandar Bin Sultan		2010	AA	Saudi Arabia
Bandar Bin Khalid Al Faisal	Publisher and Chairman, ALWatan Newspaper	2005	C	Saudi Arabia
Mohammed K.A. Al Faisal	President, Al Faisaliah Group Holding	2005	C	Saudi Arabia
Mouhamed Moustapha Fall	Chair, African Institute for Mathematical Sciences	2017	P	Senegal
Amadou Hott		2012	CC	Senegal
Aminata Kane Ndiaye	Senior Adviser, Amadou Mahtar Mbow Foundation	2019	R	Senegal
Papa Ndiaye	Managing Director, Emerging Markets Partnership	2005	C	Senegal
Karim Wade	Special Advisor to the President of Senegal	2008	F	Senegal
Magatte Wade		2011	BB	Senegal

Nombre	Cargo, empresa	Año	Fuente	País
Bozidar Djelic	President and Founder, Altes Consulting	2005	C	Serbia and Montenegro
Rolph Antoine Payet	President and Vice-Chancellor, University of Seychelles	2007	E	Seychelles
David Moinina Sengeh	Ministry of Basic and Senior Secondary Education	2019	R	Sierra Leone
Bernise Ang	Principal & Methodology Lead, Zeroth Labs	2017	P	Singapore
Natalie Black	Her Majesty's Trade Commissioner for Asia Pacific, Department for International Trade	2022	U	Singapore
Julie Bonamy	CEO, Indonesia, Malaysia and Singapore, Saint-Gobain (Singapore) Pte. Ltd.	2019	R	Singapore
Juliana Chan	Assistant Professor, Nanyang Technological University (NTU)	2015	N	Singapore
Serene Chen Huijing	Managing Director; Global Co-Head, Emerging Markets Sales, Deutsche Bank	2019	R	Singapore
Calvin Cheng		2009	Z	Singapore
Adrian Cheok	Director, Mixed Reality Lab, NUS	2008	F	Singapore
Shou Zi Chew	Chief Executive Officer, TikTok	2020	S	Singapore
Chua Chim Kang	Editor, Commentary Desk, Lianhe Zaobao	2006	D	Singapore
Cassandra Chiu	Psychotherapist and Founder, The Safe Harbour Counselling Centre	2014	M	Singapore
Sangeet Paul Choudary	Director, Platformation Labs	2017	P	Singapore
Chim Kang Chua		2006	W	Singapore
Victor Tong Joo Chuan		2012	CC	Singapore
Mohamed Faizal Mohamed Abdul Kadir	Director, The Criminal Justice Division at Attorney-General's Chambers	2016	O	Singapore
Carlos Fernandes		2011	BB	Singapore
Han Tan Cheng	Associate Professor, Dean and Head Senior Council, National University of Singapore	2005	C	Singapore
Lee Huei-Min		2009	Z	Singapore
Se-hong Hur	Vice-President, GS Caltex Corporation	2008	F	Singapore
Tan Chin Hwee		2010	AA	Singapore
Jacky Y. Ying	Executive Director, Institute of Bioengineering and Nanotechnology	2005	C	Singapore
Elaine Kim	Co-Founder, Trehaus	2018	Q	Singapore
Daniel Koh		2010	AA	Singapore
Vivian Claire Liew	Founding Director, PhilanthropyWorks	2015	N	Singapore
Areena Loo		2011	BB	Singapore
Jeffrey Lu	Chief Executive Officer and CoFounder, Engine Biosciences Pte Ltd	2020	S	Singapore

Nombre	Cargo, empresa	Año	Fuente	País
Kuok Meng Wei	Director, Wilmar Investment Holdings	2015	N	Singapore
Lena Ng	Board Advisor, Amata Corporation PCL	2014	M	Singapore
Eunice Olsen		2009	Z	Singapore
Tan Ye Peng		2010	AA	Singapore
Penny Low	Member of the Parliament of Singapore	2005	C	Singapore
Kishin R K	Chief Executive Officer, RB Capital Limited	2021	T	Singapore
Jonathan Rake	Chief Executive Officer and Principle Officer, Zurich and Singapore, Zurich Insurance Group	2014	M	Singapore
Vivek Salgaocar	Director, Vimson Group	2020	S	Singapore
Anneliese Schulz	Chief Sales Officer, Syncron AB	2021	T	Singapore
Geoffrey See	Chief Executive Officer and CoFounder, Poko	2019	R	Singapore
Divya Seshamani	Partner, TPG Europe LLP	2016	O	Singapore
David Sin	Co-Founder, Group President and Deputy Chairman, Fullerton Health	2018	Q	Singapore
Kang So-Young	Catalyst, Founder and Chief Executive Officer, Awaken Group	2014	M	Singapore
Christopher De Souza		2009	Z	Singapore
Cheng Han Tan	Dean and Head Senior Counsel, National University of Singapore	2004		Singapore
Hooi Ling Tan	CO-Founder, GrabTaxi	2017	P	Singapore
Anderson Tanoto	Managing Director, RGE	2022	U	Singapore
Sue Anne Tay	Head, Strategy and Planning, Singapore, The Hongkong and Shanghai Corporation Limited (HSBC SGH)	2019	R	Singapore
Pingtjin Thum	Research Fellow, University of Oxford	2015	N	Singapore
Wang Wen	Food Scientist, Nestlé R&D Centre Singapore	2018	Q	Singapore
Yap Kwong Weng		2012	CC	Singapore
Gareth Wong	Senior VicePresident, Group Strategy and Projects, Sembcorp Industries Ltd	2021	T	Singapore
Tan Yinglan		2012	CC	Singapore
Martin Bruncko		2012	CC	Slovakia
Emilia Sicáková-Beblavá		2009	Z	Slovakia
Alja Bgrlez	Director and Researcher, The Institute of Civilization and Culture	2005	C	Slovenia
Andrej Nabergoj		2009	Z	Slovenia
Waris Dirie	Founder, Waris Dirie Foundation	2005	C	Somalia
Yolanda Cuba	Chief Executive Officer, Mvelaphanda Holdings	2008	F	South Africa
Martyn Davies		2010	AA	South Africa
Khanyi Dhlomo		2010	AA	South Africa

Nombre	Cargo, empresa	Año	Fuente	País
Kuseni Douglas Dlamini	Executive Chairman, Richards Bay Coal Terminal	2008	F	South Africa
Dave Duarte	Chief Executive Officer, Treeshake	2014	M	South Africa
Theodore Ernest 'Ernie' Els	Founder, The Ernie Els and Fancourt Foundation	2008	F	South Africa
Adria Greene		2009	Z	South Africa
Oya-Hazel Gumede		2012	CC	South Africa
Ferial Haffajee	Editor-in-chief, Mail & Guardian	2008	F	South Africa
Avril Halstead		2011	BB	South Africa
Vuyo Jack		2009	Z	South Africa
Mmaki Jantjies	Head of Innovation, Telkom	2022	U	South Africa
Michael Jordaan	Chief Executive, First National Bank, FirstRand Ltd	2008	F	South Africa
Vuyo D. Kahla		2011	BB	South Africa
Unathi Kamlana	Commissioner, Financial Sector Conduct Authority	2018	Q	South Africa
Paul Kapelus	Chief Executive Officer, African Institute of Corporate Citizenship	2006	D	South Africa
Alan Knott-Craig		2009	Z	South Africa
Lisa Kropman	Founder, Investec Ltd	2008	F	South Africa
Basetsana Kumalo		2011	BB	South Africa
Vinny Lingham		2009	Z	South Africa
Leslie W. Maasdorp	President South Africa, Bank of America Merrill Lynch	2007	E	South Africa
Mmusi Aloysias Maimane	Parliamentary Leader, Democratic Alliance (DA)	2017	P	South Africa
Mokena Makeka	Creative Director and Managing Director, Makeka Design Lab	2015	N	South Africa
Tumi Makgabo	Head of Communications, 2010 FIFA World Cup Organising Committee	2008	F	South Africa
Mondli Makhanya	Editor, Sunday Times	2006	D	South Africa
Phuti Malabie	Chief Executive Director, Shanduka Group (Pty)	2007	E	South Africa
Esha Mansingh	Executive VicePresident, Corporate Affairs and Investor Relations, Imperial Logistics	2022	U	South Africa
Nkosana Mashiya	Deputy-Registrar for Banks, South Africa Reserve Bank (SARB)	2014	M	South Africa
Billy Mawasha	Executive Head of Operations & Integration, Anglo American Plc	2017	P	South Africa
Lerato Mbele	Presenter, BBC World Service	2014	M	South Africa
Anthony Miller		2009	Z	South Africa
Zibusiso Mkhwanazi		2011	BB	South Africa
Karabo Module	Founder, Capital Art	2018	Q	South Africa
Brian Molefe	Chief Executive Officer, Public Investment Corporation	2006	D	South Africa

Nombre	Cargo, empresa	Año	Fuente	País
Funeka Montjane	Chief Executive, Personal and Business Banking, South Africa, Standard Bank Group	2015	N	South Africa
Jonitha Gugu Msibi		2010	AA	South Africa
David Munro	Deputy Chief Executive, Corporate and Investment Banking, Standard Bank Group Ltd	2008	F	South Africa
Euvin Naidoo		2009	Z	South Africa
Zuriel Naiker	Managing Director: Industry (Middle East & Africa), and Sales (Africa), Marsh & McLennan Companies	2022	U	South Africa
Lesley Ndlovu	Chief Executive Officer, African Risk Capacity (ARC)	2022	U	South Africa
Cyrille Nkontchou	Chief Executive Officer and Founder, LiquidAfrica (Pty) Limited	2006	D	South Africa
Gugu Nxiweni	Chairman, Etrostep	2014	M	South Africa
Jasandra Nyker		2012	CC	South Africa
Marlon Parker	Founder, Reconstructed Living Lab	2014	M	South Africa
Sunette Pienaar-Steyn	Executive Chairperson, Heartbeat Centre for Community Development	2008	F	South Africa
Anton du Plessis	Managing Director, Institute for Security Studies (ISS)	2014	M	South Africa
Hanli Prinsloo	Filmmaker and Ocean Adventurer	2014	M	South Africa
Allon Raiz	Founder, Raizcorp	2008	F	South Africa
Christine Ramon	Executive Director and Chief Financial Officer, Sasol	2007	E	South Africa
Christine Ramon		2007	X	South Africa
Hanneli Rupert	Founder and Creative Director, Okapi, Merchants on Long	2014	M	South Africa
Sonja Sebotsa		2010	AA	South Africa
Mandla Sibeko		2010	AA	South Africa
Natalie Simons	Priest, Anglican Church of Southern Africa	2007	E	South Africa
Zukie Siyotula	Executive Head: Oil and Gas, Thebe Investment Corporation	2016	O	South Africa
Tebogo Skwambane		2011	BB	South Africa
Brent Stirton		2009	Z	South Africa
Taddy Blecher	Co-Founder and Chief Executive Officer, CIDA City Campus	2005	C	South Africa
Aarti Takoordeen	Chief Financial Officer, Johannesburg Stock Exchange Ltd	2017	P	South Africa
Raenette Taljaard	Senior Lecturer, Graduate School for Public and Development Management, WITS University	2006	D	South Africa
Charlize Theron	Actress and Founder, Charlize Theron Africa Outreach Project	2014	M	South Africa
Thoko Didiza	Minister of Agriculture and Land Affairs	2005	C	South Africa

Nombre	Cargo, empresa	Año	Fuente	País
Natalie Du Toit	Athlete and Ability Rights Activist	2008	F	South Africa
Sumayya Vally	Founder and Principal, Counterspace,	2022	U	South Africa
Zabulon Vilakazi		2010	AA	South Africa
Mary Vilakazi	Group Chief Financial Officer, MMI Holdings Limited	2016	O	South Africa
Mark Williams	Chief Executive Officer, Teba Bank	2008	F	South Africa
Paul van Zyl	Executive Vice-President, International Centre for Transitional Justice	2008	F	South Africa
Gugu Moloi	Chief Executive Officer, Umgeni Water	2005	C	South Africa
Jonathan Oppenheimer	Managing Director, De Beers Consolidated Mines	2005	C	South Africa
Kumi Naidoo	Secretary-General and Chief Executive Officer, Civicus: World Alliance for Citizen Pariciaption	2005	C	South Africa
Nicky Newton-King	Deputy Chief Executive Officer, JSE Securities Exchange	2005	C	South Africa
Sarah Chang	Violinist	2008	F	South Korea
H.S. Cho	Executive President and Board Member, Hyosung Group	2007	E	South Korea
Euisun Chung	President and Chief Executive Officer, Hyundai-Kia Motors Group, Hyundai Motor Company	2006	D	South Korea
Nami Chung	Director, Asan Nanum Foundation	2018	Q	South Korea
Kim Hana		2012	CC	South Korea
Hee-Ryong Won	Member, National Assembly, Minister of Land, Infrastructure and Transport since May 11, 2022	2005	C	South Korea
Jae-Woong Lee	President and Chief Executive Officer, Daum Communications	2005	C	South Korea
Jeong Jaeseung		2009	Z	South Korea
Hong Jeongdo		2010	AA	South Korea
Jihyun Juliane Lee	Spokesperson, National Security Council	2005	C	South Korea
Jungwook Hong	Chief Executive Officer and Publisher, Herald Media	2005	C	South Korea
Joo Young Kim	Managing Partner, Hannuri Law Offices	2006	D	South Korea
Yeon-Hee Kim	Partner, Bain & Company Inc.	2006	D	South Korea
Jin Kim	Attorney, LeeAn	2008	F	South Korea
Ju-ha Kim	Anchor, MBC TV-Munhwa Broadcasting Corporation	2008	F	South Korea
Sophie Seula Kim	Founder & Chief Executive Officer, Kurly	2021	T	South Korea
Ellana Lee	Managing Editor, Asia Pacific, CNN	2008	F	South Korea
Seung Gun Lee	Chief Executive Officer and Founder, Viva Republica (Toss)	2021	T	South Korea
Mi-Hyung Kim	Executive Vice-President and General Council, Kumho Asiana Business Group	2005	C	South Korea

Nombre	Cargo, empresa	Año	Fuente	País
Eric Sungkyun Na		2011	BB	South Korea
Ji-Young Park	Chief Executive Officer, Com2uS Corporation	2014	M	South Korea
Hur Saehong		2008	Y	South Korea
Chang Seung-Joon	Chief Executive Officer, Maekyung Media Group	2019	R	South Korea
Daniel M. Shin	Head of Corporate Development (Executive Director), MCM	2016	O	South Korea
Suk-Mynn Yoon	Chief Executive Officer and President, SBSi, SBS Seoul Broadcasting System	2005	C	South Korea
Taek-Jin Kim	President and Chief Executive Officer, NCSoft	2005	C	South Korea
Hines Ward	Founder, Hines Ward Helping Hands Foundation	2008	F	South Korea
Songyee Yoon	Vice-President, SK Telecom Co. Ltd	2006	D	South Korea
Rebeca Hwang Eun Young		2012	CC	South Korea
Park Yu-Hyun	Founder, iZ HERO Lab	2015	N	South Korea
Alek Wek	Model and Member of the US Committee for Refugees and Immigrants, USCRI	2014	M	South Sudan
Jimena Blázquez Abascal		2009	Z	Spain
Carlos Barrabés		2010	AA	Spain
María Blasco	Director of the Molecular Oncology Program, National Center for Cancer Research (CNIO)	2006	D	Spain
Lucas Carné		2011	BB	Spain
Carme Chacón		2010	AA	Spain
Patricia Cobian	Managing Director, Telefónica Europe	2014	M	Spain
Jose Enrique Concejo	Director, Société Générale Corporate & Investment Banking	2014	M	Spain
Jesus Encinar	Owner and Chief Executive Officer, Idealista.com	2008	F	Spain
Javier Garcia-Martinez		2009	Z	Spain
Marga Gual Soler	Founder and Chief Executive Officer, SciDipGLOBAL	2020	S	Spain
Alvaro Fernández Ibáñez		2012	CC	Spain
Juan Jose Nieto	Chairman and Chief Executive Officer, Palmera Capital y Servicios-Madrid	2005	C	Spain
Carlota Mateos	Founder and Chief Executive Office, Rusticae	2015	N	Spain
Sonia Medina	Partner and Chief Operating Officer, Africa Renewables	2014	M	Spain
Rebeca Minguela	Founder & Chief Executive Officer, Clarity	2017	P	Spain
Pedro Moneo Lain	Founder and CEO, Opinno	2016	O	Spain
Javier Olivan	Vice-President, Growth, Facebook Inc.	2016	O	Spain
Ana Maria Plaza	Adviser and Member of the Board of Directors of Loyola University Spain	2007	E	Spain

Nombre	Cargo, empresa	Año	Fuente	País
Carlos Reines Gonzalez	President and CoFounder, RubiconMD	2019	R	Spain
Enric Sala	Scientific Researcher, Spain's National Council for Scientific Research	2008	F	Spain
Javier Santiso		2009	Z	Spain
David del Ser		2011	BB	Spain
Gloria Fluxa Thienemann	Vice-Chairman and Chief Sustainability Officer, Iberostar Group	2018	Q	Spain
Cayetana Alvarez de Toledo	Journalist, El Mundo	2008	F	Spain
Asanga Abeyagoonasekera		2012	CC	Sri Lanka
Asoka Milinda Moragoda	Member of the Parliament of Singapore	2005	C	Sri Lanka
Suranga Chandratillake		2009	Z	Sri Lanka
Deshal De Mel	Economic Adviser to the Minister of Finance, Ministry of Finance Sri Lanka	2019	R	Sri Lanka
Asha De Vos	Founder, Sri Lankan Blue Whale Project	2015	N	Sri Lanka
Aroon Hirdaramani	Owner/Director, Hirdaramani Group	2016	O	Sri Lanka
John Bul Dau	Founder, John Dau Sudan Foundation	2008	F	Sudan
Nima Elbagir	Senior International Correspondent, CNN International	2016	O	Sudan
Emmanuel Jal		2012	CC	Sudan
Marcel Pinas		2010	AA	Suriname
Treasure Maphanga	Chief Executive Officer, Federation of Swaziland Employers	2006	D	Swaziland
Victoria of Sweden	Crown Princess of Sweden	2005	C	Sweden
Niklas Adalberth	Founder and Executive Chairman, Norrsken Foundation	2020	S	Sweden
Sasja Beslik		2011	BB	Sweden
Henrik Borelius	Chief Executive Officer, Nordic region, Attendo	2008	F	Sweden
Anders Borg	Minister of Finance of Sweden	2008	F	Sweden
Mattias Klum	Photographer	2008	F	Sweden
John Nevado	President, Nevado Roses	2006	D	Sweden
Birgitta Ohlsson		2012	CC	Sweden
Claudia Olsson	Managing Director, Exponential AB	2017	P	Sweden
Karl-Johan Persson	President and Chief Executive Officer, Hennes & Mauritz AB	2014	M	Sweden
Nina Rawal	Head of Live Science, Industrifonden	2017	P	Sweden
Daniel Sachs	Chief Executive Officer, Proventus AB	2007	E	Sweden
Thomas Aeschi	Member of Parliament, National Council of Switzerland	2014	M	Switzerland
Razan Al Mubarak	President, International Union for Conservation of Nature (IUCN)	2018	Q	Switzerland

Nombre	Cargo, empresa	Año	Fuente	País
Pasha Bakhtiar		2012	CC	Switzerland
Guillaume Barazzone	Vice-Mayor of Geneva and Member of Swiss Parliament, Swiss Parliament	2015	N	Switzerland
David Blumer	Chief Executive Officer, Asset Management Division, Credit Suisse	2006	D	Switzerland
David J. Blumer		2006	W	Switzerland
Pascale Bruderer-Wyss		2009	Z	Switzerland
Thomas Buberl	Head of Distribution and Marketing, Axa Winterthur Insurance	2008	F	Switzerland
Chappatte	Editorial Cartoonist, Globe Cartoon	2006	D	Switzerland
Patrick Chappatte		2006	W	Switzerland
Christian Mumenthaler	Chief Risk Officer and Member of the Executive Board, Swiss Re Group	2005	C	Switzerland
Thomas Crowther	Assistant Professor, Global Ecosystem Ecology, ETH Zurich	2021	T	Switzerland
Domenico Scala	Chief Financial Officer and Member of the Executive Committee, Syngenta	2005	C	Switzerland
Laure Forgeron	Managing Director; Head, Facultative Underwriting, Europe, Middle East and Africa, Swiss Re	2021	T	Switzerland
Geroges Kern	Chief Executive Officer, International Watch Company (IWC)	2005	C	Switzerland
Felix R. Graf	Head, Energy, Centralschweizerische Kraftwerke	2007	E	Switzerland
Frederic Hoffmann	Member of the Board, MAVA Foundation	2022	U	Switzerland
Philipp Justus	Senior VicePresident and General Manager, Europe, eBay Europe	2006	D	Switzerland
Samuel Keller	Director, Art Basel	2006	D	Switzerland
Christer Kjos	Chief Executive Officer, Canica Holding	2022	U	Switzerland
Guillaume Lefevre	Managing Director, New Ventures and Business Development, Zurich Insurance Group	2019	R	Switzerland
Torsten Lichtenau	Partner, Bain & Company Inc.	2016	O	Switzerland
Siwan (Swan) Lu	Principal, Zurich Global Ventures	2022	U	Switzerland
Seraina Maag		2009	Z	Switzerland
Francois-Xavier de Mallmann		2009	Z	Switzerland
Christa Markwalder		2011	BB	Switzerland
Carolina Müller-Möhl	President, Müller-Möhl Group	2007	E	Switzerland
Adriana Ospel-Bodmer	Managing Partner at Adbodmer and Adbodmer Capital	2007	E	Switzerland
Gregoire Pictet	Head of Human Resources, Asia, Pictet Group	2021	T	Switzerland
Jasmin Staiblin	Chief Executive Officer, Switzerland, ABB Switzerland	2008	F	Switzerland

Nombre	Cargo, empresa	Año	Fuente	País
Mirjam Staub-Bisang		2009	Z	Switzerland
Christoph Sutter		2009	Z	Switzerland
Christophe Villemin	President, ALCAN Specialty Sheet	2008	F	Switzerland
Christian Wenk		2009	Z	Switzerland
Eyad Alkassar	Chief Executive Officer and Founder, Middle East Internet Holding SARL, Rocket Internet	2017	P	Syria
Abdulsalam Haykal		2009	Z	Syria
Razan Zaitouneh	Human Rights Lawyer, Violation Documentation Center in Syria	2014	M	Syria
Tina Y. Lo		2011	BB	Taiwan
Steven Chen Shijun		2010	AA	Taiwan
Cynthia Wu		2011	BB	Taiwan
Mohammed Dewji		2012	CC	Tanzania
Angellah Jasmine Kairuki	Deputy Minister, Government of Tanzania	2014	M	Tanzania
Elsie S. Kanza		2011	BB	Tanzania
Lawrence Kego Masha		2010	AA	Tanzania
Susan Mashibe		2011	BB	Tanzania
Luca H. Neghesti	Chief Executive Officer, Jefag Logistics Tanzania Ltd	2014	M	Tanzania
Faraja Nyalandu	Founder and Chief Executive Officer, Shule Direct	2020	S	Tanzania
Fredros Okumu	Director, Science, Ifakara Health Institute (IHI)	2020	S	Tanzania
Abhisit Vejjajiva	Member of the Parliament	2005	C	Thailand
Kongpan Pramojna Ayudhaya	Director, Gaysorn Property Co., Ltd.	2008	F	Thailand
Choak Bulakul	President, Farm Chokchai Group of Companies	2006	D	Thailand
Tanit Chearavanont	Managing Director, Siam Makro Plc	2021	T	Thailand
Parinda Hasdarngkul	Managing Director, Thailand, The Procter & Gamble Company	2008	F	Thailand
Yashovardhan Lohia	Executive Director and Chief Sustainability Officer, Indorama Ventures	2022	U	Thailand
Nick Pisalyaput		2011	BB	Thailand
Krating Ruangroj Poonpol	Managing Partner, TrueNorth Venture Co. Ltd	2019	R	Thailand
Ho Ren Hua	Chief Executive Officer, Thai Wah Public Company Limited	2018	Q	Thailand
Kritaya Sreesunpagit		2009	Z	Thailand
Aswin Techajareonvikul	President and Chief Executive Officer, Berli Jucker Public Co. Ltd.	2014	M	Thailand
Nahathai Thewphaingarm		2006	W	Thailand
Cina Lawson		2012	CC	Togo

Nombre	Cargo, empresa	Año	Fuente	País
El Seed Faouzi	Artist & Founder, El Seed Studio	2021	T	Tunesia
Amira Yahyaoui	President, Al Bawsala	2016	O	Tunesia
Lina Ben Mhenni	Professor of Linguitic, University of Tunis	2015	N	Tunisia
Faten Katell	Secretary of State, Ministry of Youth Affairs	2017	P	Tunisia
Wafa Makhlouf	Chief Executive Officer, Proclean	2016	O	Tunisia
Khelifa Omezzine	Adviser to Minister of Finance, Ministry of Finance of Tunisia	2014	M	Tunisia
Ali Babacan	Minister of State for the Economy	2005	C	Turkey
Ali Y. Koc	President, Koc Information Technology Group, Koc Holding	2005	C	Turkey
Arzuhan Yalcindag	Chief Executive Officer, Kanal D	2005	C	Turkey
Asli Ay		2011	BB	Turkey
Cenk Aydin		2010	AA	Turkey
Osman F. Boyner	Chief Executive Officer, Boyner Sanayi AS	2006	D	Turkey
Osman Feyzi Boyner		2006	W	Turkey
Sercan Celebi	Co-Founder and Former President/ Spokesperson, Vote and Beyond	2017	P	Turkey
M. Bilge Demirkoz	Professor, Department of Physics, Middle East Technical University	2019	R	Turkey
Ozlem Denizmen		2011	BB	Turkey
Suzan Sabanci Dinçer		2006	W	Turkey
Esra Eczacibaşi Coşkun	Member of the Board of Directors and Group Digital Transformation Coordinator, Eczacibaşi Holding	2022	U	Turkey
Ferit Sahenk	Chairman, Dogus Holding	2005	C	Turkey
Burcu Geris	Vice-President and Chief Financial Officer, TAV Airports	2015	N	Turkey
Ayla Göksel		2008	Y	Turkey
Ayla Goksel Goger	Chief Executive Officer, Mother Child Education Foundation	2008	F	Turkey
Ipek Ilicak Kayaalp	Chairperson, Ronesans Holding	2018	Q	Turkey
Bengi Korkmaz	Partner, McKinsey & Company	2015	N	Turkey
Umit Kumcuoglu	Vice-President, Kyraca Automotive Group	2008	F	Turkey
Sedat Laçiner	Director, International Strategic Research Organization (ISRO)	2006	D	Turkey
Demet Mutlu	Founder and Chief Executive Officer, trendyol.com	2016	O	Turkey
Ahmet Olcay Sunucu	Chief Executive Officer and Board Member of Moova Gida San	2007	E	Turkey
Mohammad Salem Omaid	Banker, Azizi Bank	2021	T	Turkey

Nombre	Cargo, empresa	Año	Fuente	País
Burcu Ozturk	Chief Financial Officer, MLP Saglik Hizmetleri A.Ç.	2021	T	Turkey
Murat Ozyegin	Member of the Board, Fiba Kapital Holding AS.	2008	F	Turkey
Safak Pavey	Member of Parliament, Parliament of Turkey (National Assembly)	2015	N	Turkey
Murat Sarayli	National Chairman, Turkish Young Businessmen	2006	D	Turkey
Serpil Timuray		2010	AA	Turkey
Reem Abdullah	Founder, Women's Charitable Organization for Elimination of Poverty	2006	D	U.A.E.
Sarah Al Amiri	Minister of Public Education and Future Technology, Government of United Arab Emirates	2019	R	U.A.E.
Omar Sultan Al Olama	Minister of State for Artificial Intelligence, Digital Economy and Remote Work Applications, Office of the Prime Minister of the United Arab Emirates	2022	U	U.A.E.
Elham Al Qasim	Chief Executive Officer, Digital14	2021	T	U.A.E.
Bodour Al Qasimi	Chairperson, Sharjah Investment and Development Authority — Shurooq	2015	N	U.A.E.
Thani Ahmed Al Zeyoudi	Minister of State for Foreign Trade, Ministry of Economy of the United Arab Emirates	2020	S	U.A.E.
Nasser Alshaali		2008	Y	U.A.E.
Nabil Alyousuf		2010	AA	U.A.E.
Mehdi Amjad	Chief Executive Officer and President, Omniyat Properties	2008	F	U.A.E.
Rima Assi	Managing Partner, Abu Dhabi; Senior Partner, McKinsey & Company LME Limited	2019	R	U.A.E.
Najla Al Awadhi		2010	AA	U.A.E.
Ola Doudin	Co-Founder and Chief Executive Officer, BitOasis	2022	U	U.A.E.
Reem Fadda	Director, Cultural Foundation and Abu Dhabi Cultural Sites, Abu Dhabi Department of Culture and Tourism	2018	Q	U.A.E.
Omar Ghobash		2009	Z	U.A.E.
Mohammed Ali Al Hashimi	Executive Chairman, Zabeel Investments	2008	F	U.A.E.
Leila Hoteit	Partner, Booz & Company	2014	M	U.A.E.
Badr H. Jafar		2011	BB	U.A.E.
Majid Jafar	Chief Executive Officer, Crescent Petroleum	2016	O	U.A.E.
Noura Al Kaabi	Chief Executive Officer, Media Zone Authority, TwoFour54	2014	M	U.A.E.
Majid Saif Al-Ghurair	Chief Executive Officer, Al Ghurair Group	2005	C	U.A.E.
H.H. Sheikh Hamdan Bin Mohammed Bin Rashid Al Maktoum	Chairman, Dubai Executive Council, United Arab Emirates	2008	F	U.A.E.

Nombre	Cargo, empresa	Año	Fuente	País
Anne-Laure Malauzat	Partner; Lead, Social Impact Practice, Europe, Middle East and Africa; Chief Diversity, Equity and Inclusion Officer, Middle East, Bain & Company	2022	U	U.A.E.
Mona Ghanem Al Marri	Director-General, Government of Dubai Media Office	2014	M	U.A.E.
Alisha Moopen	Deputy Managing Director, Aster DM Healthcare	2018	Q	U.A.E.
Khaldoon Al Mubarak	Chief Executive Officer and Managing Director, Mubadala Development Company	2008	F	U.A.E.
Lana Nusseibeh	Ambassador and Permanent Representative of the UAE, United Nations	2014	M	U.A.E.
Badr Olama	Chief Executive Officer, Strata Manufacturing PJSC	2016	O	U.A.E.
Ohood Al Roumi		2012	CC	U.A.E.
Nasser Al Shaali	Chief Executive Officer, Dubai International Financial Centre (DIFC)	2008	F	U.A.E.
Bhavin Shah	Partner & Head of MENA, Forensic Risk Alliance Ltd	2020	S	U.A.E.
Zaid Daoud Al Siksek		2011	BB	U.A.E.
Mayank Singhal	Global Head of Private Equity and Venture Capital, Abu Dhabi Growth Fund (ADG)	2022	U	U.A.E.
Omar Bin Sulaiman	Director-General, Dubai International Financial Centre (DIFC)	2006	D	U.A.E.
Noor Sweid	General Partner, Global Ventures	2020	S	U.A.E.
Enass Abo-Hamed	Chief Executive Officer, H2GO Power Ltd.	2022	U	U.K.
Aditya Mittal	President and Group Chief Financial Officer, Mittal Steel Company	2005	C	U.K.
Anulika Ajufo	Venture Partner, Europe, Middle East and Africa, Sagana	2021	T	U.K.
Patrick Allen	Head of News, Europe, Middle East and Africa, CNBC	2014	M	U.K.
Poppy Allonby	Managing Director and Co-Head of BlackRock's Energy Business, BlackRock Inc.	2016	O	U.K.
Salim Amin	Chairman, , A24 Media/Camerapix	2007	E	U.K.
Mark Boris Andrijanic	Member of the Governing Board, European Institute of Innovation and Technology	2022	U	U.K.
Anne Richards	Chief Investment Officer, Aberdeen Asset Management	2005	C	U.K.
Dawood Azami		2011	BB	U.K.
Ruzwana Bashir	Founder and Chief Executive Officer, peek.com	2015	N	U.K.
Andrew Bastawrous	Clinical Lecturer and Ophthalmologist, International Centre for Eye Health	2015	N	U.K.
Venetia Bell	Group Chief Sustainability Officer; Head, Strategy, Gulf International Bank (GIB)	2022	U	U.K.
Jem Bendell		2012	CC	U.K.

235

Nombre	Cargo, empresa	Año	Fuente	País
Dan Berelowitz	Chief Executive Officer and Founder, International Centre for Social Franchising (ICSF)	2017	P	U.K.
Maggie Berry		2012	CC	U.K.
Alexander Betts	Director of the Refugee Studies Centre,University of Oxford	2016	O	U.K.
Sebastian Bishop		2010	AA	U.K.
Sarah-Jayne Blakemore	Professor of Neuroscience, University College London (UCL)	2014	M	U.K.
Ozwald Boateng	Founder, Bespoke Couture	2007	E	U.K.
Kieron Boyle	Head, Social Investment and Finance, Cabinet Office	2014	M	U.K.
Tyler Brûlé	Chairman and Creative Director, Winkreative	2006	D	U.K.
Jane Burston		2012	CC	U.K.
Rachel Campbell	Global Head, People, Performance and Culture, KPMG	2007	E	U.K.
Pete Cashmore		2011	BB	U.K.
Shami Chakrabarti	Director, Liberty (Human Rights Group)	2006	D	U.K.
Matthew Chamberlain	Chief Executive Officer, London Metal Exchange	2021	T	U.K.
Julie Chappell	Partner, Hawthorn	2016	O	U.K.
James Chau	Special Contributor, China Central Television	2015	N	U.K.
Chrystia Freeland	Deputy Editor, Financial Times	2005	C	U.K.
Neil Chugani		2009	Z	U.K.
Roksana Ciurysek-Gedir	Director, Head for Central and Eastern Europe, Edmond de Rothschild	2014	M	U.K.
Amal Clooney	Barrister, Doughty Street Chambers	2016	O	U.K.
Danny Cohen		2012	CC	U.K.
Tara Comonte		2012	CC	U.K.
Andrea Cooper	Head of Foundation, LFC	2015	N	U.K.
Lucy Cooper	Head, Customer Innovation, Europe, Middle East and Africa, Microsoft	2021	T	U.K.
Hilary Cottam	Director of Research and Development, Design Council	2006	D	U.K.
Jo Cox		2009	Z	U.K.
Brendan Cox		2012	CC	U.K.
Molly Crockett	Associate Professor of Experimental Psychology, University of Oxford	2017	P	U.K.
Nathalie Dauriac-Stoebe	Chief Executive, Signia Wealth	2014	M	U.K.
Alexander de Carvalho	Co-Founder and Chief Investment Officer, Public Group International Limited	2021	T	U.K.
David de Rothschild	Chief Executive Officer, MYOO	2007	E	U.K.
Rajeeb Dey		2012	CC	U.K.

Nombre	Cargo, empresa	Año	Fuente	País
Kathryn Dovey	Tax Policy Analyst, Global Forum on Tax Transparency, OECD	2014	M	U.K.
Luke Dowdney		2009	Z	U.K.
Jamie C. Drummond	Executive Director and Co-Founder, ONE	2007	E	U.K.
Miroslava Duma	Founder	2018	Q	U.K.
Ed Mayo	Chief Executive, National Consumer Council (NCC)	2005	C	U.K.
Edward Balis	Candidate for Normanton, Labour Party	2005	C	U.K.
Nina Elmi	Senior Adviser, Ministry of Foreign Affairs and International Cooperation of Somaliland	2016	O	U.K.
Michael Faye	Chief Executive Officer, GiveDirectly,	2018	Q	U.K.
Rio Ferdinand	Presenter, BT Group Plc	2017	P	U.K.
Mathieu Flamini	Founder, GFBiochemicals S.p.A	2018	Q	U.K.
Maya Foa	Director, Reprieve	2018	Q	U.K.
Justin Forsyth	Special Adviser to the Prime Minister, Minister of the United Kingdom	2006	D	U.K.
Martha Lane Fox		2012	CC	U.K.
Stephen Frost		2011	BB	U.K.
Jitesh Gadhia	Managing Director, ABN AMRO Bank NV	2008	F	U.K.
Katherine Garrett-Cox	Chief Investment Officer, Morley Asset Management, Morley Fund Management	2006	D	U.K.
Kate Garvey	Director, Freud Communications	2007	E	U.K.
Banafsheh Geretzki	Senior Director, Alvarez & Marsal Europe	2014	M	U.K.
Sadiq Gillani	Senior VicePresident and Chief Strategy Officer, Lufthansa Group	2015	N	U.K.
Zac Goldsmith	Head, Ecologist Magazine	2008	F	U.K.
Benjamin Goldsmith		2010	AA	U.K.
Charmian Gooch	Co-Founder and Co-Director, Global Witness	2006	D	U.K.
Sam Gregory		2012	CC	U.K.
Hélène Grimaud	Pianist	2006	D	U.K.
Helen Hai	Goodwill Ambassador, United Nations Industrial Development Organization (UNIDO)	2015	N	U.K.
Kate Hampton	Director of our Market Development Practice, Climate Change Capital	2008	F	U.K.
Lisa Heydlauff		2010	AA	U.K.
Christopher Cooper Hohn	Managing partner, The Children's Investment Fund Foundation (CIFF)	2008	F	U.K.
Catherine Howarth	Chief Executive Officer, ShareAction	2014	M	U.K.
Tom Hulme		2012	CC	U.K.

Nombre	Cargo, empresa	Año	Fuente	País
Ibrahim Helal	Project Director, BBC World Service Trust	2005	C	U.K.
Fidel Jonah		2009	Z	U.K.
Hannah Jones	Vice-President, Sustainable Business and Innovation, Nike	2007	E	U.K.
Nik Kafka		2009	Z	U.K.
Sony Kapoor	Managing Director, Re-Define	2014	M	U.K.
Freshta Karim	Founding Director, Charmaghz Cultural and Services Organization	2022	U	U.K.
Danae Kyriakopoulou	Senior Policy Fellow, Grantham Research Institute, London School of Economics and Political Science	2022	U	U.K.
Peter Lacy		2010	AA	U.K.
Shauneen Lambe		2010	AA	U.K.
Lily Lapenna		2011	BB	U.K.
Catherine Lenson	Managing Partner, SoftBank Investment Advisers (UK) Limited	2021	T	U.K.
Mark Leonard	Executive Director, European Council on Foreign Relations (ECFR)	2008	F	U.K.
Tim Levene		2012	CC	U.K.
Liz Lloyd	Programme Manager, Group Regulatory Risk, Standard Chartered Bank	2008	F	U.K.
Clare Lockhart		2011	BB	U.K.
Elisha London	Founder and Chief Executive Officer, Prospira Global	2020	S	U.K.
Ellen MacArthur	Founder, The Ellen MacArthur Trust	2006	D	U.K.
Marbel van Oranje	Director, EU Affairs, Open Society Institute	2005	C	U.K.
William Marshall	Co-Founder and CEO, Planet Labs	2016	O	U.K.
Martin South	Chief Executive Officer, Zurich International Business	2005	C	U.K.
Matthew Anderson	Chief Executive, Asia Pacific, Europe, African and Middle East, Ogilvy Public Relations Worldwide	2005	C	U.K.
Matthew Bishop	Business Editor, The Economist	2005	C	U.K.
M.Yasmina McCarty	Head of Mobile For Development, GSMA	2017	P	U.K.
Francesca McDonagh	Regional Head of Retail Banking Wealth Management, MENA, HSBC Bank Middle East Limited	2014	M	U.K.
Jake Leslie Melville		2009	Z	U.K.
Ed Miliband	Minister of the Cabinet Office of the United Kingdom and Chancellor of the Duchy of Lancaster	2008	F	U.K.
Jamie Mitchell	Managing Director, Innocent Drinks	2008	F	U.K.
Aditya Mittal	President and CFO, Mittal Steel Company	2004		U.K.
José Manuel Moller	Founder and Chief Executive Officer, Algramo	2019	R	U.K.

Nombre	Cargo, empresa	Año	Fuente	País
Gemma Mortensen		2011	BB	U.K.
Dambisa Moyo		2009	Z	U.K.
Elizabeth Murdoch	Chairman and Chief Executive Officer, Shine	2008	F	U.K.
Tom Mustill	Director, Gripping Films Ltd	2022	U	U.K.
Naguib Kheraj	Group Finance Director, Barclays Bank	2005	C	U.K.
Akshay Naheta	Senior VicePresident, SoftBank Group	2020	S	U.K.
Roland Nash		2012	CC	U.K.
Nathaniel Rothschild	President, Atticus Capital	2005	C	U.K.
Rain Newton-Smith		2012	CC	U.K.
Niklas Zennström	Co-Founder and Chief Executive Officer, Skype	2005	C	U.K.
Noreena Hertz	Author	2005	C	U.K.
David Novak		2009	Z	U.K.
Tolu Oni	Director, Global Diet and Activity Research Group and Network, MRC Epidemiology, University of Cambridge	2019	R	U.K.
Mina Al Oraibi		2009	Z	U.K.
Belinda Parmar	Chief Executive Officer and Author, Lady Geek	2014	M	U.K.
Catherine Parry	Chief Executive Officer, Templars Communications	2014	M	U.K.
Ioana Patriniche	Managing Director / Head of Investor Relations, Deutsche Bank	2022	U	U.K.
Ian Pearman		2012	CC	U.K.
Rouzbeh Pirouz	Founder and Chairman, Civility Project, The Foreign Policy Centre	2006	D	U.K.
Lila Preston	Partner, Generation Investment Management LLP	2014	M	U.K.
Lewis Gordon Pugh		2010	AA	U.K.
Richard Punt	Partner, Deloitte	2006	D	U.K.
Rani Raad		2011	BB	U.K.
Faisel Rahman		2009	Z	U.K.
Sarah Rawson	Regional Head of Business Management EMEA, Swiss Re Services Limited	2022	U	U.K.
Mark Read	Director, Strategy, WPP Plc	2006	D	U.K.
Atika Rehman	Deputy Editor, The Third Pole	2020	S	U.K.
Daniel Rimer	Operating Partner and Chief Financial Officer, Index Ventures Management Limited	2008	F	U.K.
Kate Roberts	Vice-President, PSI, and Founder, YouthAIDS, Five and Alive , Population Services International (PSI)	2007	E	U.K.
Susanna Rogers	Technical Adviser on Disability Inclusion, Climate and Environment Directorate, Foreign and Commonwealth Office of the United Kingdom,	2018	Q	U.K.

Nombre	Cargo, empresa	Año	Fuente	País
Nathaniel Philip Rothschild	Co-Chairman, Atticus Capital	2004		U.K.
Peter Rutland	Partner, CVC Capital Partners Ltd	2016	O	U.K.
Sahar Hashemi	Co-Founder, Coffee Republic	2005	C	U.K.
Robyn Scott		2012	CC	U.K.
Michael Sherwood	Co-Chief Executive Officer, Goldman Sachs International	2007	E	U.K.
Lutfey Siddiqi		2012	CC	U.K.
Rohan Silva	Entrepreneur in Residence, Index Ventures	2014	M	U.K.
Cameron Sinclair	Co-Founder, Architecture for Humanity	2008	F	U.K.
Bhavneet Singh		2009	Z	U.K.
Michael Acton Smith	Chief Executive Officer, Mind Candy Ltd	2014	M	U.K.
Scott Spirit		2010	AA	U.K.
Stelios Haji-Ioannou	Chariman, easyGroup	2005	C	U.K.
Steven Cain	Co-Founder and Director, GoinGreen	2005	C	U.K.
Anthony Stevens		2010	AA	U.K.
Tristram Stuart	Founder, Feedback	2015	N	U.K.
Suzanne Donohoe	Managing Director, Goldman Sachs Asset Management International	2005	C	U.K.
Lucian Tarnowski		2010	AA	U.K.
Natznet Tesfay	Senior Director, Africa Analysis, IHS Markit	2017	P	U.K.
Ashish J. Thakkar		2012	CC	U.K.
Tony O´Reilly, jr.	Chief Executive Officer, Wedgwood	2005	C	U.K.
Uday Harsh Khemka	Managing Director, SUN Group	2005	C	U.K.
Andrew Wales		2009	Z	U.K.
Lisa Walker	Chief Executive Officer, Ecosphere+	2017	P	U.K.
Richard Walker	Managing Director, Iceland Foods	2019	R	U.K.
Caroline Watson		2011	BB	U.K.
Christopher Wing To	Executive Director, Construction Industrial Council (CIC)	2007	E	U.K.
Yvette Cooper	Minister of State, Housing and Planning, Office of the Deputy Prime Minister	2005	C	U.K.
Maseena Ziegler	Author and Entrepreneur	2014	M	U.K.
Christopher Ategeka	Founder and CEO, Rides for Lives	2016	O	Uganda
Vincent W. Bagiire	Member of Parliament	2014	M	Uganda
Andrew Mwenda	Political Editor, The Monitor Publications	2008	F	Uganda
Victor Ochen	Executive Director, African Youth Initiative NetworkUganda	2016	O	Uganda

Nombre	Cargo, empresa	Año	Fuente	País
Andrew Rugasira	Chief Executive Officer, Good African Coffee	2007	E	Uganda
Mykhailo Fedorov	Vice-Prime Minister, Minister of Digital Transformation, Ministry of Digital Transformation of Ukraine	2022	U	Ukraine
Hanna Hopko	Member of Parliament, Parliament of Ukraine (Verkhovna Rada)	2016	O	Ukraine
Daria Kaleniuk	Executive Director, Anti-Corruption Action Centre	2019	R	Ukraine
Wladimir Klitschko	World Heavyweight Champion and Owner, Klitschko Management Group GmbH	2014	M	Ukraine
Andriy Kolodyuk	Co-Founder, AVentures Group	2008	F	Ukraine
Zoya Lytvyn	Head, Osvitoria	2022	U	Ukraine
Mustafa Nayyem	Blogger and Journalist, Newspaper Ukrainskaja Pravda	2016	O	Ukraine
Igor Shevchenko	Managing Partner, Shevchenko Didkovskiy & Partners Law Firm	2006	D	Ukraine
Victoria Alonsoperez	Founder and Chief Executive Officer, Chipsafer	2019	R	Uruguay
Penny Abeywardena	Commissioner of International Affairs, Mayor's Office, City of New York	2016	O	USA
Daron Acemoglu	Charles Kindelberger Professor of Applied Economics, MIT — School of Humanities and Social Science	2006	D	USA
Aerin Lauder	Senior Vice-President, Global Creative Directions, Estée Lauder	2005	C	USA
Afshin Molavi	Author	2005	C	USA
Usman Ahmed	Head of Global Public Policy and Research, Paypal, Inc.	2022	U	USA
Daniel Ahn	Global Fellow, The Woodrow Wilson International Center for Scholars	2021	T	USA
Peter Biar Ajak	Visiting Fellow and Adjunct Faculty, Africa Center for Strategic Studies	2021	T	USA
Laura Alber	President, Williams-Sonoma	2008	F	USA
Samuel Alemayehu	Managing Director, Cambridge Industries	2018	Q	USA
Saleem Ali		2011	BB	USA
Samar Ali	Attorney, Bass Berry & Sims	2017	P	USA
J. Allard	Corporate VicePresident, Microsoft Corporation	2006	D	USA
Wilmot Allen	Founder and Chief Executive Officer, 1 World Media Enterprises	2008	F	USA
Natalia Allen		2009	Z	USA
Colin Allred	Congressman from Texas (D), 32nd District, U.S. House of Representatives	2022	U	USA
Sam Altman	President, Y Combinator	2016	O	USA

Nombre	Cargo, empresa	Año	Fuente	País
Amy Butte	Executive Vice-President and Chief Financial Officer, New York Stock Exchange	2005	C	USA
Eric Anderson	President and Chief Executive Officer, Space Adventures Ltd	2008	F	USA
Angel Cabrera	President, Thunderbird, The Marvin School of International Management	2005	C	USA
Angela Belcher	Professor of Materials Science and Engineering and Biological Engineering, Massachusetts Institute of Technology	2005	C	USA
Andrea Armani	Professor, Viterbi School of Engineering, University of Southern California (USC)	2015	N	USA
Steve Arora	Head, Japan, Swiss Reinsurance Company	2015	N	USA
Neil M. Ashe	Chief Executive Officer, CNET Networks Inc.	2008	F	USA
Susan Athey	Professor for Economics, Harvard University, USA	2008	F	USA
Lera Auerbach	Composer, Poet and Concert Pianist	2007	E	USA
Jennifer (Jen) Auerbach-Rodriguez	Managing Director -MLWM Strategic Growth Markets, Merrill Lynch	2022	U	USA
Michael R. Auslin	Assistant Professor of History; Director, Project on Japan -US Relations, Yale University	2006	D	USA
Austan Gooisbee	Professor of Economics, University of Chicago	2005	C	USA
Gwenaelle Avice-Huet	Chief Strategy and Sustainability Officer, Schneider Electric	2018	Q	USA
Ronit Avni		2009	Z	USA
Ncik Ayers	Managing Partner, Ayers Neugebauer & Co.	2019	R	USA
Priyanka Bakaya	Director, BuySellSignals	2019	R	USA
Angela Baker	Chief Sustainability Officer, Qualcomm	2018	Q	USA
Daniella Ballou-Aares	Senior Adviser for Development, US Department of State	2014	M	USA
Lena Janel Bansal		2012	CC	USA
Rye Barcott		2011	BB	USA
Maria Bartiromo		2006	W	USA
Jessica Beckerman	Co-Founder and Chief Medical Officer, Muso	2022	U	USA
Brian Behlendorf	Founder and Chief Technology Officer, CollabNet	2006	D	USA
Georgie Benardete		2012	CC	USA
David Berry	Partner, Flagship Ventures	2014	M	USA
Jaime Herrera Beutler	Congresswoman from Washington (R), 3th District, United States House of Representatives	2014	M	USA
Neeraj Bharadwaj	Managing Director, Carlyle India Advisors	2007	E	USA
Shahzad A. Bhatti		2009	Z	USA

242

Nombre	Cargo, empresa	Año	Fuente	País
Gina Bianchini		2011	BB	USA
Bill Nguyen	Founder, Chairman and Co-Chief Executive Officer, Seven Networks	2005	C	USA
Peter Bisanz	Associate Director, World Economic Forum USA	2007	E	USA
Jorge R. Blanco	Vice-President, Avaya Inc.	2006	D	USA
Neil Blumenthal		2012	CC	USA
Matt Blunt	Governor of the State of Missouri, USA Office of the Governor	2006	D	USA
Zachary Bogue	Co-Managing Partner, Data Collective	2015	N	USA
Ruba Borno	Global Channel Chief, Amazon Web Services	2019	R	USA
Caroline Boudreaux		2009	Z	USA
Demetrios Boutris	President, Boutris Group, Inc	2008	F	USA
danah boyd		2011	BB	USA
Kate Brandt	Chief Sustainability Officer, Google	2020	S	USA
Bethann Brault	Managig Director and Co-Founder, Genesis Park PwC	2007	E	USA
David Bray	Chief Information Officer, Federal Communication Commission	2016	O	USA
Ian Bremmer	President, Eurasia Group	2007	E	USA
Binta Niambi Brown		2012	CC	USA
Aja Brown	Major, City of Compton	2017	P	USA
Kelly Buchanan	Head of Enterprise Payment Technologies, Truist Financial Corporation	2018	Q	USA
Agnes Budzyn	Co-Founder and Managing Partner, SFI	2019	R	USA
Antony Bugg-Levine	Chief Executive Officer, Nonprofit Finance Fund	2014	M	USA
Joy Buolamwini	Founder and Executive Director, Algorithmic Justice League	2022	U	USA
Leah Busque	Founder and Chief Executive Officer, TaskRabbit, Inc.	2014	M	USA
Pete Buttigieg	Secretary of Transportation, US Department of Transportation	2019	R	USA
David Wayne Callaway		2012	CC	USA
Kamissa Camara	Senior Adviser, Africa, United States Institute of Peace (USIP)	2019	R	USA
Niko Canner		2011	BB	USA
Adriana Cargill	Independent Radio Journalist	2021	T	USA
Julián Castro		2010	AA	USA
Navin Chaddha		2009	Z	USA
Pamela Chan	Global Head and Chief Investment Officer, BlackRock Alternative Solutions, BlackRock	2020	S	USA

Nombre	Cargo, empresa	Año	Fuente	País
Arvan Chan	Senior VicePresident; Chief Operating Officer, International, Centene	2021	T	USA
Candy Chang		2012	CC	USA
Charlene Begley	President and Chief Executive Officer, General Electric Rail	2005	C	USA
Sandeep Chatterjee		2011	BB	USA
Diana C. Chen		2008	Y	USA
Timothy Chen		2011	BB	USA
Jane Marie Chen		2012	CC	USA
Sarah Chen-Spellings	Co-Founder and Managing Partner, Beyond The Billion (launched as The Billion Dollar Fund for Women)	2020	S	USA
David Chiu		2009	Z	USA
Rohit Chopra	Managing Director, Lazard	2016	O	USA
Rohheit Chopra	Director, Consumer Financial Protection Bureau	2019	R	USA
Juliana L. Chugg	Senior Vice-President and President, Pillsbury USA, General Mills, Inc.	2008	F	USA
Eugene Chung	Chief Executive Officer and Founder, Penrose Studios	2022	U	USA
Marcelo Claire	President, Chairman of the Board and Chief Executive Officer, Brightstar	2007	E	USA
Marcelo Claure		2007	X	USA
Eunice Nuekie Cofie		2012	CC	USA
Jared Cohen	Director, Google Ideas, Google	2014	M	USA
Kat Cole	President, Cinnabon	2014	M	USA
Cesar Conde		2012	CC	USA
Anderson Cooper	Anchor, 360°, CNN	2008	F	USA
Peter L. Corsell		2010	AA	USA
Alexandra Cousteau		2011	BB	USA
Alexis Crow	Global Head, Geopolitical Investing, PwC	2021	T	USA
Daniel Cruise		2011	BB	USA
Amy Cuddy	Associate Professor, Harvard Business School	2014	M	USA
Curtis Nelson	President and Chief Operating Officer, Carlson Companies	2005	C	USA
Matt Dalio	Founder and Chair, Endless OS	2022	U	USA
Soraya Darabi	Co-Founder, Zady.com	2014	M	USA
Ernest Darkoh	Founding Partner and Chairman, BroadReach Healthcare	2006	D	USA
Sarah Daubenspeck	Managing Director, CFO and Enterprise Value Group, Accenture	2016	O	USA

Nombre	Cargo, empresa	Año	Fuente	País
Artur Davis	Congressman from Alabama (Democrat), 7th District, USA	2008	F	USA
Geoff Davis	President and Chief Executive Officer, Unitus	2008	F	USA
Eric Dayton	Co-Founder and Chief Executive Officer, Askov Finlayson	2019	R	USA
Alberto de Belaunde	Program Adviser, Global Advocacy, OutRight Action International	2021	T	USA
Erik Demaine	Assistant Professor of Computer Science, MIT	2004		USA
Aslihan Denizkurdu	Chief Operating Officer, Celsius Network	2020	S	USA
Christopher Deri		2010	AA	USA
Leslie Dewan	Chief Executive Officer, Transatomic Power Corporation	2016	O	USA
Subhash Dhar	Founder and Chief Executive Office, Enterprise Nube Services	2007	E	USA
Vilas Dhar	President and Trustee, Patrick J. McGovern Foundation	2022	U	USA
Leonardo DiCaprio	Actor	2008	F	USA
Dina Habib Powell	Assistant to the President of the USA for Presidential Personnel	2005	C	USA
Michelle Dipp	Co-Founder and Chief Executive Officer, OvaScience	2015	N	USA
William J. Dobson	Managing Editor, Foreign Policy Magazine	2006	D	USA
Margo Drakos		2010	AA	USA
Joshua Dubois		2012	CC	USA
Esther Duflo	Professor of Economics, Massachusetts Institute of Technology	2006	D	USA
Joy Dunn	Head, Operations, Commonwealth Fusion Systems	2018	Q	USA
Margot Edelman	General Manager, Edelman	2022	U	USA
Suzanne Ehlers		2012	CC	USA
Rana El Kaliouby	Chief Executive Officer and CoFounder, Affectiva	2017	P	USA
Phaedra Ellis-Lamkins		2010	AA	USA
Brooke Ellison	Member of the Board, Empire State Stem Cell Board	2014	M	USA
Jennifer Ellisseeff	Associate Professor of Biomedical Engineering, Johns Hopkins University, USA	2008	F	USA
Abasi Ene-Obong	Chief Executive Officer and Founder, 54gene	2021	T	USA
Erik Demaine	Assistant Professor of Computer Science, Massachusetts Institute of Technology	2005	C	USA
Sara Sutton Fell	Chief Executive Officer and Founder, FlexJobs.com	2014	M	USA
Rossanna Figuera		2010	AA	USA
Aria Finger	Chief Executive Officer, DoSomething.orgRu ns	2016	O	USA

Nombre	Cargo, empresa	Año	Fuente	País
Amy Finkelstein		2011	BB	USA
Betsy Fischer	Executive Producer, «Meet the Press», NBC News	2008	F	USA
David Fischer		2012	CC	USA
Heather Fleming		2010	AA	USA
William Foote	Founding President and Executive Director, Root Capital	2008	F	USA
Brian Forde	Director, Digital Currency, Massachusetts Institute of Technology (MIT) Media Laboratory	2015	N	USA
Scott J. Freidheim	Global Head, Strategy, Lehman Brothers Inc.	2006	D	USA
Limor Fried	Owner and Head Engineer, Adafruit Industries LLC	2014	M	USA
Adena Friedman	Chief Financial Officer, Carlyle Group	2007	E	USA
Roland G. Fryer	Professor of Economics, Harvard University	2016	O	USA
Steven Fulop	Mayor of Jersey City	2014	M	USA
Ashish Gadnis		2009	Z	USA
Kate Gallego	Mayor of Phoenix, Arizona, City of Phoenix	2020	S	USA
Badruun Gardi	LOEB Fellow, Harvard University Graduate School of Design	2022	U	USA
Gavin Newsom	Mayor of San Francisco	2005	C	USA
Joe Gebbia	Chief Product Officer and Co-Founder, Airbnb Inc.	2016	O	USA
Jared Genser	Founder, Freedom Now	2008	F	USA
Pierre Gentin	Managing Director, Credit Suisse	2008	F	USA
Rayid Ghani	Co-Founder, Edgeflip	2014	M	USA
Liliana Gil		2011	BB	USA
Nili Gilbert	Co-Founder and Portfolio Manager, Matarin Capital	2017	P	USA
Garlin Gilchrist II	Lieutenant Governor, State of Michigan	2021	T	USA
Mack Gill	President, Offshore Services, SunGard	2006	D	USA
Neal Goldman	Chairman and Chief Executive Officer, Connectivity Data Systems	2007	E	USA
Sam Goldman		2010	AA	USA
Ellen Gonda		2011	BB	USA
Gita Gopinath		2011	BB	USA
Pierre-Dimitri Gore-Coty	Senior VicePresident, Delivery, Uber Technologies	2021	T	USA
Midori Goto	Violinist, Midori Foundation	2006	D	USA
Vandana Goyal		2012	CC	USA
Adam Grant	Professor, Management and Psychology, Wharton School, University of Pennsylvania	2015	N	USA
John Green	Novelist and YouTuber, vlogbrothers	2016	O	USA

Nombre	Cargo, empresa	Año	Fuente	País
Megan Greenfield	Partner, McKinsey & Company	2021	T	USA
Julia R. Greer	Professor of Materials Science and Mechanics, California Institute of Technology (Caltech)	2014	M	USA
Kelly Grier		2010	AA	USA
Fernando Grostein Andrade	Filmmaker	2019	R	USA
Sanjay Gupta		2010	AA	USA
Cyrus Habib	Priest, Society of Jesus (Jesuits)	2019	R	USA
Priya Haji		2009	Z	USA
Elvis Gbanabom Hallowell	Founder and Executive Director, SHARE (Save Heritage and Rehabilitate the Enviroment)	2006	D	USA
John Hamlin	Senior VicePresident and General Manager, US Consumer Business, Dell Inc.	2006	D	USA
Mia Hamm	Founder, Mia Hamm Foundation	2008	F	USA
Bicheng Han	Founder and Chief Executive Officer, BrainCo	2022	U	USA
Mark Hanis		2009	Z	USA
Dave Hanley		2012	CC	USA
Nathaniel Harding	Managing Partner, Cortado Ventures	2019	R	USA
Jonathan Harris		2009	Z	USA
Scott Harrison		2012	CC	USA
Stephanie Hart	Program Director, Nestlé SA	2008	F	USA
Stephanie Pullings Hart		2008	Y	USA
Roy Harvey	Plant Manager, Alcoa San Ciprián	2008	F	USA
Roy C. Harvey		2008	Y	USA
Tony Hawk	Founder, Tony Hawk Foundation	2008	F	USA
Margaret de Heinrich		2011	BB	USA
Helen Greiner	Chairman and Co-Founder, iRobot Corporation	2005	C	USA
Rebecca M. Heller	Executive Director, International Refugee Assistance Project	2020	S	USA
Brad Henderson	Senior Partner and Managing Director, The Boston Consulting Group	2017	P	USA
Cal Henderson	Co-Founder and Chief Technology Officer, Slack	2019	R	USA
Michael Hersch	Composer, 21C Music Publishing, Inc.	2006	D	USA
Sheri Hickok	Vehicle Chief Engineer, Next Generation Full Size Trucks, General Motors Company	2015	N	USA
Katie Hill	Head of Clean Energy Program, Apple Inc.	2017	P	USA
Henry Nguyen Hoang		2010	AA	USA
Brendan Hoffman	President and Chief Executive Officer, Neiman Marcus Direct, The Neiman Marcus Group Inc.	2008	F	USA

Nombre	Cargo, empresa	Año	Fuente	País
Orenzo «Perry» Hollowell	Head, Equities and Sustainable Investing, CFI Partners	2022	U	USA
Rodney Hood	Vice-Chairman, National Credit Union Administration	2008	F	USA
Rodney E. Hood		2008	Y	USA
Ayanna Howard	Associate Professor, Georgia Institute of Technology	2006	D	USA
Howard I. Hoffen	Chairman and CEO, Metalmark Capital LLC	2005	C	USA
Ken Howery		2012	CC	USA
Caroline Hoxby	Professor of Economics, Stanford University, USA	2008	F	USA
Halla Hrund Logadottir	Co-Founder, Arctic Initiative, Harvard Kennedy School of Government	2019	R	USA
Jukay Hsu	Co-Founder and Chief Executive Officer, Pursuit	2020	S	USA
George Hu		2010	AA	USA
Mei Mei Hu	Chief Executive Officer, Vaxxinity	2020	S	USA
Lisa Huddleson		2009	Z	USA
Lydie Hudson	Managing Director; Chief Operating Officer, Global Markets, Credit Suisse AG	2017	P	USA
Chad Hurley		2009	Z	USA
Kang Hyun-Jung		2011	BB	USA
Gerard Ian	Founder and Director, Gen Art	2006	D	USA
Lila Ibrahim	Partner, Kleiner, Perkins, Caufield & Byers (KPCB)	2007	E	USA
Shamil Idriss	Deputy Director, Alliance of Civilizations, United Nations	2006	D	USA
Lisa Ivers	Partner and Managing Director, Boston Consulting Group (BCG	2019	R	USA
Jessica Jackley		2011	BB	USA
Jessica Jackson	Chief Advocacy Officer, Reform Alliance	2021	T	USA
Alice Jacobs	Founder, Chairman and Chief Executive Officer, Intelligent Medical Devices	2006	D	USA
Ankur Jain	Vice President, Tinder	2017	P	USA
Joshua G. James		2012	CC	USA
Li Jia	Adjunct Professor, Stanford University School of Medicine	2018	Q	USA
Bobby Jindal	Governor of Louisiana, USA	2008	F	USA
Jodi Kantor	Editor, «Arts and Leisure», The New York Times	2005	C	USA
John Bastelle	Visiting Professor and Director, Business Reporting Programme, University of California	2005	C	USA
John Bryant	Founder, Chairman and Chief Executive Officer, Operation Hope	2005	C	USA
Imara C. Jones	Director, KNOW HIV/AIDS, Viacom Inc.	2006	D	USA

Nombre	Cargo, empresa	Año	Fuente	País
David Jones	Chief Executive Officer, Euro RSCG Worldwide	2008	F	USA
Julia Ormond	Actress, Producer and Founding Chair, FilmAid International	2005	C	USA
Lynn Jurich	Co-Founder and Co-Chief SunRun Executive Officer	2014	M	USA
Justin Fox	Editor-at-large, FORTUNE Magazine	2005	C	USA
Gadeer Kamal-Mreeh	Senior Special Envoy, North America, The Jewish Agency	2021	T	USA
Karen Karniol-Tambour	Co-Chief Investment Officer, Sustainability, Bridgewater Associates	2020	S	USA
David Karp	Founder and Chief Executive Officer, Tumblr	2014	M	USA
Sam Kass	Founder, Trove	2017	P	USA
Matthew Katz	Global Head of Data Science, Blackstone Group	2022	U	USA
Brian Kaufmann	Head, Private Equity; Portfolio Manager; Member of the Management Committee, Viking Global Investors	2021	T	USA
Tal Keinan		2010	AA	USA
Valerie Keller		2012	CC	USA
Peter B. Kellner		2009	Z	USA
Ibram X Kendi	Director of the Center for Antiracist Research, Boston University	2021	T	USA
Patrick J Kennedy	Representative, Rhode Island, United States House of Representatives	2006	D	USA
Teresa K. Kennedy		2009	Z	USA
Anthony Kennedy Shriver	Founder, Best Buddies International	2004		USA
Vanessa Kerry	CO-Founder and Chief Executive Officer, Seed Global Health	2016	O	USA
Sanjeev Khagram		2009	Z	USA
Salman Khan		2012	CC	USA
Parag Khanna		2009	Z	USA
Dara Khosrowshahi	Chief Executive Officer and President, Expedia Inc.	2008	F	USA
Kwame Kilpatrick	Mayor of Detroit, City of Detroit	2006	D	USA
J. Joseph Kim	Co-Founder, President and Chief Executive Officer, VGX Pharmaceuticals	2006	D	USA
Adam Kinzinger	Congressman from Illinois (R), 11th District, United States House of Representatives	2017	P	USA
Emily Kirsch	Founder and Managing Partner, Powerhouse Ventures	2019	R	USA
Laureen Koopman	Director, Sustainable Business Solutions, PwC	2015	N	USA
Jonathan Korngold	Managing Director, General Atlantic	2008	F	USA

Nombre	Cargo, empresa	Año	Fuente	País
Joseph Kozelmann	Partner; Global Head, Client and Capital Formation Group, TP	2019	R	USA
Michael Kratsios	Managing Director, Scale AI	2020	S	USA
Kristin Forbes	Member, Council of Economic Advisors	2005	C	USA
Yi Kuk		2010	AA	USA
Maria Teresa Kumar	Founding President and Chief Executive Officer, Voto Latino	2014	M	USA
Vivek Kundra		2011	BB	USA
Mpule Kwelagobe	Goodwill Ambassador, United Nations Population Fund (UNFPA)	2006	D	USA
LaMae Allen deLongh	Partner, Accenture	2005	C	USA
Lang Lang	Pianist, IMG	2006	D	USA
Jamail Larkins		2011	BB	USA
Larry Page	Co-Founder and President, Products Google	2005	C	USA
Hilal Ahmed Lashuel		2012	CC	USA
Corinna E. Lathan	Founder and Chief Executive Officer, AnthroTronix Inc.	2006	D	USA
Farhan Latif	President, El-Hibri Foundation	2019	R	USA
Andrew Lee		2011	BB	USA
Jess Lee	Investor, Sequoia Capital	2017	P	USA
Sam Lee	Founder and Chief Executive Officer, IndeCollective	2019	R	USA
Michael Lefenfeld	President and Chief Executive Officer, SiGNa Chemistry Inc.	2016	O	USA
John Legend		2012	CC	USA
Courtney Leimkuhler	CFO, U.S. & Canada Division, Marsh (MMC)	2014	M	USA
Olivia Leland	Director, Giving Partnerships, Bill & Melinda Gates Foundation	2014	M	USA
Dana Leong	Composer and Musician, Tateo Sound	2015	N	USA
Max Levchin		2011	BB	USA
Jonathan Levin		2012	CC	USA
Jacob Lief		2010	AA	USA
Lisa Caputo	President and Chief Executive Officer, Women and Co.	2005	C	USA
Peggy Liu		2009	Z	USA
Ida Liu	Managing Director and Head of North America, Asian Clients Group, Citi Private Bank North America	2014	M	USA
Max Liu	Co-Founder and Chief Executive Officer, EMQ	2015	N	USA
Jessica Long	Managing Director, Accenture Development Partnerships	2014	M	USA
Lynn Loo		2012	CC	USA

Nombre	Cargo, empresa	Año	Fuente	País
Brie Loskota	Executive Director, Center for Religion and Civic Culture, University of Southern California	2017	P	USA
Adam Lowry		2012	CC	USA
Haley Lowry	Global Sustainability Director, Dow	2021	T	USA
Kevin Lu		2010	AA	USA
Thang Lu	Founding and Managing Partner, Fusion Fund	2018	Q	USA
Daniel Lubetzky	Chief Executive Officer and Founder, KIND Healthy Snacks	2007	E	USA
Nancy Lublin	Chief Executive Officer and Chief Old Person, DoSomething.org	2007	E	USA
Katherine Maher	Chief Executive Officer (2019-2021), Wikimedia Foundation	2020	S	USA
Joud Abdel Majeid	Deputy Chief Financial Officer, BlackRock	2022	U	USA
Tamer Makary	Founder, Ethica Partners,	2018	Q	USA
Jonathan Malagon	Visiting Fellow, Growth Lab, (Colombia's Minister of Housing 2018-2022), Harvard University	2019	R	USA
Caroline Malcolm	Head, International Public Policy & Research, Chainalysis	2020	S	USA
Marc R. Benioff	Chairman and Chief Executive Officer, salesforce.com	2005	C	USA
Mark P. Mays	President and Chief Executive Officer, Clear Channel Communications	2005	C	USA
Kevin J. Martin	Chairman, Federal Communications Commission	2006	D	USA
Jayme Martin		2011	BB	USA
Richard Martinez	Vice President for Countries, Inter-American Development Bank	2019	R	USA
Leland Maschmeyer	Co-Founder, Sway	2020	S	USA
Barbara Maul	Board Member, Child Center of Ny Inc	2020	S	USA
Elizabeth Maw		2010	AA	USA
Marissa Mayer		2010	AA	USA
Jane McGonigal		2011	BB	USA
Gregory McKeown		2012	CC	USA
Nadeem Meghji	Senior Managing Director, Blackstone Group	2018	Q	USA
Melody Hobson	President, Ariel Capital Management	2005	C	USA
Patricia Menendez-Cambo	Chair, Global Practice Group, Greenberg Traurig	2007	E	USA
Michael Kremer	Gates Professor of Developing Countries and Professor of Economics, Harvard	2005	C	USA
Miguel R. Forbes	Vice-President, New Business Development, Forbes	2005	C	USA
Roberto Milk		2010	AA	USA

Nombre	Cargo, empresa	Año	Fuente	País
Dalia Mogahed		2012	CC	USA
Andy Moon	CEO, Sunfarmer	2016	O	USA
Kimberly A. Moore	Circuit Judge, United States Court of Appeals for the Federal Circuit	2008	F	USA
Westley Moore		2011	BB	USA
Mike Moradi	Founder and Chief Executive Officer, Sensulin	2017	P	USA
Nathaniel R. Morris	Co-Founder and Chief Executive Officer, Rubicon Global	2014	M	USA
Seth Moulton	Congressman from Massachusetts (D), 6th District, United States House of Representatives	2016	O	USA
Janet Mountain	Executive Director, Michael & Susan Dell Foundation (MSDF)	2006	D	USA
Aimee Mullins		2012	CC	USA
Alaa Murabit	Director, Health (PAC), UN High-Level Commissioner and SDG Advocate, Bill & Melinda Gates Foundation	2022	U	USA
Elon Musk	Chairman, Tesla Motors	2008	F	USA
Fawad Ahmad Muslim		2011	BB	USA
Griffin Myers	Co-Founder and Chief Medical Officer, Oak Street Health	2020	S	USA
Jaime Nack		2011	BB	USA
Nerissa Naidu	Chair of the Board, CreditXpert Inc.	2019	R	USA
Erika Najarian	Managing Director, Large-Cap Banks & Consumer Finance, UBS AG	2019	R	USA
Emi Nakamura	Chancellors Professor of Economics, University of California, Berkeley	2020	S	USA
Siamak Namazi	General Manager, Access Consulting Group	2007	E	USA
Raju Narisetti	Managing Editor, WSJ Digital Network and Deputy Managing Editor, Wall Street Journal	2007	E	USA
Nicole Nason	Administrator, National Highway Traffic Safety Administration, US Department of Transportation	2008	F	USA
Lukas Nelson	Band Leader, Promise of The Real	2021	T	USA
Josh Nesbit	Chief Executive Officer, Medic Mobile	2014	M	USA
Max Neukirchen	Managing Director and Head, Strategy, JP Morgan	2015	N	USA
Niall Ferguson	Professor of History, Harvard University	2005	C	USA
Jennifer Nichols	Global Head of Legal, Aberdeen Asset Management	2014	M	USA
Grace Chiang Nicolette		2011	BB	USA
Boris Nikolic		2009	Z	USA
Jehane Noujaim	Director, Noujaim Films	2007	E	USA

Nombre	Cargo, empresa	Año	Fuente	País
Julia Novy-Hildesley		2010	AA	USA
Martin Nowak	Professor of Mathematics and Biology, Harvard University	2006	D	USA
Chinny Ogunro	Chief Operating Officer, The Africa Center	2020	S	USA
Ziad S. Ojakli	Group Vice President, Corporate Affairs, Ford Motor Company	2006	D	USA
Rebecca D. Onie		2010	AA	USA
John Osborn	President and Chief Executive Officer, BBDO Worldwide	2006	D	USA
John B. Osborn		2006	W	USA
Amit Paley	Chief Executive Officer and Executive Director, The Trevor Project	2021	T	USA
Rajiv Pant	Chief Technology Officer, The New York Times	2014	M	USA
Sarah Parcak	Director, GlobalXplorer	2017	P	USA
Kirsten Parker	Sloan Fellow, London Business School	2015	N	USA
John Partilla	Chief Operating Officer, Dentsu Network West	2007	E	USA
Eboo Patel		2009	Z	USA
Kavita Patel	Fellow and Managing Director, Engelberg Center for Health Care Reform, The Brookings Institution	2014	M	USA
Pawan Patil		2010	AA	USA
Dhanurjay Patil	Vice President, Product, RelateIQ	2014	M	USA
Paul Meyer	Co-Founder, President and Chief Executive Officer, Voxiva	2005	C	USA
Bo Peabody	Co-Founder and Managing General Partner, Village Ventures	2006	D	USA
Michelle A. Peluso	Chief Executive Officer, Travelocity.com LP	2008	F	USA
Jeremy Philips	Executive Vice-President, Office of the Chairman, News Corporation	2008	F	USA
Lydia Polgreen	Journalist, The New York Times	2008	F	USA
Adam H. Putnam	Congressman from Florida (Republican), 12th District, USA	2008	F	USA
Sriram Raghavan		2010	AA	USA
Hosain Rahman	Founder and Chief Executive Officer, Jawbone	2014	M	USA
Devesh Raj	Partner and Managing Director, The Boston Consulting Group	2014	M	USA
Austin Ramirez	President and Chief Executive Officer, Husco International	2014	M	USA
Joshua Cooper Ramo	Managing Director, Kissinger Associates Inc.	2006	D	USA
Patrick Ramsey	Managing Director, Merrill Lynch & Co. Inc.	2008	F	USA

Nombre	Cargo, empresa	Año	Fuente	País
Anushka Ratnayake	Founder and Chief Executive Officer, myAgro	2018	Q	USA
Kristin Rechberger		2009	Z	USA
Carol Reiley	Founder and Member of the Board, Drive.ai	2019	R	USA
Julissa Reynoso	US Ambassador, US Embassy	2014	M	USA
Michelle Rhee		2010	AA	USA
Kristin Groos Richmond		2012	CC	USA
Alan Ricks	Co-Founder, MASS Design Group	2014	M	USA
April Rinne		2011	BB	USA
Daron Roberts	President and Founder, 4th and 1, Inc.	2014	M	USA
John B. Rogers	President, Chief Executive Officer and CoFounder, Local Motors	2014	M	USA
James Rogers	Founder and Chief Executive Officer, Apeel	2020	S	USA
Shezad Rokerya	Chairman, The Interlink Group	2006	D	USA
David G. Rosenberg		2010	AA	USA
Roy Brandon Burgess	Executive Vice-President, Business Development, Digital Media and International Channels, NBC Universal	2005	C	USA
Nilmini Rubin	Professional Staff Member, International Economics, US Senate Foreign Relations Committee	2006	D	USA
Juan Carlos Ruck	Sales Vice-President, Frito Lay North America	2014	M	USA
Veronica Ruiz del Vizo	Chief Executive Officer and Founder, Women on Stage	2020	S	USA
Charles Rutstein		2011	BB	USA
Pardis Sabeti		2012	CC	USA
Karim Sadjadpour	Senior Associate, Carnegie Endowment for International Peace	2007	E	USA
Kaitlyn Sadtler	Investigator; Chief of Section, Immunoengineering, National Institutes of Health	2022	U	USA
Faiza Saeed	Partner, Cravath, Swaine & Moore	2006	D	USA
Reihan Salam	Contributing Editor and Blogger, National Review	2017	P	USA
Sallie Krawcheck	Chief Financial Officer and Head of Strategy, Citigroup	2005	C	USA
Sheryl Sandberg	Chief Operating Officer, Facebook	2007	E	USA
Lily Sarafina	Co-Founder and Chief Executive Officer, Home Care Assistance	2018	Q	USA
Arvind Satyam	Chief Commercial Officer, Pano AI	2018	Q	USA
Rachel Schutt	Chief Data Scientist, News Corp.	2015	N	USA
Jonathan Schwartz	President and Chief Operating Officer, Sun Microsystems Inc.	2006	D	USA
Zarrar Sehgal		2009	Z	USA

Nombre	Cargo, empresa	Año	Fuente	País
Kabir Sehgal	Founder and Chief Executive Officer, Tiger Turn Productions	2020	S	USA
Jake Seid		2009	Z	USA
Dan Senor		2011	BB	USA
Emily Serazin	Managing Director and Partner, Boston Consulting Group (BCG)	2021	T	USA
Sergey Brin	Co-Founder and President, Technology Google	2005	C	USA
Lara Setrakian		2012	CC	USA
Rajiv J. Shah	Administrator, USAID — US Agency for International Development	2007	E	USA
Premal Shah		2009	Z	USA
Daniel Shapiro	Director, Harvard International Negotiation Initiative, Harvard Law School, USA	2008	F	USA
Fern Shaw	President, Southern California District, UPS	2018	Q	USA
Sally Shin	Chief Strategy Officer, UnitedMasters	2020	S	USA
Dan Shine	Executive Director, worldchanging.com	2007	E	USA
Susana Sierra	Partner and Executive Director, BH Compliance	2020	S	USA
Shahzia Sikander	Artist	2006	D	USA
Kristen Silverberg		2009	Z	USA
Josh Silverman		2009	Z	USA
Shamina Singh		2010	AA	USA
Navrina Singh	Director of Business Development, Microsoft Corporation	2017	P	USA
Shivani Siroya	Founder and Chief Executive Officer, InVenture	2016	O	USA
E. Benjamin Skinner		2011	BB	USA
Tad Smith	Chief Executive Officer, Reed Business Information	2006	D	USA
Edward Smith	Partner, DLA Piper LLP	2018	Q	USA
Julie Smolyansky	Chief Executive Officer, President and Director, Lifeway Foods	2015	N	USA
Richard Socher	Chief Scientist, Salesforce	2017	P	USA
Andrew R. Sorkin	Columnist, New York Times	2007	E	USA
Roy Sosa		2009	Z	USA
Josh Spear		2009	Z	USA
Rob Speyer	President, Tishman Speyer Properties	2008	F	USA
William Steiger	Chief of Staff, USAID, Director of the Office of Global Health Affairs at the U.S. Department of Health and Human Services	2004		USA
Rachel Sterne		2012	CC	USA

Nombre	Cargo, empresa	Año	Fuente	País
Steve Jurvetson	Managing Director, Draper Fisher Jurvetson	2005	C	USA
Steven Levitt	Professor, Department of Economics, University of Chicago	2005	C	USA
Stig Leschly	Founder and President, Compass Schools	2005	C	USA
Mark Stoffels	Senior VicePresident, Connected Care North America, Philips	2022	U	USA
Richard Stromback	Founder, Stromback Ventures	2007	E	USA
Anjali Sud	Chief Executive Officer, Vimeo	2019	R	USA
Dhivya Suryadevara	Vice President of Finance and Treasurer, General Motors Company	2016	O	USA
Sylvia Mathews	Chief Operating Officer and Executive Director, Bill and Melinda Gates Foundation	2005	C	USA
Tom Szaky	Founder and Chief Executive Officer, TerraCycle	2018	Q	USA
Nina Tandon	President and Chief Executive Officer, EpiBone Inc.	2016	O	USA
Dylan E. Taylor		2011	BB	USA
Ted Halstead	President and Chief Executive Officer, New American Foundation	2005	C	USA
Peter A. Thiel	President and Chairman of Investment Committee, Founders Fund	2007	E	USA
Thomas Crampton	Asia Correspondent, The International Herald Tribune	2005	C	USA
Leo M. Tilman	President, L.M.Tilman & Co. Inc.	2007	E	USA
Philip Tinari	Director, Ullens Center for Contemporary Art	2015	N	USA
Alexa von Tobel		2011	BB	USA
Graves Tompkins	Managing Director and Global Head of Capital Partnering, General Atlantic LLC	2017	P	USA
Alexander Torrenegra	Co-Founder and CEO, Bunny Inc.	2015	N	USA
Gregg Treinish	Executive Director, Adventure Scientists	2020	S	USA
Trevor Neilson	Executive Director, Global Business Coalition on HIV/AIDS	2005	C	USA
Kyriakos Tsakopoulos	President, KT Communities Corporation	2008	F	USA
Chris Tucker	Actor, Eternal Entertainment	2006	D	USA
John R. Tyson	Chief Financial Officer, Tyson Foods	2022	U	USA
Van Jones	Founder and National Executive Director, Ella Baker Center for Human Rights	2005	C	USA
Rebecca van Bergen	Founder & Executive Director, Nest	2017	P	USA
Vasudha Vats	Vice-President, Pfizer	2021	T	USA
Ashok Vemuri		2009	Z	USA
Sandhya Venkatachalam	Founding Partner, Centerview Capital Technology	2014	M	USA

Nombre	Cargo, empresa	Año	Fuente	País
Josh Viertel		2010	AA	USA
Nicole Vogrin	Deputy Chief of Staff to Chief Executive Officer, Western Union	2020	S	USA
Devry Boughner Vorwerk	Director, International Business Relations, Cargill Inc.	2014	M	USA
Hitesh Wadhwa	Principal, Enterprise Sales, Amazon Web Services	2021	T	USA
David Alexander Walcott	Founder and Managing Partner, Novamed	2021	T	USA
Robert Waldron	President and CEO, Jumpstart	2006	D	USA
Jimmy Wales	Founder and Trustee, Wikimedia Foundation	2007	E	USA
George Walker	Managing Director and Global Head of Investment Management, Lehman Brothers	2008	F	USA
Kara Walker	Artist and Professor, School of the Arts and Professor School of the Arts Columbia University, USA	2008	F	USA
Melanie Walker		2011	BB	USA
Casey Wasserman	Chairman and Chief Executive Officer, Wasserman Media Group	2008	F	USA
Shen Wei		2009	Z	USA
Rebecca Weintraub	Faculty Director, Global Health Delivery Project at Harvard University	2014	M	USA
Leana Wen	Professor of Health Policy and Management, George Washington University	2018	Q	USA
Devin Wenig	Board of Directors, President, Business Divisions, Reuters	2006	D	USA
Adam Werbach		2011	BB	USA
Robert Wiesenthal	Group Executive in Charge of Corporate Development and M&A; Sony Corporation	2007	E	USA
Kiah Williams	Co-Founder and Managing Director, Supporting Initiatives to Redistribute Unused Medicine — SIRUM	2022	U	USA
Bryony Winn	President, Anthem Health Solutions, Anthem, Inc.	2019	R	USA
Lisa Witter		2010	AA	USA
Nathan D. Wolfe		2010	AA	USA
Michele Wucker		2009	Z	USA
Yan E. Yanovskiy		2011	BB	USA
Melike Yetken	Senior Adviser, Corporate Responsibility, US Department of State	2015	N	USA
Julie Yoo	Chief Product Officer and CoFounder, Kyruus	2016	O	USA
Monica Yunus	CO-Founder and Co-Executive Director, Sing for Hope	2016	O	USA
Andrey Zarur	President and Chief Executive Officer, BioProcessors Corporation	2006	D	USA

Nombre	Cargo, empresa	Año	Fuente	País
Laurie Zephyrin	National Director of Reproductive Health, US Department of Veterans Affairs (VA)	2014	M	USA
Yao Zhang	Founder and CEO, RoboTerra, Inc.	2016	O	USA
Feng Zhang	Professor, Massachusetts Institute of Technology	2017	P	USA
Longmei Zhang	M-RCBG senior fellow, Harvard Kennedy School of Governmen	2019	R	USA
Heather Zichal	Deputy Assistant to President Barack Obama for Energy and Climate Change, White House, United States of America	2014	M	USA
Mark Zuckerberg		2009	Z	USA
Alix Zwane	Chief Executive Officer, Global Innovation Fund	2015	N	USA
Arthur Kennedy Shriver	Founder and Chairman, Best Buddies International	2005	C	USA
Bret Stephens	Member of the Editorial Board, The Wall Street Journal	2005	C	USA
Fareed Zakaria	Editor, Newsweek International	2005	C	USA
Jerry Yang	Co-Founder, Chief Yahoo and Director	2005	C	USA
John Wood	Founder and Chief Executive Officer, Room to Read	2005	C	USA
John E. Sununu	Senior Advisor, Middle East Working Group, US Senator from New Hampshire, US Senat	2005	C	USA
Jonathan Zittrain	Assistant Professor of Law and Co-Founder of the Berkman Center for Internet and Society, Harvard Law School	2005	C	USA
Jonathan Soros	Co-Deputy Chairman, Soros Fund Management	2005	C	USA
Keith Schwab	Senior Physicist, National Security Agency	2005	C	USA
Lisa Rottenberg	Co-Founder and Chief Executive Officer, Endeavor Global	2005	C	USA
Patrick G. Ryan	Founder and President, Inner-City Teaching Corps	2005	C	USA
Samantha Power	Lecturer in Public Policy, Carr Center for Human Rights Policy	2005	C	USA
William Steiger	Director, Office of Global Health Affairs (OGHA), US Department of Health and Human Services	2005	C	USA
Zain Verjee	Anchor, CNNNews Group	2005	C	USA
Ethan Zuckerman	Founder and Chief Executive Officer, Geekcorps	2005	C	USA
James Song	Managen Principal and Co-Founder, Faircap Partners	2016	O	USA + Myanmar
Lorenzo Mendoza	Chief Executive Officer, Empresas Polar	2005	C	Venezuela
Maria Corina Machado	Founder and Managing Director, Asociacion Civil Sumaté	2005	C	Venezuela
Roberto Patino	Founder, Convive	2021	T	Venezuela
Juan Jose Pocaterra	Co-Founder and Chief Executive Officer, ViKua	2018	Q	Venezuela

Nombre	Cargo, empresa	Año	Fuente	País
Alfredo Romero	Lawyer, Universidad Católica Andres Bello, Caracas	2007	E	Venezuela
Marco De la Rosa		2009	Z	Venezuela
Elisa Vegas	Artistic Director, Fundación Orquesta Sinfónica Gran Mariscal de Ayacucho	2020	S	Venezuela
Alberto C. Vollmer	Chairman of the Board and Chief Executive Officer of Run Santa Teresa	2007	E	Venezuela
Alex Zubillaga	Warner Music Group Executive Vice-President, Digital Strategy and Business Development	2007	E	Venezuela
Nguyen Thanh Hung		2007	X	Vietnam
Nguyen Hoang Long	Ambassador Extraordinary and Plenipotentiary, Embassy of Vietnam	2014	M	Vietnam
Vo Trong Nghia	Founder and Architect, Vo Trong Nghia Co., Ltd	2014	M	Vietnam
Khuat Thi Hai Oanh		2009	Z	Vietnam
David Thai		2009	Z	Vietnam
Ngjuen Thanh Hung	Chairman, Sovico Holdings	2007	E	Vietnam
Pham Thi Hue	Founder, Haiphong Red Flamboyant Group	2007	E	Vietnam
Pham Thi Ngan	Co-Founder, Nguyencomm	2016	O	Vietnam
Rafat Akhali	Chairmen Resonate! Yemen Foundation	2015	N	Yemen
Safiya Al-Jabry	Executive Director, Small and Micro Enterprise Promotion Service (SMEPS)	2022	U	Yemen
Nadia Saqqaf	Minister of Information, Yemen Government	2015	N	Yemen
Tendayi Achiume	Special Rapporteur on Contemporary Forms of Racism, Office of the High Commissioner for Human Rights (OHCHR)	2021	T	Zambia
Jacqueline Musiitwa		2011	BB	Zambia
Brian Kagoro	Founder and Coordinator, Crisis in Zimbabwe Coalition	2005	C	Zimbabwe
Chido Govera	Founder & Director, The Future of Hope Foundation	2017	P	Zimbabwe
Collen Gwiyo	Deputy Secretary-General, Zimbabwe Congress of Trade Unions	2006	D	Zimbabwe
Vimbayi Kajese		2012	CC	Zimbabwe
Arthur G. Mutambara	Deputy Prime Minister, Office of the Prime Minister of Zimbabwe	2007	E	Zimbabwe
Nigel M.K. Chanakira	Founder and Deputy DirectorKingdom Financial Holdings	2005	C	Zimbabwe
Patterson F. Timba		2007	E	Zimbabwe

Fuentes Lista de participantes

Fuente	URL recuperadas 28-10-2022
A	web.archive.org/web/20120723153114/www3.weforum.org/docs/WEF_GLT_ClassOf2002.pdf
B	archive.is/C6oke
C	web.archive.org/web/20051029210514/www.younggloballeaders.org/scripts/modules/Profiles/page11271.html
D	web.archive.org/web/20060208031728/www.weforum.org/documents/ygl/YGL2006List.pdf
E	web.archive.org/web/20120730051119/www.weforum.org:80/community/forum-young-global-leaders#
F	web.archive.org/web/20120806113309if_/www.weforum.org/community/forum-young-global-leaders
G	web.archive.org/web/20090226092459/www.weforum.org/docs/ygl/YGL_Honorees_2009.pdf
H	web.archive.org/web/20100330233103/www.weforum.org/docs/YGL/YGL2010_Honourees.pdf
I	web.archive.org/web/20111008235732/www3.weforum.org/docs/WEF_YGL_Honourees_2011.pdf
K	web.archive.org/web/20120806113321/www3.weforum.org/docs/YGL12/WEF_YGL_HonoureesClass_2012.pdf
L	web.archive.org/web/20141228101248/www3.weforum.org:80/docs/YGL13/WEF_YGL13_Honourees.pdf
M	www.centrafriqueledefi.com/medias/files/wef-ygl-honourees-2014.pdf
N	web.archive.org/web/20151118075226/www.weforum.org/community/forum-young-global-leaders#
O	web.archive.org/web/20190208040822/widgets.weforum.org/ygl-2016/
P	web.archive.org/web/20190318082635/widgets.weforum.org/ygl-2017/
Q	www.younggloballeaders.org/community? class_year=2018&q=&region=&sector=&status=
R	www.younggloballeaders.org/community?%20utf8=%E2%9C%93&q=&status=&class_year=2019&sector=&region=#res%20ults
S	www.younggloballeaders.org/community?%20utf8=%E2%9C%93&q=&status=&class_year=2020&sector=&region=#res%20ults
T	www.younggloballeaders.org/community?%20utf8=%E2%9C%93&q=&status=&class_year=2021&sector=&region=#res%20ults
U	www.younggloballeaders.org/community?%20utf8=%E2%9C%93&q=&status=&class_year=2022&sector=&region=#res%20ults
V	archive.is/C6oke
W	web.archive.org/web/20120806113309if_/www.weforum.org/community/forum-young-global-leaders
X	web.archive.org/web/20120806113309if_/www.weforum.org/community/forum-young-global-leaders
Y	web.archive.org/web/20120806113309if_/www.weforum.org/community/forum-young-global-leaders
Z	web.archive.org/web/20120806113309if_/www.weforum.org/community/forum-young-global-leaders
AA	web.archive.org/web/20120806113309if_/www.weforum.org/community/forum-young-global-leaders
BB	web.archive.org/web/20120806113309if_/www.weforum.org/community/forum-young-global-leaders
CC	web.archive.org/web/20120806113309if_/www.weforum.org/community/forum-young-global-leaders
DD	maloneinstitute.org/s/WEF-GLT-and-YGL-list-22JUN2022-by-country.xlsx

Notas del editor

Para poder reorganizar con flexibilidad la lista de participantes según sus propios deseos, le ofrecemos una descarga gratuita en formato Excel en **www.klarsicht-akademie.de/ernst-wolff-wef.**

Hemos reunido unas 30 fuentes en esta lista: Por lo tanto, no se pueden descartar por completo las menciones duplicadas. Todas las fuentes de Internet fueron documentadas permanentemente por nuestro equipo de investigación con capturas de pantalla completas. El propio FEM modifica continuamente las listas de participantes, por lo que no podemos garantizar su exactitud o exhaustividad.

Las listas de participantes de los «Líderes Globales del Mañana» (1993-2003) pueden consultarse en **wikispooks.com/wiki/WEF/ Global_Leaders_for_Tomorrow**

El presidente ruso Vladimir Putin no aparece en las listas, pero el propio Klaus Schwab lo menciona en dos entrevistas como «Joven Líder Global» (sin embargo, debido al límite de edad, es más probable que Putin sea un «Líder Global del Mañana»). Aquí están los enlaces:
www.youtube.com/watch?v=L0pMGflp3aE
www.youtube.com/watch?v=SjxJ1wPnkk4

www.ingramcontent.com/pod-product-compliance
Lightning Source LLC
Chambersburg PA
CBHW041129280326
41928CB00058B/3268